河北社会主义核心价值观培育践行报告（2021）

REPORT OF HEBEI'S FOSTERING AND FULFILLING
THE SOCIALISM CORE-VALUES（2021）

主　编／康振海
执行主编／李鉴修
副主编／王彦坤　李　龙　覃志红

社会科学文献出版社
SOCIAL SCIENCES ACADEMIC PRESS (CHINA)

主编简介

康振海 中共党员，1982 年毕业于河北大学哲学系，获哲学学士学位；1987 年 9 月至 1990 年 7 月在中共中央党校理论部中国现代哲学专业学习，获哲学硕士学位。

三十多年来，康振海同志长期工作在思想理论战线。曾任河北省委宣传部副部长；2016 年 3 月至 2017 年 6 月任河北省作家协会党组书记、副主席；2017 年 6 月至今任河北省社会科学院党组书记、院长，河北省社科联第一副主席。

康振海同志著述较多，在《人民日报》《光明日报》《经济日报》《中国社会科学报》《河北日报》《河北学刊》等重要报刊和社会科学文献出版社、河北人民出版社等发表、出版论著多篇（部），主持完成多项国家级、省部级课题。主要代表作有：《中国共产党思想政治工作九十年》《雄安新区经济社会发展报告》《让历史昭示未来——河北改革开放四十年》等著作；发表了《传承中华优秀传统文化 推进文化强国建设》《以优势互补、区域协同促进高质量脱贫》《在推进高质量发展中育新机开新局》《构建京津冀协同发展新机制》《认识中国发展进入新阶段的历史和现实依据》《准确把握推进国家治理体系和治理能力现代化的目标任务》《奋力开启全面建设社会主义现代化国家新征程》《新时代：我国发展新的历史方位》《以"塞罕坝精神"再造绿水青山》等多篇理论调研文章；主持"新时代生态文明和党的建设阶段性特征及其发展规律研究""《宣传干部行为规范》可行性研究和草案初拟研究"等多项国家级、省部级立项课题。

摘　要

　　《河北社会主义核心价值观培育践行报告》是由河北省社会科学院牵头，河北省社会科学院邓小平理论、"三个代表"重要思想和科学发展观研究所（精神文明建设研究中心）担纲，由省内机构、党校、高等院校相关专家学者组成精干学术队伍推出的一部具有较高理论价值和实践意义的全景式河北建设文献，旨在使社会各界全面准确了解河北省培育践行社会主义核心价值观的进程与成果。《河北社会主义核心价值观培育践行报告（2021）》全面系统总结了2020年河北省社会主义核心价值观培育践行的实践进程与相关经验，剖析了存在的问题及原因，并提出了2021年培育践行的对策建议，从理论和实践相互联系的维度探讨了推动新时代河北社会主义核心价值观培育践行的主要任务和实践要求。

　　本书由总报告、专题报告和案例报告3个部分组成。总报告全面展示了2020年河北省社会主义核心价值观培育践行的总体状况，包括取得的进展和存在的问题，展望了2021年河北省社会主义核心价值观培育践行面临的形势和任务，研究了2021年河北省社会主义核心价值观培育践行的总体思路和对策举措，包括提高思想认识、聚焦大势大事、丰富载体平台、创新内容形式等，旨在为河北社会主义核心价值观培育践行再上新台阶提供精神动力和理论支撑。

　　专题报告部分推出了12篇研究报告。围绕西柏坡精神对培育社会主义核心价值观的重要作用进行了梳理总结，对西柏坡精神的内涵凝练、传播路径、体制机制、社会影响等方面进行了深入思考和探索；对《河北省文明行为促进条例》的实施效果和问题以及河北省新时代文明实践中心的组织架构、资源配置、实践内容、品牌打造等进行了剖析，提出了对策建议；

聚焦河北省城市居民、农村青年、新生代农民工、高校大学生、医护人员等社会群体的价值取向和思想倾向，指出了如何用社会主义核心价值观引领方向、激发动力、构建话语体系；探讨将社会主义核心价值观融入干部教育培训、协商民主、非遗保护和社区治理的路径，提出了有效的创新方法。

案例报告部分推出了 6 篇研究报告。以典型案例展示了社会主义核心价值观在脱贫致富、教书育人、企业文化、影视传播、和谐家园、志愿服务中的巨大影响。

关键词：河北　社会主义核心价值观　培育践行

Abstract

Report of HeBei's Fostering and Fulfilling the Socialism Core-values (*2021*) is a Blue book on Hebei's records of fostering and fulfilling the socialism core-values. This book is a panoramic literature of Hebei's development with high theoretical value and practical significance led by Hebei Academy of Social Sciences, undertaken by Institute of Deng Xiaoping's Theory, The Important Thought of "Three Represent's" and Scientific Outlook on Development (Spiritual Civilization Construction Research Centre) of Hebei Academy of Social Sciences, and written by capable academic teams of experts and scholars from research institutions, Party schools, and colleges/universities across the province, with a view to providing all concerned with overall and accurate information of the process and results of fostering and fulfilling the socialism core-values in Hebei. Report of Fostering and Fulfilling the Socialism Core-values In Hebei (2021) summarizes comprehensively and systematically the practical process and related experience of fostering and fulfilling the socialism core-values in Hebei in 2020, analyzes deeply the problems and causes, puts forward frankly the measure proposals of fostering and fulfilling the socialism core-values in 2021, and explores main tasks and practical requirements of advancing the process of fostering and fulfilling the socialism core-values in Hebei in the new era from the perspective of theoretical and practical correlation.

Report of Fostering and Fulfilling the Socialism Core-values In Hebei (2021) falls into 3 parts: General Reports, Thematic Reports, and Reports of Case Studies. General Reports makes an overall exhibition of the overall situation of fostering and fulfilling the socialism core-values in Hebei in 2020, including achieved progresses and problems, looks ahead at situation and tasks facing Hebei in fostering and fulfilling the socialism core-values in 2021, and researches overall thoughts and moves of fostering and fulfilling the socialism core-values in Hebei in 2021 which include heightening awareness, focusing on general trends and significant events, increasing platforms of support, and innovating contents and forms, with a view to providing spiritual power and theoretical support for advancing the fostering and fulfilling of the socialism core-values up to a new level.

Thematic Reports contains 12 articles, sorting out and summarizing the important role of Xi baipo Spirit, its condensation and propagation on fostering the socialism core-values, and conducting in-depth thinking and exploration of its spiritual connotation, paths of propagation, systems and mechanisms, social influence, and so on; making an in-depth analysis of implementing results and problems of "Ordinances of Hebei Province on Promotion of Civilized Conducts", as well as organizational structure, allocation of resources, practice contents, brand building, etc. of the new-era civilization practice center of Hebei Province, and putting forward solution proposals; focusing on value orientation and ideological inclination of rural youths, new-generation rural migrant workers, college/university students, medical workers, etc. in Hebei Province, and exploring how to lead the direction, give motivation, and build the voice system with the socialism core-values; exploring the incorporation of the socialism core-values into community governance and cadre education & training, and putting forward effective paths and methods of innovation, etc.

Reports of Case Studies contains six articles, demonstrating the great influence of socialism core values in poverty alleviation, college education, corporate culture, harmonious home, voluntary service, film and television dissemination.

Keywords: Hebei; the Socialism Core-values; Fostering and Fulfilling

目 录

总 报 告

专 题 报 告

案 例 报 告

Contents

General Report

Special Reports

Reports of Case Studies

Contents ⌐⅝

总 报 告

General Report

坚定自信　团结奋斗　为启航"十四五"奋进新征程提供强大精神动力

——河北省社会主义核心价值观培育践行 2020 年
进展与 2021 年展望

李鉴修　李　龙[*]

摘　要： 社会主义核心价值观既是目标导向，也是精神动力。2020
年，河北省广大干部群众以社会主义核心价值观固本强基，
团结奋斗，全力以赴决胜全面小康，"十三五"规划圆满收
官。2021 年，河北省将认真贯彻落实党的十九届五中全会
精神，围绕中国共产党百年华诞和开启全面建设社会主义
现代化国家新征程，推动社会主义核心价值观培育践行向

---

* 李鉴修，河北省社会科学院邓小平理论、"三个代表"重要思想和科学发展观研究所（精
神文明建设研究中心）所长、研究员，研究方向为党建、思政；李龙，河北省委宣传部社
会宣传处副处长，研究方向为文化宣传。

纵深发展，为开创经济强省、美丽河北建设新局面提供强大精神动力。

关键词： 河北省 社会主义核心价值观 培育践行

2020 年是决胜全面建成小康社会、决战脱贫攻坚之年，也是"十三五"规划目标任务收官之年。河北省广大干部群众以社会主义核心价值观凝魂聚气，坚定自信，同舟共济，团结奋斗，为河北省经济社会发展提供了强大精神动力。2021 年是"十四五"规划开局之年，是中国共产党建党 100 周年，也是全面开启建设社会主义现代化国家新征程、向第二个百年奋斗目标进军的一年。河北省将保持政治定力，坚定自信，继续推进社会主义核心价值观培育践行，构建强大精神文化家园，不断提升精神境界，为谱写新时代经济强省、美丽河北建设新篇章提供精神力量。

一 2020 年河北省社会主义核心价值观培育践行总体状况

2020 年是新中国历史上极不平凡的一年。面对严峻复杂的外部环境，特别是新冠肺炎疫情的严重冲击，河北省广大干部群众坚持以习近平新时代中国特色社会主义思想为指导，大力培育践行社会主义核心价值观，众志成城抗击新冠肺炎疫情，全力以赴决胜全面小康、决战脱贫攻坚，弘扬时代新风，激发向上正气，传递奋进力量，深入拓展思想道德和精神文明建设，为新时代全面建设经济强省、美丽河北提供了思想保证、精神动力、道德滋养和文化条件。

（一）坚定理想信念，筑牢精神之基

理想信念是共产党人精神上的"钙"，没有理想信念，或理想信念不坚定，精神上就会"缺钙"，就会得"软骨病"。河北省高度重视理想信念在社会主义核心价值观培育践行中的引领作用，把学习贯彻习近平新时代中国特色社会主义思想摆在最突出位置，及时跟进习近平总书记重要讲话精神，不断提高广大干部群众的精神境界和思想觉悟。

1. 深入学习贯彻习近平新时代中国特色社会主义思想

2020年，河北省广大干部群众深入学习贯彻习近平新时代中国特色社会主义思想，牢固树立共产主义远大理想和中国特色社会主义共同理想，始终做政治上的明白人，在增强"四个意识"、坚定"四个自信"、做到"两个维护"上，始终同以习近平同志为核心的党中央保持高度一致，对标对表，不折不扣地落实习近平总书记重要指示批示和党中央决策部署，确保件件有着落、事事见成效，以河北之稳拱卫首都安全，以河北之进服务京津和全国改革发展大局。在省级层面，召开省委常委会、常委会扩大会议35次，召开省委理论学习中心组学习会议12次、专题会议6次，系统全面学习习近平总书记重要讲话精神和对河北重要指示批示，谋划部署并落实举措。各基层单位结合工作实际，持续推动习近平新时代中国特色社会主义思想在燕赵大地落实、落细、落小，在"六进"和学校"三进"工作上不断取得新进展。广大党员干部群众深入学习《习近平谈治国理政》《论党的宣传思想工作》等理论著作，在全省形成学习热潮。河北省教育厅印发通知，于2020年9月中旬到12月，在全省120多所高校开展《习近平谈治国理政》第三卷经典诵读活动，以鲜活的视频朗读为表现形式，在青年学子中形成了广泛且深入持久的学习热潮，集中展示了河北青年学子学习习近平新时代中国特色社会主义思想的学习热情，发出了河北青年学子学习习近平总书记系列经典著作的最强音。廊坊市开展市级示范宣讲专场10多场；市直各单位主要负责同志带头在本单位机关、本系统基层单位宣讲习近平新时代中国特色社会主义思想；一些基层单位围绕"理论进机关·创新提效能""政策助企业·复产促发展""思想惠民生·决胜达小康""文明进校园·奋斗新时代""习语进社区·文明新风尚"等主题开展集中宣讲活动，以理论宣讲提升了干部群众的思想认识和能力素质，极大提高了工作效能和创新水平。

2.深入学习贯彻党的十九届四中、五中全会精神和全省会议精神

全省干部群众深入学习贯彻党的十九届四中、五中全会精神和党中央决策部署，认真落实省委九届九次、十次、十一次全会改革要求，在推动全面深化改革进一步升级加力上明方向、聚共识、增动力。一是认真组织开展专题学习，各级党委（党组）通过召开常委会、理论中心组学习会和组织开展党员干部培训轮训等形式，逐级推进全会精神的贯彻落实。承德市兴隆县坚持早动员、快部署、抓成效，在全县掀起学习宣传贯彻党的十九届五中全会精神热潮，将学习贯彻党的十九届五中全会精神作为党委（党组）理论中心组学习会、组织生活会、民主生活会的重要内容，制订系统学习培训计划，县委理论中心组集中交流研讨 3 次，进机关宣讲 60 余场，发放党的十九届五中全会精神学习辅导读本 2 万余册，引领干部群众系统、深入、细致地学，确保学深学透、入脑入心。二是深入开展理论宣讲和新闻舆论宣传，全方位、多角度、立体式宣传报道党的全会精神和决策部署，确保家喻户晓、深入人心。2020 年 11 月 20 日，由河北省委讲师团、张家口市委讲师团及张家口市万全区委三级联动组织的集中宣讲活动在万全区启动。邢台市组织 1589 支"小马扎"宣讲队、5066 名宣讲队员深入基层开展宣讲。保定市抽调业务骨干，创排、精选戏剧联唱《古调新韵》、歌曲《与爱同行》、小品《回家》、合唱《山菊花》等一大批围绕全面建成小康社会、打赢脱贫攻坚战、万众一心抗疫情等主题的优秀作品，以群众喜闻乐见的形式将全会精神送进千家万户，组织宣传全会精神的惠民演出 20 余场，观看群众超 2 万人。沧州市推行社区"小喇叭"、广场"大音响"、绿地"小音响"，实现全会精神"随时听"。三是抓好"关键少数"，领导干部从省委书记到全省各级各部门各单位主要领导都带头学习、带头宣讲。按照党中央部署和省委安排，2020 年 11 月 12 日下午，河北省委书记王东峰到河北经贸大学宣讲党的十九届五中全会精神时强调，要坚持以习近平新时代中国特色社会主义思想为指导，在全省广泛兴起学习宣传贯彻党的十九届五中全会精神热潮，牢牢把握新发展阶段、新发展理念、新发展格局的重大意义和丰富内涵，扎实推动党的十九届五中全会精神深入人心，凝

心聚力为全面建设社会主义现代化国家做出新贡献。同时，他要求全省各类学校和广大教师要深入学习宣传贯彻党的十九届五中全会精神，落实立德树人的根本任务，切实办好人民满意的教育，为建设文化强国、教育强国、人才强国贡献力量；鼓励青年一代要勇挑重担，坚定理想信念，不断增长知识才干。

3. 不断增强"守初心、担使命"思想自觉和行动自觉

2020 年 1 月 9 日，河北省召开"不忘初心、牢记使命"主题教育总结大会，要求全省党员干部深入学习贯彻习近平总书记在"不忘初心、牢记使命"主题教育总结大会上的重要讲话精神，认真总结，巩固提高。一是自觉把"不忘初心、牢记使命"作为永恒课题和终身课题，把主题教育焕发的热情转化为推动改革发展稳定的强大动力和实际成效，在新时代"赶考路"和"长征路"上向党中央和全省人民交出优异答卷。二是锤炼忠诚、干净、担当的政治品格，切实增强大局意识，提高把握大局能力，模范坚守初心，发扬斗争精神，强化使命担当，带动形成奋发作为、干事创业的磅礴力量。三是加强制度建设，形成长效机制，严格执行制度规定，精准有力抓落实、攻坚克难抓落实、勤政廉政抓落实，在有效应对重大挑战、抵御重大风险、克服重大阻力、解决重大矛盾中冲锋在前，团结一心加快经济强省、美丽河北建设。

（二）助力脱贫攻坚，决胜全面小康

2020 年是全面建成小康社会目标实现之年，是全面打赢脱贫攻坚战收官之年。河北是中国脱贫攻坚任务比较重的省份之一，原有贫困县 62 个、贫困人口 499 万人。贫困人口主要分布在燕山—太行山山区、黑龙港流域等地。贫困地区自然条件较差，基础设施薄弱，生产要素匮乏。截至 2019 年底，河北 62 个贫困县全部摘帽，7746 个贫困村全部出列，贫困发生率降至 0.07%，在河北历史上首次消除了区域性整体贫困。

1. 凝聚共识，多措并举

2020 年 3 月 6 日，习近平总书记在决战决胜脱贫攻坚座谈会上发表重

要讲话，发出脱贫攻坚战的总攻新号令。为完成脱贫攻坚任务，全面建成小康社会，河北省委、省政府把脱贫攻坚作为第一民生工程，以上率下，挂帅出征，带领燕赵儿女坚持精准扶贫、精准脱贫，全面解决"两不愁三保障"突出问题，深化产业扶贫、就业扶贫、科技扶贫、教育扶贫、健康扶贫和易地搬迁扶贫，率先建立"五级书记"抓扶贫、县（市、区）委书记脱贫攻坚"擂台赛"、长效脱贫防贫等机制，举全省之力确保如期高质量打赢脱贫攻坚战。

2. 稳定政策，巩固成效

河北省保持帮扶政策总体稳定，严格落实"四个不摘"要求，全面开展"两不愁三保障"回头看，确保如期高质量全面建成小康社会。一是健全防止返贫监测帮扶机制，落实重点对象多元救助措施，筑牢防止返贫的坚固防线。二是发展壮大扶贫产业，扎实开展"千企帮千村"行动，推动贫困地区实现可持续发展。三是做好脱贫人口稳岗就业工作，建好用好就业扶贫网上服务平台，不断提高群众工资性收入。四是强化易地搬迁扶贫后续工作，持续深化安置区和产业园区"两区同建"，确保搬迁群众搬得出、稳得住、有就业、逐步能致富。五是加强资金资产项目管理，最大限度发挥扶贫资金使用效益。六是兜住民生底线，加大力度推进 20 项民心工程，有效保障特困群众基本生活。

3. 周密部署，统筹兼顾

全省上下坚持战"疫"与战"贫"相结合，行动迅速，精准施策，研究出台了《关于剩余贫困人口如期高质量脱贫的推进方案》等 14 个专项文件，多举措促进贫困劳动力就业务工和扶贫企业项目复产复工。一是扶持产业促增收。各地支持扶贫龙头企业和扶贫车间尽快复产复工，如衡水市以金融支持推动扶贫企业、车间、合作社安全复工；沧州市对扶贫产业项目优先审批、优先帮扶。二是公益岗位拓就业。疫情期间，魏县设置防疫公益性岗位 2000 多个，对未脱贫户实现全覆盖；尚义县开发临时性公益岗位 1720 个，为贫困户提供就近就地就业机会。三是消费扶贫解难题。保定市主动对接北京新发地、家乐福等市场，帮助销售阜平香菇等 10 种扶贫产品，总金额达 430 多万元，受益贫困人口 7000 人。

4. 展示成效，共话小康

在中共河北省委宣传部和河北省文化和旅游厅的统一部署下，由河北省文化和旅游厅主办的"决胜全面小康　决战脱贫攻坚——河北省全面建成小康社会群众文艺云上展演"于 2020 年 6 月 16 日在河北省群众艺术馆举行，展演共有邯郸市、唐山市、雄安新区、辛集市、定州市等 12 场专场演出和 1 场优秀节目展演，展现了河北省人民决胜全面小康、决战脱贫攻坚的生动实践和亮点成效，各场演出主题鲜明，节目精彩纷呈。12 月 11 日，由中宣部指导，中宣部宣教局、光明日报社共同主办，光明网承办的"核心价值观百场讲坛"活动走进河北滦平，共话脱贫攻坚伟大成就、伟大精神和重大意义。12 月 14 日，由中共河北省委宣传部指导，河北省文联主办，河北省美协、河北省摄协承办的"河北省决胜全面小康　决战脱贫攻坚主题文艺创作美术摄影作品展"在石家庄开幕，展览描绘了河北省脱贫攻坚的奋斗历程和伟大成就，反映了扶贫干部的担当实干精神和群众脱贫致富的美好生活，展现了驻村第一书记、脱贫带头人、普通贫困户等众多人物的奋斗经历。本次展览中，《苍烟留胜在、沓秀借风吁》《骆驼湾写生系列》《太行新愚公——李保国》《四十亩滩——我的家》等作品内容鲜活、生动，温暖人心，催人奋进。

（三）发挥榜样力量，厚植道德沃土

"榜样的力量是无穷的。"2020 年，河北省贯彻落实《新时代公民道德建设实施纲要》，大力推动社会主义核心价值观在基层落地生根，切实发挥身边好人、道德模范"领头雁"作用，培养时代新人、弘扬时代新风，助力新时代文明实践迈上新台阶。

1. 强化榜样引领

河北省在挖掘宣传富有时代特色的先进典型的过程中，立足各行各业，选树"身边好人"8000 余人。其中，312 人入选"时代新人·河北好人"，39 人入选"中国好人"，14 个先进典型人物入选全国学雷锋志愿服务"四个100"先进典型名单，5人入选2020年"百名最美生态环保志愿者"。张家口市的刘博洋入选全国"新时代好少年"（全国仅10名）。河北省道德模范张志旺入选中宣部、国家发改委2019年"诚信之星"（全国仅10名）。"大校"村干部石炳启同志入选2020年度全国"最美退役军人"。通过广泛宣传这些先进典型，河北省营造出崇德向善、见贤思齐的浓厚社会氛围。

2. 突出实践养成

建立河北省志愿服务工作协调小组，协调推动学雷锋志愿服务活动常态化开展。全省200多万名志愿者积极响应省文明办与省志愿服务联合会号召，投身疫情防控一线，宣传防控知识，摸排返乡人员，开展爱心捐助，广泛参与爱国卫生运动，成为最暖心的一抹"志愿红"，凝聚了守望相助、共度时艰的精神力量。全年发布省级志愿服务项目1324个，服务群众近3000万人次。"李保国扶贫志愿服务队""圆梦工程""鲜花送雷锋"等志愿服务品牌影响力日益广泛，吸引了更多群众在参与中提升道德境界。

3. 着力培树新风

在全省广泛开展"讲文明、树新风"活动，文明旅游、文明出行、文明观赛活动取得积极成效。河北省人大出台的《关于厉行节约、反对餐饮浪费的规定》于2020年11月1日施行，成为国内首部这方面的省级地方性法规。中共河北省委宣传部组织印发了《关于加强民法典学习宣传的通知》，推动开展民法典学习宣传工作，切实加强民法典学习宣传教育，为民法典全面贯彻实施营造了良好氛围。河北省有针对性地开展精神文明教育，"文明健康 有你有我""公勺公筷"公益广告宣传广泛深入，城乡群众"红事"缓办、"白事"简办，文明健康、绿色环保的生活方式逐步养成。聚焦电信网络诈骗、扶贫脱贫失信等十个方面的问题，开展诚信缺失突出问题专项治理行动，一大批关系群众切身利益的重点难点问题得到解决。深化重大典型学习宣传活动，举办塞罕坝机械林场先进事迹报告会，在省图书馆等公共场所设立"最美奋斗者"主题展区，开展形式多样的网络新媒体宣传、故事展播等，营造了学习榜样、尊崇英雄、争做先进的浓厚氛围。

（四）传承红色文化，深化爱国主义教育

2020年，河北省以《新时代爱国主义教育实施纲要》为指引，围绕中国人民抗日战争暨世界反法西斯战争胜利75周年、中国人民志愿军抗美援朝出国作战70周年等重要时间节点，大力开展爱国主义教育，激发人们爱国情怀。

1.突出红色节点，加强主题宣传

2020年，河北省围绕中国人民抗日战争暨世界反法西斯战争胜利75周年、中国人民志愿军抗美援朝出国作战70周年等重大红色节点，印发了《河北省纪念中国人民抗日战争暨世界反法西斯战争胜利75周年有关活动方案》《关于举行中国人民志愿军抗美援朝出国作战70周年纪念活动的工作方案》，组织举办了系列群众宣教活动，加大主题宣传力度。河北省34家爱国主义教育基地共同举办了"'红色土地　英雄河北'——河北革命史联展"，系统展现了在中国共产党的领导下，河北各地军民为抗日战争和解放战争胜利做出的重要贡献。广大干部群众在接受历史教育中激发了爱国情怀，在浓厚的舆论氛围中增强了发展动力。

2.创新教育方式，增强教育效果

河北省21家全国爱国主义教育示范基地在疫情期间积极发挥示范引领作用，坚持"闭馆不忘责任、防疫不停宣教"，创新开展网上爱国主义教育工作，充分利用网上展馆、线上课堂等互联网传播形式和云技术，深入挖掘优质教育资源，积极开展网上爱国主义教育工作，确保疫情期间红色宣教不停摆、不断线。在2020年初，河北省有16家全国爱国主义教育示范基地利用VR技术开通了网上展馆，有17家全国爱国主义教育示范基地利用微信公众号加大宣教力度，共开展线上活动150余场次，线上参与受众近1000万人次。河北时代楷模网增开"爱国主义教育基地"宣传版块，集合了38个爱国主义教育基地的线上展厅，以"视频＋图文"的方式发布"展

示红色资源　聆听红色故事"系列节目，IP 访问量已超 25.8 万次，点击量达 166 万余次。通过网上宣教的切实措施，河北省爱国主义教育基地合力唱响了爱党、爱国、爱社会主义的时代主旋律。

3. 讲好红色故事，引导价值取向

根据中宣部工作要求，河北省组织开展了第四届社会主义核心价值观主题微电影（微视频）征集展播。活动共收集各地、各单位报送的微视频作品 73 部，在长城网开设专题网页进行同期展播，共发布主题作品 84 部、策划制作海报 10 张。充分发挥报纸、网页、微信公众号、客户端、电子宣传屏等平台作用，结合《新时代公民道德建设实施纲要》、时代楷模、抗美援朝、建党建军等重要主题节点，组织省内主要媒体和新媒体平台及时刊播视频，并将作品在各地楼宇、商圈及街道等公共场所 LED 显示屏和公交电子屏等上循环展播，充分扩大了群众覆盖面，有效扩大了活动的宣传范围和社会影响力。全省爱国主义教育基地组织人员参加"河北省红色故事讲解员大赛"，推出了一批感染人、教育人的红色故事。电影《李保国》《吕建江》在全国上映，电视剧《最美的乡村》《最美的青春》在央视热映，话剧《塞罕长歌》获中宣部"五个一工程"奖，《绿色奇迹塞罕坝》等 8 部图书入选中宣部主题出版重点选题，《多瑙河的春天》等 2 部图书向全球推广发行。

（五）深化文明创建，共筑精神家园

文明是进步的标志，是发展的灵魂。河北省立足省情，深入开展中国特色社会主义和"中国梦"宣传教育，以爱国主义、集体主义筑基塑魂，推动《新时代公民道德建设实施纲要》落地见效，制定《河北省志愿服务条例》《河北省文明行为促进条例》，完善市民公约、乡规民约、学生守则，加快社会主义核心价值观入法入规进程。

1. 有序推进新时代文明实践中心建设

河北省 20 个全国试点县（市、区）全部建成县级实践中心，建成乡镇实践所 262 个、村实践站 4908 个，开展文明实践活动 1.3 万余场次，以基层的创造力激发了文明实践的生命力。打造了理论宣讲、教育服务、文化服务、科技与科普服务、健身体育服务五大平台，打通了宣传、教育、服务群众的"最后一公里"。

2. 大力开展文明创建活动

2020 年，河北省各地各部门以"三创四建"活动为载体和抓手，坚持全面创建、全域创建、全民创建、常态创建，不断深化以文明城市创建为龙头的群众性精神文明创建活动，全面提升文明意识和素养，为推动新发展理念和高质量发展落地见效升级加力，城乡面貌、社会公共秩序、公共服务水平、居民生活质量以及社会文明程度持续提升。唐山市、石家庄市、秦皇岛市、迁安市和正定县继续保留全国文明城市称号，廊坊和大厂、文安、遵化获评第六届全国文明城市，105 个村镇获评第六届全国文明村镇，88 个单位获评第六届全国文明单位，22 个家庭获评第二届全国文明家庭，34 所学校获评第二届全国文明校园。157 个全国文明村镇、191 个全国文明单位、11 个全国文明家庭、27 个全国文明校园经复查确认保留荣誉称号。

3. 努力营造文明向上氛围

全省各地成立"道德模范后援会""先进典型后援会"，在全社会倡导"好人好报、德者有得"的价值导向。各条战线的道德模范、身边好人，走到百姓身边，讲述真情故事，使"德润燕赵"深入人心。承德市和 7 个单位、6 名个人分别获评新一届全国未成年人思想道德建设工作先进城市和先进单位、先进工作者。保定市建立健全"保定好人"选树机制，开展"最美系列""我推荐我评议身边好人"等活动。石家庄市建设了 156 个农村、社区"微宣传"平台，引领文明风尚，激发社会正能量。《河北日报》、河北文明网、河北新闻网、长城网等省市级主要媒体、网站发挥优势，开设专栏，在公共文化场馆设置专题展览、进行影视宣传等，充分展示文明气象，营造文明氛围。

二 2021年社会主义核心价值观培育践行的形势、展望和思路

2021年是承上启下的一年，是实施"十四五"规划开局之年，是中国共产党成立100周年，是全面建设社会主义现代化国家新征程的开启之年，也是走向实现第二个百年奋斗目标新征程的第一年。河北省必将在社会主义核心价值观培育践行上与时俱进，取得更大进步，为河北省在新征程上续写辉煌再增信心，再添动力。

（一）面临的形势和任务

1. 大局、大势和大事带来大好机遇

一是"两个大局"发展趋势。在中华民族伟大复兴的战略全局和世界百年未有之大变局的新形势下，用好这个"大有可为的历史机遇期"，推动人类命运共同体理念深入人心，是时代对我们提出的新要求。二是"两个一百年"奋斗目标交汇期的经验启示和顶层设计。在中国共产党建党100周年之际，我们要深刻总结全面建成小康社会、实现第一个百年奋斗目标的伟大成就和经验，又要乘势而上开启全面建设社会主义现代化国家新征程，向第二个百年奋斗目标进军。新的历史时期为我们提供了立足现实、回顾历史、展望未来的大好时机。三是保持定力、增强自信的内在张力。中国经验和中国方案为全球经济社会发展做出了贡献、提供了榜样，特别是脱贫攻坚的成果和新冠肺炎疫情防控成效，揭示了中国的当下、昭示着民族的前程，既彰显了社会主义集中力量办大事的制度优势，又增添了人们的道路自信、理论自信、制度自信、文化自信。自信向未来，续写新辉煌，正是中国特色社会主义道路、理论、制度、文化更加成熟、更具引领力和感召力的象征。

2. 改革发展稳定任务使工作重点更加突出

一是"十四五"规划开局需要共识、共进。2021年是"十四五"规划开局之年，是全面开启建设社会主义现代化国家新征程的第一年，时间紧、

头绪多、任务重，迫切需要社会主义核心价值观凝魂聚气，围绕开好局、起好步，全面融入全省改革发展稳定大局，齐心协力谋划和落实发展蓝图。二是办好"三件大事"需要深化认识。承接北京非首都功能疏解，创造"雄安质量"和打造贯彻落实新发展理念的创新发展示范区，举办一届精彩、非凡、卓越的冬奥盛会，是新时代和新实践赋予河北的历史重任和光荣使命，也是河北经济社会发展的亮点工程。社会主义核心价值观聚焦"三件大事"，提供精神动力和智力支持，推动重大国家战略取得新的更大成效，正是题中之义。三是打好"三大攻坚战"需要凝心聚力。"三大攻坚战"并非朝夕之功，也不会一劳永逸。坚持问题导向，强化底线思维，针对巩固拓展脱贫攻坚成果同乡村振兴有效衔接、加强污染治理和生态建设、防范化解风险的重点领域和薄弱环节，凝聚各方智慧，为社会主义核心价值观培育践行明确着力点。四是开展"三重四创五优化"活动和"三基"建设年活动需要思想自觉。立足新发展阶段，树牢新发展理念，构建新发展格局，推动创新发展、绿色发展、高质量发展，对河北提出了新要求。如何进一步实施扩大内需战略、加强科技创新、深化改革开放、推进新型城镇化、优化营商环境，从而加快河北经济转型升级和提质增效，不仅是价值意识和判断，更是思想指向和践行。如何深化实施20项民生工程、强化常态化疫情防控、提升基层公共卫生服务能力、加强和创新社会治理、深化扫黑除恶和化解信访积案等，使人民群众更有获得感、幸福感、安全感，不仅是价值追求和归宿，更是精神升华和超越。

3. 对标定位使思想升华、明确方向

一是全面准确贯彻新发展理念带来新变化。习近平总书记强调，新发展理念是一个系统的理论体系，回答了关于发展的目的、动力、方式、路径等一系列理论和实践问题，阐明了我们党关于发展的政治立场、价值导向、发展模式、发展道路等重大政治问题。完整、准确、全面理解和贯彻新发展理念，着力服务和融入新发展格局，既是价值遵循，也是精神淬炼。二是对标国家发展战略，明确发展定位带来新转机。深入实施区域重大战略、区域协调发展战略、主体功能区战略，优化区域经济布局，促进区域协调发展，构建高质量发展的区域经济布局和国土空间支撑体系，形成主体功能明显、优势互补、高质量发展的区域经济布局，构建相互联系、相辅相成、相互促进的有机整体。京津冀协同发展、长江经济带发展、粤港澳大湾区建设、长三角一体化发展、黄河流域生态保护和高质量发展等，体现了富强、民主、文明、和谐、美丽的内在要求，也为河北发展明确了定位和努力方向。三是瞄准短板、不足，持续升级加力产生新动力。找准河北在全国构建新发展格局中的坐标，在与其他省份的对比中，深入分析自身的优势领域和短板，根据自身条件进一步明确经济发展的重点产业和主攻方向，催生新业态、新思想、新动力。

（二）面临的问题和挑战

1. 各种错误思潮的影响

一是世界性社会思潮的影响。2021 年，新冠肺炎疫情仍在全球肆虐，世界经济复苏难见转机，人类命运面临重大考验。同时，中国与世界的互动日益紧密，世界对中国的关注和期待也不断上升。但国际上逆全球化、霸凌主义、民粹主义、极端右翼、国家主义、技术民族主义、科技至上主义等社会思潮甚嚣尘上，国际舆论斗争错综复杂，深刻影响着发展大局和人们的信心。二是国内社会思潮的影响。跨越"中等收入陷阱、修昔底德陷阱、西化分化陷阱、塔西佗陷阱"等考验着我们的智慧和行动，而一些社会思潮如新自由主义、"宪政民主"、"普世价值论"和历史虚无主义等，则混淆视听，干扰着人们的认识和取舍。此外，社会各阶层身份意识、价值认同、情感归属的差异，强化了社会思潮的多样化、分众化、复杂化，加大了思想动员、舆论引导、情绪疏导的难度。三是理想滑坡、不文明陋习等现象需要进一步克服。当前，人们思想动态愈加活跃、价值取向日益多元，信仰迷失、思想迷茫现象以及不信马列信鬼神现象零星出现，如何科学处理"一元"主导与"多元"并存的关系，如何有效防止享乐主义、拜金主义、精致利己主义对人们的影响，如何进一步倡导文明新风、树立保护环境理念、遏制餐饮浪费等，成为检验社会主义核心价值观培育成效的重要方面，需要久久为功。

2.不稳定、不确定性因素的影响

一是新冠肺炎疫情仍在多国肆虐蔓延，给世界经济社会发展带来极大的不稳定性、不确定性。生产生活、人员往来、货物流通和疫情传播等带来的安全性问题，对人们身心健康的冲击和影响是长远而深刻的。从疫情发展趋势看，其影响必将辐射和传导至经济、社会、粮食、生态等诸多领域，使社会秩序产生深刻变化。二是新一轮科技革命和产业变革的快速发展带来新变化。人们的生活方式、工作方式、交流交往方式、传播方式、阅读方式等诸多方面的巨大变革，既孕育着新动能并释放出无穷潜力，又带来新挑战，产生许多不确定性，影响着人们的思想情感和价值取向。三是发展不平衡、不协调、不可持续问题仍然需要持续用力。解决产业转型、污染防治、贫富差距等问题还在路上，巩固脱贫攻坚成果与推动乡村振兴任务依然任重道远。

3.各种不正之风的影响

一是形式主义、官僚主义顽瘴痼疾的影响。"四风"及其变异反弹问题依然会不断出现，体现在政治站位不高、大局意识不强、行动自觉不够。在贯彻落实党中央重大决策和省委重要部署方面，行动迟缓、打折扣、做选择、搞变通，甚至不作为、慢作为、假作为、乱作为。二是担当精神不足的影响。工作不尽心、不尽力现象仍时有发生，不能及时解决群众反映的问题和工作中的困难和矛盾，不能按时保质完成岗位规定的职责任务，缺乏斗争精神，面对突发事件或急难险重任务时犹豫不决、推诿扯皮。三是微腐败的影响。微腐败会在不经意间深刻影响基层的政治生态和群众的切身利益，涉及教育医疗、养老社保、生态环保、安全生产、食品药品安全、执法司法等领域，深刻制约着人们的价值认知和认同。

（三）预期和展望

1.进一步强化"护城河"意识

河北是京畿要地，是首都政治"护城河"，任何时候、任何情况下都必须旗帜鲜明讲政治。河北省必将进一步增强"四个意识"、坚定"四个自信"、做到"两个维护"，在以习近平同志为核心的党中央坚强领导下，一切从政治上考量、在大局下行动，确保党中央政令畅通，不折不扣推动习近平总书记重要指示和党中央决策部署落地落实，以河北之稳拱卫首都安全，以河北之进服务全国改革发展稳定大局，在建设社会主义现代化国家新征程上做出河北贡献。

2. 进一步夯实精神之基

新时代，中华民族精神和中国共产党优良传统极大振奋人心，文明实践中心、文明创建活动、道德模范等引领着社会风尚。习近平总书记对抗疫精神、脱贫攻坚精神、劳模精神、工匠精神、老黄牛精神、拓荒牛精神、孺子牛精神等新表述、新论断，进一步提振了人们的精气神，激发着人们的豪情壮志。新的一年，河北省再接再厉，秉持中国共产党的精神品质，坚持以人民为中心的发展思想，着力解决群众最关心、最直接、最现实的利益问题，在持续巩固拓展脱贫攻坚成果与乡村振兴的有效衔接中，严格落实"四个不摘"要求，保持帮扶政策总体稳定，进一步夯实精神家园之基，标定社会主义核心价值观培育的方向。

3. 进一步增强发展动力

党的十九届五中全会审议通过的《中共中央关于制定国民经济和社会发展第十四个五年规划和二〇三五年远景目标的建议》和中国共产党河北省第九届委员会第十一次全体会议通过的《中共河北省委关于制定国民经济和社会发展第十四个五年规划和二〇三五年远景目标的建议》，擘画了未来发展的宏伟蓝图。新的一年，河北省科学总结全面建成小康社会的历史性成就和经验启示，自觉把握大局、融入大局、服务大局，有力推动创新发展、绿色发展、高质量发展，奋力开启新时代全面建设经济强省、美丽河北新征程，这既是落实社会主义核心价值观培育践行的实际举措，也是提高思想自觉和行动自觉的鲜明体现。

（四）总体思路

2021年，立足新发展阶段、树牢新发展理念、构建新发展格局，以优异成绩迎接中国共产党成立100周年，迫切需要我们以社会主义核心价值观凝魂聚气、激荡精神伟力。河北省要坚持以习近平新时代中国特色社会主义思想为指导，全面贯彻党的十九大和十九届二中、三中、四中、五中全会精神，围绕"三六八九"工作思路，积极投身"三件大事"和"三大攻坚战"，大力弘扬抗疫精神、脱贫攻坚精神、劳模精神、工匠精神等，大力推进精神文明创建，大力倡导良好道德风尚，进一步改变全省人民的精神面貌，提高全省人民的政治认同、思想认同、情感认同。在立足新发展阶段、树立新发展理念、构建新发展格局中，抢抓机遇、乘势而上、改革创新、拼搏竞进、弘扬正气、引领新风，为庆祝党的百年华诞，为建设经济强省、美丽河北，营造良好的政治氛围、舆论氛围、社会氛围。

三　2021年培育践行社会主义核心价值观的路径举措

培育践行社会主义核心价值观，构建共有精神家园，增强文化软实力，是时代赋予我们的光荣使命。我们要坚定理想信念，强化责任担当，厚植爱国情怀，彰显正气与热情，激发共鸣与共情，砥砺品质与意志，凝聚共识与力量，把全省人民的赤子之心、理想之力、奋斗之志转化为脚踏实地、不懈奋进的自觉行动。在把握大势、服务大局、做好大事中，为实施"十四五"规划、庆祝中国共产党成立100周年、开启全面建设社会主义现代化国家新征程、建设经济强省和美丽河北，提供强大的精神动力、工作动力和智力支撑。

（一）强化创新理论武装，切实用好认识世界、改造世界的强大精神武器

奋进新时代、开启新征程，要坚持以习近平新时代中国特色社会主义

思想为指导，增强"四个意识"、坚定"四个自信"、做到"两个维护"。一是要充分认识习近平新时代中国特色社会主义思想的时代意义。习近平新时代中国特色社会主义思想具有实践性、时代性、创造性的鲜明品格，是在新时代中国特色社会主义实践中产生的理论结晶，是推动新时代党和国家事业不断向前发展的科学指南。二是要坚持知行合一、学以致用。做到常学常新、真学真信、学深悟透、融会贯通，切实把学习成果转化为解决实际问题、推动事业发展的实际成效。三是要抓住关键少数。坚持领导干部学在前做表率、干在前做示范，持续抓好党员干部学习教育、创新理论宣传宣讲和理论指导实践，扎实推进"六进"和学校"三进"工作，进一步推动党的创新理论在燕赵大地落地生根、开花结果。四是要创新方式方法。强化习近平新时代中国特色社会主义思想对理想信念的涵养支撑作用，活学活用《习近平谈治国理政》，因材施教，真正做到入脑入心、刻骨铭心，不断增强学习的针对性、精准性和成效的持久性。

（二）旗帜鲜明讲政治，不断提高政治判断力、政治领悟力、政治执行力

旗帜鲜明讲政治，是马克思主义政党的鲜明特征，是我们党一以贯之的政治优势。河北省要围绕打造政治"护城河"的要求，始终做到不忘初心、牢记使命，塑造忠诚、干净、担当的政治品格。一是要善于从政治上看问题，善于把握政治大局，着力提高政治判断力、政治领悟力、政治执行力，准确领会和牢牢把握涉及党和国家工作大局的根本性、全局性、长远性问题，不折不扣贯彻落实党中央重大决策部署。二是要深入理解中国共产党为什么能、中国特色社会主义为什么行、"中国梦"为什么一定能实现，不断增强政治认同、思想认同、理论认同、情感认同，形成最大公约数，画出最大同心圆。三是要自觉强化责任意识，知责于心、担责于身、履责于行，用党的创新理论团结教育全省人民，在共同的思想政治基础上凝聚共识，激发动力。四是要严明政治纪律，确保党中央政令畅通，经常同党中央精神对表对标，时刻关注党中央在关心什么、强调什么、要求什

么，尽忠职守，勇于担当，不折不扣推动习近平总书记重要指示和党中央决策部署落地落实，以河北之稳拱卫首都安全，以河北之进服务全国改革发展稳定大局，在建设社会主义现代化国家新征程上做出河北贡献。

（三）围绕中心、服务大局，为贯彻新发展理念和构建新发展格局提供强大精神动力

发展始终是解决河北一切问题的基础和关键。要聚焦国家战略、发展大势和顶层设计，加强宣传引导，激发豪情壮志。一是要围绕贯彻落实党的十九届五中全会精神、中央经济工作会议精神和习近平总书记对河北工作一系列重要指示，围绕党的十九大以来河北省政治生态、经济生态、自然生态、社会生态发生的历史性新变化，围绕抗击新冠肺炎疫情取得的重大成就，围绕办好"三件大事"取得的阶段性成效，围绕决战脱贫攻坚、决胜全面建成小康社会取得的决定性成就，做好发动、激励、促进和引导工作。二是要大力宣传河北发展重大成就、"十四五"期间河北发展的宏伟蓝图和河北发展的主攻方向，引导广大干部群众在开展"三重四创五优化"活动中比学赶超，在推进重大国家战略和国家大事中担当作为，在实施扩大内需战略、乡村振兴战略、创新驱动发展战略上创先争优，在推进转型升级、深化污染防治、防范化解风险上攻坚克难，进一步激发燕赵儿女砥砺前行的壮志豪情。三是要大力弘扬脱贫攻坚精神，做好巩固拓展脱贫攻坚成果同乡村振兴有效衔接，抓实乡村文化建设，培树好家风、好村风、好民风，提高乡村善治水平，坚持"铸魂"与"塑形"一体推进，增强经济社会发展生机与活力。四是要坚持系统观念，既注重整体把握、一体落实，又注重协同发展、形成合力，在统筹"两个大局"、统筹发展和安全中增比进位。

（四）隆重庆祝建党100周年，凝聚奋进复兴伟力

2021年，我们将迎来中国共产党建党100周年华诞。站在"两个一百年"的历史交汇点上，开启全面建设社会主义现代化国家新征程，向第二

个百年奋斗目标进军，我们要坚定自信，保持本色，继往开来，为团结奋斗新征程凝魂聚气。一是以党的光辉历史和伟大成就解读发展密码、说明成功秘诀，鼓舞人心，激励斗志，进一步坚定"四个自信"，统一全省人民的思想和意志，汇聚砥砺前行的智慧和力量。二是以一流精神状态争创一流佳绩。面对改革发展稳定的繁重任务，要保持建党初心、奋斗姿态，层层压实责任，凝聚工作合力，不畏艰难，拼搏竞进，务实创新，在"十四五"开局起步大考中同心同向，努力在新时代展现新作为，在新征程彰显新气象，奋力推进经济强省、美丽河北建设迈上新台阶，以优异成绩向建党百年献礼。三是认真开展党史学习教育，在全社会形成学党史、新中国史、改革开放史、社会主义发展史的浓厚氛围，切实把思想和行动高度统一到习近平总书记重要讲话精神和党中央决策部署上来，利用河北省丰富的红色资源优势，开展特色鲜明、形式多样的学习教育，锤炼忠诚、干净、担当的政治品格，推动全面从严治党向纵深发展，为夺取全面建设社会主义现代化国家新胜利，实现中华民族伟大复兴的"中国梦"做出新的贡献。

（五）坚守人民情怀，弘扬抗疫精神

当前，我国疫情防控进入常态化，经济社会运行秩序加快恢复。但同时国际疫情持续蔓延，不稳定不确定因素显著增多，各种风险交织叠加。我们必须坚守人民情怀，弘扬"生命至上、举国同心、舍生忘死、尊重科学、命运与共"的伟大抗疫精神，切实增强底线思维和风险意识，依法依规精准管控。要坚持把人民群众生命安全和身体健康放在第一位，不麻痹、不厌战、不松劲，沉下心来抓紧、抓实、抓细疫情防控各项工作，全力以赴补短板、强弱项、堵漏洞，超前防范化解风险隐患。要坚定战胜疫情的决心和信心，深刻认识疫情防控工作的复杂性和艰巨性，在思想上树立"常态心"，保持细心、耐心、信心，时刻绷紧防扩散、防反弹、防输出、防输入这根弦。要认真落实分区分级精准防控措施，分类指导、科学施策，既坚决防止无序解封、一放了之，又严防违反政策、层层加码，全面提升疫情防控工作的科学性、精准性、实效性。

（六）积极培育时代新人，大力弘扬时代新风

要深入开展中国特色社会主义和"中国梦"宣传教育，着力实施新时代公民道德建设工程，切实抓好培育文明风尚行动，推动形成适应新时代要求的思想观念、精神面貌、文明风尚、行为规范。一是进一步对标对表中宣部"时代楷模""最美人物"发布宣传工作，广泛开展向"时代楷模"学习活动，发挥其影响力和引领作用，培育文明社会道德风尚，进一步凝聚起改革发展的强大精神力量。二是围绕庆祝建党 100 周年，挖掘选树基层党员或党组织的先进典型，利用河北广播电视台等省直媒体深入采访，在"燕赵楷模·时代新人发布厅"发布宣传，并积极向中宣部推荐申报"时代楷模"。三是聚焦"十四五"规划开局之年，统筹结合张家口冬奥会筹办、雄安新区建设、平安建设、法治建设等重点工作，选树宣传先进典型。四是持续开展"最美河北人"宣传教育，进一步引导党员干部群众以典型人物为榜样，在平凡岗位上兢兢业业、无私奉献，掀起争当"敬业奉献最美河北人"的热潮。

（七）大力弘扬爱国主义精神，传承壮大红色基因

要深入落实《新时代爱国主义教育实施纲要》和河北省贯彻落实措施，推动爱国主义教育提质增效。一是提升爱国主义教育基地建管用水平，开展省级爱国主义教育基地动态评估，形成有进有出、能上能下的管理机制。二是进一步加强讲解员队伍建设，不断提高从业人员的综合素质，组织人员参加全国讲解员大赛。三是创新教育载体，推动国防教育稳步发展，开展"开创时代新征程，全民同心筑国防"主题教育，利用"3·23"赶考日、全民国防教育日、烈士纪念日等重大节日和纪念日，组织开展群众性爱国主义教育活动。四是持续开展"国防万映"活动，动员、指导、扶持社会力量制作国防教育题材的影视作品、话剧、宣传片。五是加强爱国主义教育媒体宣传平台建设，充分发挥各个爱国主义教育基地网站、微信公众号的作用，进一步扩大覆盖面，增强影响力和吸引力。五是深入开展大

学生"爱我中华·强我国防"主题演讲比赛，推动"国防教育示范学校""国防教育特色学校""少年军校"建设。

（八）持续深化群众性精神文明创建，切实提高文明素养

精神文明创建是移风易俗、改造社会的伟大创造，也是培育社会主义核心价值观的有效载体和形式，有助于推动经济与社会的协调发展，极大影响和改变人们的精神面貌。一是要开展"三基"建设年活动，大抓基层的鲜明导向，深化文明城市、文明村镇、文明单位、文明家庭、文明校园创建，突破难点、打通堵点、治愈痛点，切实提升全省干部群众的文明素质和文明程度。二是要深化新时代文明实践中心建设，着眼于凝聚群众、引导群众，进一步丰富活动载体，以文化人、成风化俗，调动各方力量，整合各种资源，创新方式方法，用中国特色社会主义文化、社会主义思想道德牢牢占领思想文化阵地，动员和激励广大群众积极投身社会主义现代化建设。三是要健全志愿服务体系，把服务和育人有机结合起来，引导人们在身体力行中感悟"奉献、友爱、互助、进步"的志愿精神，形成践行社会主义核心价值观的思想自觉和行动自觉。

（九）深入学习贯彻习近平法治思想，扎实推进法治河北建设

2020 年 11 月 16 日至 17 日中央全面依法治国工作会议在北京召开，会议首次提出了习近平法治思想，明确了习近平法治思想在全面依法治国工作中的指导地位，为新时代全面依法治国、实现美好法治愿景提供了根本遵循，注入了不竭动力，在党和国家法治建设史上具有划时代的里程碑意义。一是要加大法治宣传力度，要吃透基本精神，把握核心要义，深刻认识习近平法治思想的政治意义、理论意义、实践意义、世界意义。二是要系统把握社会主义法治建设系列重大问题，进一步强化突发公共事件的普法宣传，充分发挥普法工作的保障性作用，增强全社会的制度意识和法治意识，扎实推进多层次多领域依法治理，大力加强社会主义法治文化建设，充分发挥普法工作的引领性作用，不断提高法治河北建设的能力和水平。

三是要努力实现良法善治，聚焦重点难点，深入开展地方立法工作调研，精心研究起草法规文本，以科学立法保障严格执法、公正司法、全民守法，在立法过程中开展好普法，在执法司法中做好以案释法，以法治手段彰显社会公平正义。四是要打造忠诚可靠的政法铁军，加大舆论引导力度，弘扬主旋律，凝聚正能量，引导全省政法干警创先争优，严格政治标准，提升能力素质，建设一支党和人民信得过、靠得住、能放心的政法铁军。

参考文献

河北文明网、河北新闻网、河北长城网、《河北日报》等新闻媒体和客户端。

《新时代公民道德建设实施纲要》。

《河北省文明行为促进条例》。

《共建文明　共享美好——河北省开展文明城市创建纪实》，《河北日报》2020年12月29日。

《弘扬文明新风　凝聚奋进力量——河北省精神文明建设工作综述》，《河北日报》2020年12月30日。

专题报告

Special Reports

价值观视野下西柏坡精神凝练传播路径选择

王彦坤*

摘　要： 改革开放以来特别是党的十八大以来，西柏坡精神传播研究取得显著成效，但与新时代需要仍存在差距。进入新时代，西柏坡精神内涵的凝练概括势在必行。按照依据史实、突出特质、遵循论述、凝聚共识、便于传承的原则，西柏坡精神内涵可这样凝练概括：为了人民、依靠人民的公仆精神，敢于斗争、敢于胜利的进取精神，政治协商、团结合作的民主精神，立规严纪、集中统一的看齐精神，谦虚谨慎、艰苦奋斗的赶考精神。迈向新征程，需要努力深化新时代西柏坡精神研究，奠定西柏坡精神传播更加坚实的理论基础；努力推进西柏坡精神广泛传播，让西柏坡精神获得更加广泛的认知

---

* 王彦坤，河北省社会科学院党风廉政建设研究中心首席专家、二级研究员，研究方向为社会主义核心价值观。

和践行；加强西柏坡精神深化研究和广泛传播统筹协调，明确西柏坡精神研究和传播的方向与路径等。

关键词： 西柏坡精神　内涵凝练　文化传播

西柏坡——一个永载中国革命史册的小山村。70 年前，毛泽东同志和中共中央在这里领导了土地改革运动，指挥了三大战役，召开了七届二中全会，规划了新中国的蓝图。伟大的革命实践形成了以“两个务必”为核心的西柏坡精神，与红船精神、井冈山精神、长征精神、延安精神等一道成为中国共产党的宝贵精神财富，也成为河北最亮丽的“名片”。进入新时代，西柏坡精神依然具有无与伦比的精神价值，是实现中华民族伟大复兴“中国梦”的强大精神动力。我们今天研究西柏坡精神的内涵凝练和广泛传播的路径，就是为了进一步使西柏坡精神红色“名片”更加闪亮，使西柏坡红色文化品牌的影响力更加扩大，使西柏坡精神在新时代进一步发扬光大，更加有力推动河北社会主义核心价值观培育践行，使其在全面建设社会主义现代化国家的新征程上继续成为实现中华民族伟大复兴的精神动力。

一　西柏坡精神研究和传播取得显著成效，对河北社会主义核心价值观培育践行发挥了重要作用

作为革命圣地，西柏坡是河北人民的骄傲，西柏坡精神研究和传播是河北理论工作者义不容辞的光荣使命。改革开放以来，社科理论界专家学者对西柏坡精神进行了长期全面系统的理论研究和广泛传播，西柏坡精神如今已经成为与红船精神、井冈山精神、长征精神、延安精神等齐名的享誉海内外的中国革命精神，也成为河北省对外一张最亮丽的红色“名片”。

（一）西柏坡精神持久研究，成果水平达到相当高度

最早比较系统研究西柏坡精神的是平山县的同志，他们编写过题为

《西柏坡精神》的小册子，"西柏坡精神"一词开始出现。1991 年后，有关西柏坡精神的研究论文开始见诸报刊。1995 年 11 月，《弘扬西柏坡精神的时代意义》一文发于《人民日报》。次年 9 月，这篇文章获全国精神文明建设"五个一工程"奖，推动了西柏坡精神研究。2002 年 12 月，胡锦涛同志到西柏坡学习考察后，西柏坡精神研究进一步深化。《"两个务必"教育读本》《历史转折之魂——西柏坡精神》《西柏坡精神学习读本》《西柏坡与新中国》《西柏坡精神干部读本》《西柏坡记事》《西柏坡精神》等专著相继出版。2004 年 8 月，《坚持"两个务必"，提高执政能力》一文在《光明日报》发表，该文也获全国精神文明建设"五个一工程"奖。截至 2019 年 1 月，以"西柏坡"为关键词在中国知网搜索，共有 1244 篇相关论文；以"西柏坡精神"为关键词在中国知网搜索，共有 742 篇相关论文。与此同时，西柏坡精神研究获得国家和河北省社会科学基金课题立项，研究成果多次被《新华文摘》全文转载，并获得省社科优秀成果奖等。这些都表明西柏坡精神研究达到了一个相当的高度。

进入 21 世纪，河北省多次举办专题学术研讨会，追溯西柏坡时期党的革命实践，探讨西柏坡精神的形成、内涵和历史价值，以及在新的时代条件下如何弘扬西柏坡精神。与此同时，多个研究机构成立并开展研讨活动。2001 年 5 月，河北省平山县西柏坡精神研究会成立，这是全国首家以研讨西柏坡精神为宗旨的民间社团。2002 年 10 月，石家庄市成立西柏坡精神研究会，这是河北省首家专门研究西柏坡精神的市级学术团体。石家庄学院、石家庄铁道大学、河北师范大学等高校设立了西柏坡红色文化研究中心。2015 年 8 月，河北省社科院、河北省委党校、河北师范大学和西柏坡纪念馆等单位联合成立河北省中国特色社会主义理论体系西柏坡精神协作研究基地，在省委宣传部的指导下协同进行西柏坡精神研究。河北师范大学成立中国共产党革命精神与文化资源研究中心，将西柏坡精神研究与马克思主义中国化学科建设结合起来，拓宽了西柏坡精神研究领域；《河北经贸大学学报》和《中共石家庄市委党校学报》等学术期刊开辟专栏，为西柏坡精神研究成果提供发表场地。所有这些，都为西柏坡精神研究的深化奠定了坚实基础。

（二）西柏坡精神持久传播，影响力和知名度不断扩大

改革开放以来，西柏坡纪念馆不断改陈升级，并开发修复其他中央机关旧址，免费开放参观，每年有数十万人来西柏坡参观学习，其已成为知名的革命传统和爱国主义教育基地。2004 年，在中国国家博物馆和全国各地巡回举办的"牢记'两个务必' 永葆政治本色——西柏坡精神巡回展览"，更是将西柏坡精神的影响扩大到全国。2012 年，河北省专门开展西柏坡精神学习实践活动，使广大党员干部受到很好的西柏坡精神教育。从2011 年起，河北省委党校、石家庄市委党校等推出"重走赶考路"党性教育主题培训实践活动，采用课堂讲授、现场教学、亲身体验、互动研讨"四位一体"的方式开展教学，融专家讲授、口述历史、走访农户、情景体验于一体，已经成为河北省干部教育培训的特色品牌，在全国党校系统引起强烈反响。2013 年 5 月，在河北省委宣传部的指导下，由西柏坡纪念馆讲解员组成的报告团排练的"中国梦·赶考行"西柏坡精神情景报告会在河北省 8 个地市巡演，取得了良好的社会效益。总之，经过长期不懈的努力，一系列研究传播西柏坡和西柏坡精神的论文、专著、电视专题片、戏曲等形式的成果相继问世，西柏坡精神通过各类媒体和展览、红色旅游、文化活动等途径得以广泛传播，西柏坡精神的研究和宣传达到前所未有的高度、深度和广度，西柏坡精神已经成为闻名中外的中国革命精神，西柏坡成为在全国具有重大影响力和吸引力的红色文化村庄。

二 西柏坡精神研究传播与新时代需要存在差距

在看到西柏坡精神研究传播取得显著成效的同时，我们也必须清醒地看到，与井冈山精神、长征精神和延安精神的研究和宣传相比，西柏坡精神的研究和宣传无论是广度和深度，还是取得的成绩、研究力量的整合和社会影响，都存在相当大的差距，这张河北"名片"还不像井冈山精神、

长征精神和延安精神那样闪亮耀眼。其突出问题具体体现在以下几个方面。

（一）西柏坡精神内涵至今没有权威和共识性的凝练概括，研究和传播均缺乏核心内容

研究并弘扬西柏坡精神，首先应当对其内涵进行凝练概括。迄今为止，红船精神、井冈山精神、长征精神和延安精神等革命精神均已有权威规范的内涵表述，党和国家主要领导同志都曾在正式场合概括阐述，对其广泛传播和发扬光大起到了至关重要的作用。就西柏坡精神内涵而言，许多专家学者已经从不同角度做了深入研究，进行了多方面概括，在很大程度上丰富了西柏坡精神内涵。但是，西柏坡精神至今没有一个权威规范且为各方共同认可和中央确认的集中概括和内涵表述，这在很大程度上影响了西柏坡精神的舆论宣传和社会传播，影响了干部群众对西柏坡精神的深刻理解和发扬光大。进入新时代，西柏坡精神研究的当务之急，就是要凝练概括西柏坡精神内涵。只有这样，西柏坡精神的深化研究才能持续，西柏坡精神才能更好地传播和发扬光大。

（二）西柏坡精神研究至今没有全国性和全省性的学术组织，研究和传播缺乏集中统一的组织协调

中国延安精神研究会早在 1990 年就成立了，并出版有杂志《中华魂》，2010 年举行成立 20 周年纪念活动时，习近平同志还发了贺信。此外，还有若干省、区、市建立了延安精神研究会，定期开展研讨活动。江西省也成立了省级井冈山精神研究会。而河北省只有一个石家庄市西柏坡精神研究会，还不能整合省内外研究力量。2007 年成立的河北省西柏坡精神研究和文化发展促进会，参会者少，代表性不强，活动少，影响小，没有起到整合资源和组织协调的作用。这种状况长此以往，就使西柏坡精神研究和宣传活动处于各自为战的状态，缺乏常态、规范和分工合作，未能协调有序，在很大程度上制约了西柏坡精神研究的持续深化和传播的广泛深入。

（三）西柏坡精神传播存在载体平台少、品牌效应弱、传播力度小等诸多短板

第一，传播载体平台少。这么多年来，各种影视作品虽然大量涉及毛泽东和中共中央在西柏坡时的革命实践活动，但至今没有像《井冈山》《长征》《延安颂》等那样的全景式展示中共中央和毛泽东在西柏坡革命实践的电影和电视剧，人们还不能直观地全面感悟西柏坡精神的内涵和价值；至今没有像井冈山、延安干部教育学院那样的国家级的西柏坡精神教育传播基地。另外，井冈山是县级市行政区域、延安是地级市行政区域，西柏坡只是一个村级行政区域，没有井冈山、延安那样大的地理空间，红色品牌打造也由此受到诸多客观条件的制约。

第二，红色文化品牌效应还不强。从现实情况看，由于宣传力度、创新力度不够以及对网络传播形式认识的不足，西柏坡精神的"优质资源"还没有得到充分利用和开发，有开发无整合、有意向无动向和有活动无长效等现象依然存在。时下，西柏坡景点还没有和其他区域的旅游资源相联系，旅游形式单一，项目缺乏感召力，游客当天来当天走的情况比较普遍；人们比较注重参观革命遗址、观看实物等，忽视红色资源实质内涵的延伸与时代意义的提炼和升华；西柏坡精神研究、传播、践行多是在重大时间节点进行庆祝活动，组织者策划的大多是短期活动，缺乏长期的制度保障。"有组织的来，无纪律的看，没收获的走"成为一些游客的内心写照。总之，西柏坡精神宣传力度和深度不够，西柏坡红色文化由于缺乏系统打造还没有形成知名品牌。

第三，西柏坡精神网络传播效应还不强。目前，河北省只有西柏坡纪念馆一个西柏坡精神主题网站，各主流网站还没有设立"西柏坡精神"栏目。网络传播内容的制作水平不高，相关网站网页对西柏坡红色文化的介绍内容堆砌，过于繁杂，不够浅显易懂。相关网站建设水平偏低、传播规模小、网站内容差、更新缓慢，加上传播广度、集中度及影响力有限等诸多问题，制约了西柏坡精神的持久深入传播，影响了西柏坡精神红色文化品牌

的打造。

（四）西柏坡精神研究和传播相对重视硬件建设，忽视对研究、宣传和学习教育的投入

进入 21 世纪以来，河北省进行了大西柏坡红色旅游建设，修建高速专线，修复中共中央原各部门旧址，建立相关纪念馆，这对提升西柏坡的教育功能和社会影响起到了至关重要的作用。相对而言，对西柏坡精神研究、宣传和学习教育相对重视不足，资金投入和工作力度远远不够。毋庸置疑，这些问题已经成为影响西柏坡和西柏坡精神继续深化的最关键"瓶颈"，在很大程度上制约着西柏坡精神的深化研究和广泛传播，制约着西柏坡红色文化品牌的打造，亟待统筹谋划，从顶层设计上采取举措，逐步解决。

三　西柏坡精神内涵凝练概括势在必行

进入新时代，面临新使命、新目标、新任务，我们比以往任何时候都更加需要发扬西柏坡精神，为时代发展注入更加强大的精神动力；我们比以往任何时候都更加需要提炼概括权威规范且具有广泛共识的内涵表述，为发扬西柏坡精神提供更加坚实的理论支撑。事实表明，今天凝练概括西柏坡精神意义重大而紧迫，既可弥补西柏坡精神研究最为重要的理论短板，也能为广大党员干部发扬光大西柏坡精神明确基本准则和努力方向，更有助于广大群众知晓、记忆、理解、认同并践行西柏坡精神，使其在全社会广泛传播并世代传承下去。

（一）关于西柏坡精神内涵凝练概括的原则

凝练概括权威、准确并能获得社会共识的西柏坡精神内涵，是一项政治性、理论性很强的工作。因此，我们在凝练概括的过程中应当把握以下五个原则。

一是依据史实，从党在西柏坡时期的重大革命实践活动中出发凝练概括。伟大革命精神源于伟大革命实践。西柏坡精神最主要、最直接的来源，就是毛泽东同志和中共中央在西柏坡时期的革命实践活动。因此，概括凝练西柏坡精神内涵，就要全面系统深入地掌握毛泽东同志和中共中央在西柏坡时期进行革命实践活动的史实。我们从党中央领导土地改革运动、成立华北人民政府、召开九月会议、指挥三大战役、筹备新政协和召开七届二中全会等所有重大实践活动中所体现出的革命精神出发，凝练概括西柏坡精神内涵。

二是突出特质，从党在西柏坡时期所处的历史方位出发凝练概括。西柏坡时期，中国共产党正处于从乡村到城市、从战争到和平、从革命到建设、从局部执政到全国执政根本转折的历史方位，面临着即将取得全国执政地位的新环境、新情况、新任务。我们从党当时所处的历史方位出发，从毛泽东和中共中央当时对新中国蓝图的绘就和制定的路线方针政策出发，从革命精神谱系中西柏坡精神的独特内涵与其他革命精神的共同基因出发，凝练概括西柏坡精神内涵。

三是遵循论述，从弘扬西柏坡精神时代价值出发凝练概括。70多年来，西柏坡精神始终是推进革命、建设和改革的强大精神动力，对党在新时代履行新使命、实现新目标、完成新任务依然具有无与伦比的时代价值。党的十八大以来，习近平总书记对西柏坡精神做出一系列重要论述，特别是在西柏坡明确提出"这里是立规矩的地方"，强调"赶考远未结束"，要求继续牢记"两个务必"，党要管党，从严治党。我们以习近平新时代中国特色社会主义思想为指导，以习近平总书记关于西柏坡精神的重要论述为遵循，从弘扬西柏坡精神的时代价值出发，凝练概括西柏坡精神内涵。

四是凝聚共识，从专家共识集中度出发凝练概括。凝练概括西柏坡精神是一项艰巨的理论研究活动，需要众多专家学者通力合作、集中攻关。在长期的研究过程中，各位专家学者有着自己的研究成果，对西柏坡精神内涵有着自己的独到观点。这些观点既有共同表述，也有不同看法，但西柏坡精神内涵最终只需要一个权威概括。我们在全面吸收各位专家学者研究成果的基础上，坚持求同存异、兼容并蓄，将共识集中度高的观点采纳吸收，凝练概括西柏坡精神内涵。

五是便于传承，从准确规范、简明通俗出发凝练概括。西柏坡精神内涵凝练概括本身不是目的，最终目的是使这个内涵能够成为党员干部的价值追求和行为准则，且为人民群众知晓、理解、认可和践行。这就要求凝练概括的西柏坡精神内涵，既准确规范又简明通俗，便于记忆、便于理解、便于传播，使之确立后能够在全党全社会迅速传播开来，做到家喻户晓、人人皆知，成为被社会广泛认知、认同和弘扬的时代精神。

（二）关于西柏坡精神内涵凝练概括及其历史和理论依据

以习近平新时代中国特色社会主义思想为指导，以习近平总书记关于西柏坡精神的重要论述为遵循，从应当把握的五个原则出发，借鉴红船精神、井冈山精神、延安精神等革命精神的内涵表述，依据专家凝练概括的共识集中度，考虑提炼格式、表述方式和传播便捷等需要，西柏坡精神内涵可这样凝练概括：为了人民、依靠人民的公仆精神，敢于斗争、敢于胜利的进取精神，政治协商、团结合作的民主精神，立规严纪、集中统一的看齐精神，谦虚谨慎、艰苦奋斗的赶考精神。其中，赶考精神是西柏坡精神的核心。

为了人民、依靠人民的公仆精神。西柏坡时期，我们如何打败国民党的军事进攻，取得革命胜利，是当时的"历史之问"。面对敌强我弱的力量对比，毛泽东同志明确指出"革命要依靠人民群众""人心向背，是战争胜败最重要的因素"。刘少奇在全国土地会议上指出，我们要解决与蒋介石的力量对比，只能靠老百姓。靠老百姓，第一就是反对地主，平分土地。为此，党将人民群众最为关心的土地问题提到战略高度，在解放区进行轰轰烈烈的土地改革运动，满足了农民获得土地这个最根本的利益需求。因为"土地还家"，广大农民全力参军参战、支援前线，使国民党陷入了人民战争的汪洋大海。"最后一碗米当军粮，最后一块布做军装，最后一件棉袄盖在担架上，最后一个儿子送到战场上"，是当时的真实写照。习近平总书记"以人民为中心""人民对美好生活的向往，就是我们的奋斗目标"等重要论述，就是为了人民、依靠人民的公仆精神的传承和发展。

敢于斗争、敢于胜利的进取精神。西柏坡时期，敢不敢不失时机战略反攻和战略决战，敢不敢将革命进行到底，是党面临的历史性课题。毛泽东同志对革命战争形势进行了客观估计和准确判断，指出"中国人民的革命战争，现在已经达到了一个转折点"。在力量还处于劣势的情况下，敢于千里跃进大别山，拉开战略进攻的序幕；在时机成熟时，敢于同国民党军队进行战略决战，领导和指挥辽沈、淮海、平津三大战役。在消灭国民党主要军事力量后，我们党面对国民党的"求和"，拒绝"划江而治"，号召全国人民"将革命进行到底"，申明无论和谈是否成功，都将"打过长江去，解放全中国"，敢于在全国范围内彻底推翻国民党反动统治，而不使革命半途而废。毛泽东同志在七届二中全会报告中明确指出，我们不但善于破坏一个旧世界，我们还要善于建设一个新世界；规定了全国胜利以后，党在政治、经济、外交方面应当采取的基本政策，指出了中国由农业国转变为工业国、由新民主主义社会转变为社会主义社会的发展方向。习近平总书记指出，大力弘扬将革命进行到底的精神，在中国和世界进步的历史潮流中，坚定不移把我们的事业不断推向前进。

政治协商、团结合作的民主精神。西柏坡时期，党在国民党统治区开辟第二条战线，制定争取团结小资产阶级和民族资产阶级的方针政策，革命统一战线不断扩大。1948年，中共中央发布"五一口号"，号召联合全国知识分子、自由资产阶级、各民主党派、社会贤达和其他爱国分子，巩固与扩大反对帝国主义、反对封建主义、反对官僚资本主义的统一战线，为打倒蒋介石、建立新中国而共同奋斗；提出各民主党派、各人民团体、各社会贤达迅速召开政治协商会议，讨论并实现召集人民代表大会，成立民主联合政府。各民主党派纷纷响应，北上解放区，参加新政协，自愿自觉接受中国共产党领导，实现了社会各界空前大团结。毛泽东同志在七届二中全会上提出："无产阶级领导的以工农联盟为基础的人民民主专政，要求我们党去认真地团结全体工人阶级、全体农民阶级和广大的革命知识分子，这些是这个专政的领导力量和基础力量。"人民民主专政的国体，规定了人民代表大会的政体、党领导的多党合作的新型政党制度以及民族区域自治制度，确立了新中国人民民主的基本政治制度。习近平总书记指出，中国共产党领导的多党合作和政治协商制度作为我国的一项基本政治制度，是中国共产党、中国人民和各民主党派、无党派人士的伟大政治创造，是从中国土壤中生长出来的新型政党制度。

立规严纪、集中统一的看齐精神。早在延安时期，毛泽东同志就提出全党向中央看齐的思想。西柏坡时期，我们党为了适应革命形势变化，提出强化看齐意识，严格自律要求，加强党的制度建设和纪律建设，实现党的集中统一领导。毛泽东亲自起草《关于建立报告制度》的党内指示，多次督促报告制度落实，强调这是"为了及时反映情况，使中央有可能在事先或事后帮助各地不犯或少犯错误，争取革命战争更加伟大的胜利起见"。1948年9月，中共中央政治局会议通过《中共中央关于各中央局、分局、军区、军委分会及前委会向中央请示报告制度的决议》，厘清了各级权力，有效地规范了党内运行机制，维护了中央集体领导的权威，加强了党的集中统一领导。毛泽东亲自起草《关于健全党委制》等党内制度性文件，提出"加强纪律性，革命无不胜"的口号，重新颁布《三大纪律八项注意》。根据毛泽东的提议，七届二中全会提出"不做寿、不送礼、少敬酒、少拍掌、不以人名作地名、不要把中国同志同马恩列斯平列"的六条规定。习近平总书记在西柏坡调研时指出："这里是立规矩的地方。党的规矩、制度的建立和执行，有力推动了党的作风和纪律建设。"

谦虚谨慎、艰苦奋斗的赶考精神。西柏坡时期，是中国革命的历史转折时期。面对革命即将胜利的新形势、新任务、新变化，如何继续保持优良作风，如何长期执政和执好政，是我们党面临的重大课题。毛泽东同志预见"以后的路程更长，工作更伟大，更艰苦"，他郑重告诫全党"务必使同志们继续地保持谦虚、谨慎、不骄、不躁的作风，务必使同志们继续地保持艰苦奋斗的作风"。离开西柏坡时，毛泽东同志明确提出"决不当李自成"的"赶考"命题。习近平总书记指出，"两个务必"包含着对我国几千年历史治乱规律的深刻借鉴，包含着对我们党艰苦奋斗历程的深刻总结，包含着对胜利了的政党永葆先进性和纯洁性、对即将诞生的人民政权实现长治久安的深刻忧思，也包含着对我们党坚持全心全意为人民服务根本宗旨的深刻认识，思想意义和历史意义十分深远。

四　西柏坡精神在新时代进一步发扬光大的路径举措

进入新时代，我们面临实现"中国梦"的神圣使命和实现"两个一百年"奋斗目标的艰巨任务。在这样的历史大背景下，我们更加需要进一步发扬光大西柏坡精神，为新时代发展注入更加强大的精神动力。我们要适应时代发展需要，统筹规划，精心组织，综合施策，实现西柏坡精神深化研究和广泛传播，形成全省打造西柏坡红色文化品牌的强大合力。

（一）努力深化新时代西柏坡精神研究，为西柏坡精神和西柏坡红色文化传播奠定更加坚实的理论基础

深化新时代西柏坡精神研究，应聚焦坚持和发展中国特色社会主义这一主题，与统筹推进"五位一体"总体布局、协调推进"四个全面"战略布局，贯彻落实新发展理念、培育践行社会主义核心价值观等紧密结合，最大限度挖掘西柏坡精神的宝贵资源，最大限度发挥西柏坡精神的精神激励和道德引领作用。

第一，继续研究凝练概括西柏坡精神内涵，尽快获得确认并对外传播展示。进入新时代，我们比以往任何时候都更加需要提炼概括权威规范且具有广泛共识的内涵表述，为西柏坡精神发扬光大提供更加坚实的理论支撑，这既可弥补西柏坡精神研究最为重要的理论短板，也能为广大党员干部弘扬西柏坡精神明确基本准则和努力方向，有助于广大群众知晓、记忆、理解、认同、践行西柏坡精神。省委或者省委宣传部应组织省内外相关专家学者继续对西柏坡精神内涵概括已经达成的共识进行科学论证，使之更加准确完整，并将这个共识呈报中央或者中宣部，使之能够在全党全社会迅速传播，成为具有广泛认知的时代精神，并世代传承下去。

第二，继续延伸西柏坡精神研究，建立包括西柏坡历史、经验和精神在内的学科体系。新时代深化西柏坡精神研究，就是要对西柏坡和西柏坡精神进行全方位系统研究。为此，可以组织力量撰写西柏坡研究系列丛书，将西柏坡时期党的历史纳入多学科、全方位、立体式的研究框架中，从中国革命指挥中心由陕北移至华北的历史追溯，到西柏坡时期的政治、经济、军事、策略、精神、社会、党的建设等多侧面、多角度地横向展示，再到西柏坡时期党的革命实践对后来革命、建设、改革的历史延伸，力求全面完整反映党在西柏坡时期理论创新、实践创新和制度创新的历史风貌以及这些创新产生的深远影响，推出更多精品成果，产生更大社会影响。

第三，建设西柏坡红色文化资源数据库，夯实西柏坡精神研究的基础。要使其研究可持续，并能不断创新和突破，需要运用现代数字化技术对文献资料进行数字化处理，建设一个全面性、完整性、规范化、标准化、实用化的教育资源基础数据库，全面实现纸质文献典藏、查阅电子化，并通过对西柏坡红色教育资源基础数据库建设的理论研究，为特色数据库建设积累经验，提供借鉴。建设西柏坡红色文化资源数据库，就是要在为西柏坡时期中国共产党革命精神研究夯实基础、支撑创新的同时，发挥数据的存储及调用功能，为研究及决策提供支持服务。此外，还可向国内外介绍西柏坡的地方档案，扩大红色教育资源的影响，充分发挥西柏坡历史在党史、国史研究以及国内外学术交流中的纽带作用。

（二）努力推进新时代西柏坡精神进一步广泛传播，使西柏坡精神获得更加广泛的认知和践行

进入新时代，西柏坡精神传播进入一个新的阶段。我们要创新载体平台、路径举措，对西柏坡精神的弘扬与传播要通过媒体融合、文化熏陶、思想教育、党性教育、红色旅游等路径，努力推进新时代西柏坡精神进一步广泛传播。

第一，通过媒体融合进一步广泛传播西柏坡精神。大众传媒在进行主流价值观的传播方面扮演着重要角色，是传播西柏坡精神行之有效的重要

手段。运用广播、电视和网络等多种传播手段广泛宣传，可以让群众直接生动地了解、感受西柏坡精神内涵及其产生的历史渊源和时代价值，增强对西柏坡精神的深刻理解，使公众在正面的舆论氛围中接受西柏坡精神。在新时代，要充分利用现代信息技术，实现媒体融合，形成大众传播合力，充分利用报刊、广播、电视等传统媒体和微博、微信等新媒体，多渠道、多视角传播西柏坡精神，构建立体传播平台，营造西柏坡精神影响公众的强大舆论氛围。我们要继续充分利用报刊、广播、电视等传统媒体开设西柏坡或西柏坡精神专栏，刊发有关报道、研究论著和史料；更加重视新媒体传播，创建更多西柏坡精神主题网站、微博和微信公众号，在省内主流网站开设"西柏坡精神"栏目，以网络微家园、微课堂和手机报等形式及时发布和推送富有教育和启迪意义的文字消息和有关视频，对西柏坡红色文化进行全方位、全视角的展示。此外，利用公交车、出租车等的车载移动电视和公共场所（火车站、十字路口等）的户外电子显示屏，在固定时间播放有关西柏坡精神的动画、影视、标语，潜移默化地影响大众，进而使人们能够更加深入地了解西柏坡红色文化的精神内涵，使西柏坡精神获得更加广泛的传播，真正成为在全社会具有影响力的时代精神。

第二，通过文化熏陶进一步广泛传播西柏坡精神。文化熏陶是通过文化产品和文化活动传播渗透特定精神内容，潜移默化影响人们的理想信念和价值追求，净化人们的内心世界。我们要将西柏坡精神变成可体验、可感受、直观形象的电影、电视、流行音乐、动漫、文学作品等文化产品和大众参与的文化活动，借助文化传播让西柏坡精神走向全国、走向世界。河北省可以通过设立"西柏坡红色文化精品创作基金"，鼓励文化工作者创作题材丰富、形式多样的集中展示西柏坡历史和精神的为观众所喜闻乐见、高质量的艺术作品；通过拍摄一部全景式再现毛泽东和党中央在西柏坡革命活动的电视连续剧，深刻诠释"新中国从这里走来"的历史主题，让更多的人直观了解党在西柏坡的伟大革命实践，了解一代伟人毛泽东和他的战友们在这里铸就的西柏坡精神，理解西柏坡精神内涵及其时代价值。西柏坡纪念馆可组织更多生动活泼、为人民所喜闻乐见的以弘扬西柏坡精神为主题的文艺节目和大众文化活动，寓教于乐，使群众在潜移默化中感受、认可和领悟西柏坡精神，接受革命历史和革命精神的熏陶，提升思想道德水准。

第三，通过思想教育进一步广泛传播西柏坡精神。新时代，要将西柏坡精神融入各种思想教育活动之中，需要坚持多种艺术形式结合、多种宣传教育题材结合、多种教育场地结合。通过通俗易懂、为人民所喜闻乐见的宣传方式，河北省针对不同受众群体采用不同的方式和方法开展教育活动，组织专家学者定期到社区和乡村短期宣讲、组织西柏坡精神图片展览等活动，使社会大众形象生动且理性地了解西柏坡和西柏坡精神。新时代，河北省继续将青少年作为西柏坡精神学习教育的重点群体，将西柏坡和西柏坡精神列入各级各类国民教育的相关教材中，并编写西柏坡历史和西柏坡精神的大中小学专门教材，充分发挥思想品德和思想政治理论课的主渠道作用，使学生接触、了解西柏坡精神的相关资料，切实让西柏坡历史和西柏坡精神进教材、进课堂、进头脑，以润物细无声的传播效果深入青少年心灵深处。在学校，广大学生是弘扬和宣传西柏坡精神的生力军。各级学校通过组织学生到西柏坡参观，增加学生对西柏坡精神的感性认识；开展革命歌曲合唱比赛、革命电影展播、红色诗歌朗诵、书法绘画展等各类"弘扬继承西柏坡精神"的实践活动，全员参与、全过程教育，使践行西柏坡精神成为学生的自觉行动，使西柏坡精神深入人心。

第四，通过党性教育进一步广泛传播西柏坡精神。通过党性教育广泛传播革命精神，是我们的优良传统。新时代，党员干部更是西柏坡精神学习教育的重点，要继续把西柏坡精神学习实践活动常态化，将西柏坡精神长期列为党的思想建设和作风建设的重要内容，列为各级党委中心组每年的学习内容，组织专家学者做相关的报告；利用"3·23"赶考日对党员干部进行专题教育，特别是要抓住"不忘初心，牢记使命"主题教育实践活动开展的机遇，深化西柏坡精神学习教育，在加强理论学习、深化认识的基础上使党员干部成为弘扬西柏坡精神的自觉引领者。要推动中央领导和中央有关部门筹备建立和中国井冈山干部学院、中国延安干部学院同样的中国西柏坡干部学院，作为向全国中高级干部进行西柏坡精神教育的重要基地，体现西柏坡作为革命圣地的政治优势，把西柏坡建成全国一流的爱国主义教育基地、国家级干部教育中心和西柏坡精神的集中传播地。要继续组织形式多样的学习教育活动，特别是"重走赶考路"等学习体验活动，组织党员干部前往西柏坡进行实地考察，重温入党誓词，通过对党在革命时期的艰苦工作环境和简陋生活条件的亲身体验，使党员干部内心形成强烈震撼，更加自觉践行西柏坡精神。在各级党政机关，要持续开展弘扬"赶考"精神、"弘扬西柏坡精神，我为党旗添光彩"等实践活动，利用各种载体和平台引导广大党员干部积极践行西柏坡精神，在新时代实现梦想、履行使命的伟大实践中有所作为、建功立业。

第五，通过红色旅游进一步传播西柏坡精神。对比我国其他革命圣地，西柏坡景区规模有限，扩区增容成为打造西柏坡红色文化品牌的关键。旧址是"大西柏坡"建设的核心载体，要进一步修缮恢复，利用现在的展陈进一步丰富完善展览内容，更新展览方式，提升展览水平。对已恢复的中共中央宣传部、办公厅、组织部、统战部、妇委、育英学校等旧址进行修缮提升；争取相关部门的对口支援，尽快恢复其他 18 处未恢复旧址，供人瞻仰。以西柏坡为中心，在方圆 30 平方公里的区域内，规划建设"大西柏坡"红色旅游区，设计不同的游览路线。按照打造国内一流场馆的要求，借鉴先进景区做法，建设教育展览、自然生态旅游和特色休闲度假三大特色鲜明、设施完善的旅游功能区，增加参观景点，增强旅游服务能力，提高接待容量。在弘扬西柏坡精神的前提下，增强辐射力、吸引力和感染力，吸引更多的人来西柏坡参观学习，接受西柏坡精神教育，增强西柏坡革命圣地的吸引力、辐射力，借助文化传播让西柏坡精神走向全国、走向世界。

（三）加强西柏坡精神深化研究和广泛传播的统筹规划和组织协调

第一，考虑制定新时代西柏坡精神深化研究和广泛传播长远规划。目标既定，规划先行。西柏坡精神深化研究和广泛传播需要顶层设计、统筹规划。应由省委宣传部牵头，组织相关专家制定西柏坡精神研究传播和西柏坡红色文化品牌塑造的中长期规划，分析新时代对研究宣传弘扬西柏坡精神和打造西柏坡红色文化品牌的新要求，提出中长期发展目标和坚持的基本原则，提出实现目标的路径和举措等。有了规划就有了发展路径，就可以有计划、有步骤地推进，推动西柏坡精神研究更加深化、传播更加广泛、品牌更加闪亮、影响更加深远，为河北省建设经济强省、美丽河北和走向现代化提供更加强劲的精神动力。

第二，酝酿筹备中国和河北省西柏坡精神研究会。西柏坡精神深化研究和广泛传播需要一个整合资源、协调各方的组织平台。因此，应借鉴其他革命精神研究传播的经验，成立中国和河北省西柏坡精神研究会。可以由省委宣传部牵头，有关部门参与，负责研究会的筹备工作。研究会的主要任务就是规划协调省内外西柏坡精神的研究工作，组织协调开展西柏坡精神的研讨活动，负责省内外相关研究机构的合作交流。可采取分步实施的方式，先行成立河北省西柏坡精神研究会。在此基础上，请中宣部、中央党史和文献研究院牵头，由河北省委宣传部和河北省西柏坡精神研究会具体承担中国西柏坡精神研究会的筹备工作。研究会成立后，可以整合省内外各方面的研究力量和传播载体，集中攻关西柏坡精神研究的重大课题，将西柏坡精神研究和传播有组织、有规划、有步骤地持久进行下去。

第三，健全完善研究平台，创新形式多样的传播载体。更好地发挥河北省中国特色社会主义理论体系西柏坡精神协作研究基地的作用，在西柏坡纪念馆和有条件的科研机构、高等院校设立西柏坡精神研究中心或研究基地，组织整合省内外研究力量，将西柏坡精神研究作为持续性的重大课题，组织力量长期深入研究。针对"中共中央移驻西柏坡""进京赶考"等重要节点，开展不同层次和内容的西柏坡精神研讨会，设立"西柏坡精神论坛"。省社科规划办可以将西柏坡精神列入每年的课题指南，对有重要理论和实践价值的课题进行重点资助。对河北师范大学中国共产党革命精神与文化资源研究中心在课题研究、经费支持和人才培养等方面给予实际支持。支持河北师范大学加强与复旦大学、嘉兴学院、赣南师范大学、湘潭大学、遵义师范学院、延安大学等高校的中国共产党革命精神与文化资源研究中心的交流与合作，达到相互学习、相互借鉴和相互促进的目的。

第四，整合资源，培养人才，不断壮大研究队伍，实现西柏坡精神可持续研究传播。河北省社科院、党校、高校以及西柏坡纪念馆已经拥有一批西柏坡精神研究和教学人才，但真正造诣很深、成果丰硕的专家学者还不多。要注重学术领军人物和青年学者的培养，将更多相关专家学者纳入宣传文化系统"四个一批"人才、"燕赵英才"和社科中青年专家"五十人工程"人选；有条件的高校可设立西柏坡精神研究方向的硕士乃至博士点，培养更多专门研究人才，每年招收一定数量的硕士生、博士生，确保西柏坡精神研究有组织、有规划、有步骤地持久深化下去。鼓励支持专家学者加强与省外同行的交流，特别是要与从事井冈山精神、长征精神、延安精神、红岩精神等革命精神研究的专家学者进行交流、切磋，以提高整体研究水平。总之，通过长期的努力，我们不仅要让西柏坡精神在河北省家喻户晓，成为建设经济强省、美丽河北的强劲精神动力，而且要让西柏坡精神进一步走向全国、走向世界，成为河北在全国乃至海外的亮丽"名片"。

将社会主义核心价值观融入河北
干部教育培训

田 丽 *

摘　要： 干部教育培训是建设高素质干部队伍的先导性、基础性、战略性工程，在推进中国特色社会主义伟大事业和党的建设新的伟大工程中具有不可替代的重要作用。将社会主义核心价值观融入干部教育培训，是党的干部教育的重要要求。2020年，河北克服各方面的困难，采用多种形式举办干部教育培训班次，与时俱进更新了相关培训内容，提升了河北干部学习和践行社会主义核心价值观的能力和水平。针对培训有效性和教学形式等方面存在的问题，河北提出了改进的对策建议，使河北干部的社会主义核心价值观教育能够适应河北高质量发展的要求，增强了党员干部干事创业的精神动能。

关键词： 干部教育培训　社会主义核心价值观　河北

　　将社会主义核心价值观融入干部教育培训，是新时代党的干部教育的重要要求，河北省严格执行中央规定，克服了新冠肺炎疫情的影响，在做好疫情防控措施的前提下坚持举办干部教育培训班次，创新培训形式，以更贴近干部工作生活实际的方式开展干部教育培训，取得了良好效果，对

---

　　* 田丽，中共河北省委党校党的建设教研部讲师，主要研究方向为基层党建、党内法规。

河北干部培育践行社会主义核心价值观发挥了重要作用。与此同时，河北在培训效果和创新方面仍然存在缺点和不足。因此，要继续加大教育教学形式创新的力度，结合时代特点和干部实际，运用新媒体等先进技术，以服务河北高质量发展为导向，推动河北干部的社会主义核心价值观教育取得更好效果。

一　现状梳理

党内法规以及中央文件明确要求将社会主义核心价值观融入干部教育培训中，河北严格执行中央规定，以脱产培训、网络教育、在职自学等培训方式，从教育教学、培训管理、学习实践等各个环节，全面实施对干部的社会主义核心价值观的培育践行。

（一）规定部署

2015年10月14日起施行的《干部教育培训工作条例》在第四章"教育培训内容"第十九条中规定："干部教育培训坚持以理想信念、党性修养、政治理论、政策法规、道德品行教育培训为重点，并注重业务知识、科学人文素养等方面教育培训，全面提高干部素质和能力。"[1] 有关社会主义核心价值观的内容渗透在"理想信念""党性修养""道德品行"等培训内容中，并且在第二十条中将其作为"政治理论教育"的组成部分："政治理论教育重点开展马克思列宁主义、毛泽东思想、邓小平理论、'三个代表'重要思想、科学发展观和习近平总书记系列重要讲话精神教育培训，加强党的路线方针政策、社会主义核心价值观、党史国史、国情形势等教育培训，引导干部坚定共产主义远大理想和中国特色社会主义共同理想，增强中国特色社会主义道路自信、理论自信、制度自信，提高运用马克思

---

[1] 《干部教育培训工作条例》，2015年10月28日，共产党员网，http://news.12371.cn/2015/10/28/ARTI1446018412489737.shtml。

主义立场、观点、方法分析解决实际问题的能力，增强领导改革开放和社会主义现代化建设的本领。"① 2018 年中共中央印发的《2018—2022 年全国干部教育培训规划》，在"培训内容体系"上要求"党性教育"板块要有"深入开展社会主义核心价值观教育，加强中华优秀传统文化、革命文化和社会主义先进文化学习教育，引导干部树立正确的历史观、民族观、国家观、文化观，不断提升精神境界"的内容。

河北对干部的教育培训严格执行党内法规和中央决定，将社会主义核心价值观融入干部教育培训的教学和管理的每个环节，力争把党员和领导干部培养成全社会践行社会主义核心价值观的先锋和模范，成为带动广大群众践行社会主义核心价值观的先导力量。

（二）新增内容

社会主义核心价值体系以及提炼出的社会主义核心价值观，随着时代的发展和党承担使命任务的变化不断新增体现中央年度宣贯重点的新内容，这些新内容都被及时列入干部教育培训的课程内容和实践范畴。

学习民法典——法治。2020 年 7 月 13 日，中央宣传部、中央组织部、中央政法委、中央网信办、全国人大常委会办公厅、教育部、司法部、全国普法办等部门联合印发通知，部署开展《中华人民共和国民法典》学习宣传工作。民法典是新中国成立以来第一部以"法典"命名的法律，是新时代中国社会主义法治建设的重大成果，在中国特色社会主义法律体系中具有重要地位，是一部固根本、稳预期、利长远的基础性法律。在全国深入开展民法典学习宣传活动，要深入学习宣传习近平总书记关于全面依法治国的重要论述特别是关于民法典的重要指示精神，深入学习宣传实施民法典的重大意义，深入学习宣传民法典的基本原则和主要内容。要创新宣传形式，在全社会大力营造尊法、学法、守法、用法的浓厚氛围。抓好重点群体的宣

---

① 《干部教育培训工作条例》，2015 年 10 月 28 日，共产党员网，http://news. 12371. cn/2015/10/28/ARTI1446018412489737. shtml。

传教育，把民法典纳入领导干部学法必修课，作为领导干部年度述法重要内容。认真落实国家工作人员学法用法、新闻媒体和互联网公益普法等制度。

弘扬伟大抗疫精神——爱国。新冠肺炎疫情是百年来全球发生的最严重的传染病大流行，是新中国成立以来我国遭遇的传播速度最快、感染范围最广、防控难度最大的重大突发公共卫生事件。病毒突袭而至，疫情来势汹汹，人民生命安全和身体健康面临严重威胁。我们党坚持人民至上、生命至上，以坚定果敢的勇气和坚忍不拔的决心，同时间赛跑、与病魔较量，迅速打响疫情防控的人民战争、总体战、阻击战，并取得抗疫斗争的重大战略成果。2020 年 9 月 8 日，习近平总书记在全国抗击新冠肺炎疫情表彰大会上，向国家勋章和国家荣誉称号获得者颁授勋章奖章并发表重要讲话。他强调，"伟大抗疫精神，同中华民族长期形成的特质禀赋和文化基因一脉相承，是爱国主义、集体主义、社会主义精神的传承和发展，是中国精神的生动诠释，丰富了民族精神和时代精神的内涵。我们要在全社会大力弘扬伟大抗疫精神，使之转化为全面建设社会主义现代化国家、实现中华民族伟大复兴的强大力量"。[1]

继承和弘扬伟大抗美援朝精神——爱国。2020 年 10 月 23 日，习近平总书记在纪念中国人民志愿军抗美援朝出国作战 70 周年大会上发表重要讲话，全面回顾总结了抗美援朝战争的伟大胜利和巨大贡献，深刻阐述了抗美援朝精神的历史意义和时代价值。他指出，在波澜壮阔的抗美援朝战争中，英雄的中国人民志愿军锻造了伟大抗美援朝精神。伟大抗美援朝精神跨越时空、历久弥新，必须永续传承、世代发扬。无论时代如何发展，我们都要砥砺不畏强暴、反抗强权的民族风骨。无论时代如何发展，我们都要汇聚万众一心、勠力同心的民族力量。无论时代如何发展，我们都要锻造舍生忘死、向死而生的民族血性。无论时代如何发展，我们都要激发守

---

① 习近平：《在全国抗击新冠肺炎疫情表彰大会上的讲话》，《人民日报》2020 年 9 月 9 日，第 2 版。

正创新、奋勇向前的民族智慧。① 习总书记在参观"铭记伟大胜利　捍卫和平正义——纪念中国人民志愿军抗美援朝出国作战 70 周年主题展览"时强调，"要深入学习宣传中国人民志愿军的英雄事迹和革命精神，学好党史、新中国史、改革开放史、社会主义发展史，激励全党全军全国各族人民更加紧密地团结在党中央周围，牢记初心使命，坚定必胜信念，发扬斗争精神，增强斗争本领，为决胜全面建成小康社会、夺取新时代中国特色社会主义伟大胜利、实现中国梦强军梦不懈奋斗，为维护世界和平、推动构建人类命运共同体作出更大贡献"。②

继承和弘扬伟大抗战精神——爱国。2020 年 9 月 3 日下午，习近平总书记在纪念中国人民抗日战争暨世界反法西斯战争胜利 75 周年座谈会上发表重要讲话。习总书记指出，"中国人民抗日战争胜利是以爱国主义为核心的民族精神的伟大胜利"，"中国人民在抗日战争的壮阔进程中孕育出伟大抗战精神，向世界展示了天下兴亡、匹夫有责的爱国情怀，视死如归、宁死不屈的民族气节，不畏强暴、血战到底的英雄气概，百折不挠、坚忍不拔的必胜信念。伟大抗战精神，是中国人民弥足珍贵的精神财富，将永远激励中国人民克服一切艰难险阻、为实现中华民族伟大复兴而奋斗"。③

大力弘扬劳模精神——敬业。2020 年 11 月 24 日，习近平总书记在全国劳动模范和先进工作者表彰大会上发表重要讲话。他强调，"要大力弘扬劳模精神、劳动精神、工匠精神。劳模精神、劳动精神、工匠精神是以爱国主义为核心的民族精神和以改革创新为核心的时代精神的生动体现，是鼓舞全党全国各族人民风雨无阻、勇敢前进的强大精神动力。劳动是一切幸福的源泉。新形势下，我国工人阶级和广大劳动群众要继续学先进赶先进，自觉践行社会主义核心价值观，用劳动模范和先进工作者的崇高精神

---

① 习近平：《在纪念中国人民志愿军抗美援朝出国作战 70 周年大会上的讲话》，新华网，2020年 10 月 23 日。

② 《在新时代继承和弘扬伟大抗美援朝精神　为实现中华民族伟大复兴而奋斗》，《人民日报》2020 年 10 月 20 日，第 1 版。

③ 习近平：《在纪念中国人民抗日战争暨世界反法西斯战争胜利 75 周年座谈会上的讲话》，《人民日报》2020 年 9 月 4 日，第 2 版。

和高尚品格鞭策自己，将辛勤劳动、诚实劳动、创造性劳动作为自觉行为。各级党委和政府要尊重劳模、关爱劳模，完善劳模政策，推动更多劳动模范和先进工作者竞相涌现。全社会要崇尚劳动、见贤思齐，弘扬劳动最光荣、劳动最崇高、劳动最伟大、劳动最美丽的社会风尚。要开展以劳动创造幸福为主题的宣传教育，把劳动教育纳入人才培养全过程，培养一代又一代热爱劳动、勤于劳动、善于劳动的高素质劳动者"。①

厉行节约反对浪费——文明。习近平总书记对制止餐饮浪费行为一再做出重要指示。对于餐饮浪费现象，他用了八个字做评价："触目惊心、令人痛心！"他还引用了古诗"谁知盘中餐，粒粒皆辛苦"，表达痛心之情。对于粮食安全问题和形成"厉行节约、反对浪费"社会风尚，习近平一直高度重视，多次强调要制止餐饮浪费行为。2013 年初，习近平看到新华社一份《网民呼吁遏制餐饮环节"舌尖上的浪费"》的材料，随即做出批示，要求"浪费之风务必狠刹"，并强调坚决杜绝公款浪费现象。2013 年 1 月22 日，习近平在十八届中央纪委二次全会上发表重要讲话强调，"要大力弘扬中华民族勤俭节约的优秀传统，大力宣传节约光荣、浪费可耻的思想观念，努力使厉行节约、反对浪费在全社会蔚然成风"。②"厉行节约、反对浪费"的教育要更加注重干部的实践养成。中央和国家机关工委发出公开信，倡议中央和国家机关广大干部职工迅速行动起来，"带头制止餐饮浪费，切实培养节约习惯，建设风清气正的政治机关"。③

（三）培训方式

《干部教育培训工作条例》在第五章"教育培训方式方法"第二十四条中规定："干部教育培训以脱产培训、党委（党组）中心组学习、网络培

---

① 《全国劳动模范和先进工作者表彰大会隆重举行》，《人民日报》2020 年 11 月 25 日，第 1 版。
② 《习近平在十八届中央纪委二次全会上发表重要讲话：更加科学有效地防治腐败　坚定不移把反腐倡廉建设引向深入》，新华网，2013 年 1 月 22 日。
③ 《中央和国家机关工委向中央和国家机关干部职工发出公开信倡议　带头制止餐饮浪费　切实培养节约习惯　建设风清气正的政治机关》，新华网，2020 年 8 月 16 日。

训、在职自学等方式进行。"下文以这四种培训方式为基础，梳理河北干部教育培训在融入社会主义核心价值观方面的经验做法。

1.省市县（区）党校的脱产培训

干部的脱产培训一般以党校培训的形式为主。党校作为大规模培训领导干部的主阵地、主渠道，培育践行社会主义核心价值观是党校义不容辞的重要政治任务，省市县（区）党校都把社会主义核心价值观落实到党校干部教育培训的各个环节。首先，用社会主义核心价值观充实教学内容。其次，在丰富多元的教学方法中通过师生互动、生生互动，让学员加深对社会主义核心价值观的理解。最后，在严格的学员管理中，让学员知行合一，真正在党校的学习生活中自觉践行社会主义核心价值观。并以布置学习体会等形式督促学员思考在今后的工作生活中如何以实际行动践行社会主义核心价值观。

（1）课程安排

课程安排上以社会主义核心价值观充实党校的教学内容。社会主义核心价值观是兴国之魂，决定着中国特色社会主义发展方向。培育践行社会主义核心价值观，是推进中国特色社会主义伟大事业、实现中华民族伟大复兴"中国梦"的战略任务。根据新形势和新任务的要求，各级党校需要不断地充实和创新教学内容，优化教学布局，以社会主义核心价值观课程充实教学内容。一方面，要把社会主义核心价值观作为一个重要的教学板块列入教学布局；另一方面，要在其他单元的教学专题中，渗透、融合社会主义核心价值观的内容。比如，在党史党建、世情国情、形势政策等方面的相关专题中，就应把党在培育践行社会主义核心价值观中的指导思想、基本原则和基本要求，培育践行社会主义核心价值观的重要现实意义和深远历史意义等内容融合其中。以社会主义核心价值观课程充实教学内容，把社会主义核心价值观教学与党的基本理论、基本路线、基本纲领、基本经验、基本要求的教学相结合，与提高领导干部的领导素质和能力相结合，与提高学员的宗旨意识和党性修养相结合，引导学员深化对中国特色社会主义道路、中国特色社会主义理论体系、中国特色社会主义制度、中国特色社会主义事业总体布局、建设中国特色社会主义的总依据总布局总任务、社会主义先进文化等的认识。

2020年省委党校共举办22个班次，培训省委组织部调训干部约1000人次，共安排约500节专题课程，与社会主义核心价值观有关的专题课涵盖了各个班次。市县党委编办主任研讨班、高校新任职领导班子成员履职能力提升专题研讨班等全部班次都安排了"切实实施民法典　推进全面依法治国"课程，以及针对新任处级公务员等授课对象专门安排"弘扬宪法精神""公务员法"等法治课程，旨在提升领导干部学法用法能力，培育践行社会主义法治精神。为了帮助学员更好学习伟大抗美援朝精神，省委党校在10月27日特邀中国人民解放军军事科学院战略研究部副部长、研究员、博士生导师齐德学少将来校讲授"抗美援朝——永远值得纪念的一场伟大战争"专题课，在校优秀年轻干部综合素质提升培训班、科级干部"不忘初心、牢记使命"读书示范班、库尔勒市"双千"人才培训班、库尔勒市乡镇班子成员和社区书记培训班四个培训班次的学员和党校部分教职工共计500余人，在大报告厅聆听了讲授。

（2）教学方法

党校的教学方法很多元化，充分发扬了理论联系实际的马克思主义学风，以提高学员素质和能力为目标，采取讲授式、研讨式、团队式等多种教学方法，通过自学、辅导、研讨、交流，切实提高教学效果，实现教学相长、学学相长。党校的干部培训大力弘扬理论联系实际的马克思主义学风，做到学以致用、用以促学、知行合一，并定期开展学风督查。教学课程不仅安排了专门的社会主义核心价值观内容，教师还通过严谨认真的教学活动，自觉践行社会主义核心价值观的要求，为学员树立了良好的榜样。自觉践行社会主义核心价值观也符合《中国共产党党校（行政学院）工作条例》对教师素质的要求。《中国共产党党校（行政学院）工作条例》第五十条规定："党校（行政学院）教学科研人员应当做到：（一）具有共产主义远大理想和中国特色社会主义坚定信念，忠诚于马克思主义，热爱党校（行政学院）事业，严格遵守党的政治纪律和政治规矩，自觉在思想上政治上行动上同以习近平同志为核心的党中央保持高度一致；（二）马克思主义理论功底扎实，熟悉党的路线方针政策，专业知识丰富，注重调查研究，勇于理论创新，具有较强的教学培训、科学研究、决策咨询能力；（三）学风严谨，品德高尚，学为人师，行为世范，遵纪守规。"党校教师在教学活动中表现出的对党和国家的信仰信念、高尚的道德情操、对待教学兢兢业业的爱岗敬业精神等优秀品质，正是对学员在社会主义核心价值观方面最好的言传身教。

党校还通过特有的党校教育、现场教学等教学形式和党的组织生活形式，对学员开展丰富多彩的社会主义核心价值观教育活动。例如，为纪念九一八事变爆发89周年，省委党校培训部第四期处级公务员任职培训班于2020年9月21日下午举办了以"铭记历史、勿忘国耻"为主题的党性教育活动，全体学员认真收看了理论文献纪录片《九一八·这一天》，并邀请党史教研部李鹏老师对纪念九一八事变的重要历史意义和现实意义进行讲解点评。学员们纷纷表示，一定要牢记历史、珍爱和平，并以史为鉴，从中华民族的苦难中汲取向上的力量，坚定中国共产党的领导，发扬斗争精神，以实际行动为实现"两个一百年"奋斗目标、实现中华民族伟大复兴的"中国梦"而努力奋斗。

有些党校调整和创新了教学方式，结合新媒体进行对干部的教育培训。例如，沧州市委党校开办了"微党课"，加强线上教育，做好党员干部培训工作，取得了良好成效。一是转变观念，拓展思路。沧州市委党校调整干部教育培训工作思路，认真开展线上理论宣讲和教育，借助融媒体平台，将"微党课"作为开展线上理论宣讲和培训的主要形式，实现理论宣讲、培训"不打烊"，使广大党员干部足不出户就能学有所循、学有所据、学有所获。二是内容丰富，立足长远。沧州市委党校紧贴形势，及时准确地将党的最新理论成果和路线方针政策传播、宣讲、解读给广大党员干部，便于他们掌握学习，提升其理论水平、党性修养、认知能力。他们结合"两会"的召开，谋划"两会"精神解读"微党课"。三是特色突出，成效显著。"微党课"是沧州市委党校创新理论宣讲和做好干部教育培训的重要形式和有效途径。自"微党课"上线以来，他们始终坚持高标准政治站位，和党的创新思想、理论成果同向同步、同频共振，各期"微党课"阅读量屡屡破万，受到广泛好评。

（3）学员管理

省市县（区）党校设有专门机构对学员进行严格管理。一般由培训部和进修部专门负责学员的日常管理，教务处和教学项目组负责教学的组织实施，坚持从严管理，从严治学。结业时，对学员进行全面考核，合格者发给结业证书，并把考核结果和结业鉴定填入《干部培训情况考核表》，由组织部门存档，作为考察、使用干部的重要依据。考核内容具体为学习心得体会、对策建议和党性分析材料等的撰写：所有班次都要求学员总结自身学习收获，撰写上千字的学习心得体会，并上交党校，由教师进行评分；市厅级干部班、中青年干部班以及其他正职领导干部班等还会安排建言献策的考核内容，联系工作实际，运用理论学习成果，撰写上千字具有对策性或建议性的文章；一个月以上的长期班一般还会安排撰写党性分析材料，依据教学计划安排，认真进行党性分析，提交上千字的党性分析材料。总之，党校全方位对学员进行党性教育和社会主义核心价值观培育践行的考核与考察。

秦皇岛市委党校在后勤管理上积极响应中央的号召，在学员食堂开展"厉行节约、反对浪费"的光盘行动。2020年9月，在第一期中青年干部培训班上，来自秦皇岛市的39名中青年干部齐聚市委党校集中学习，住在宿舍、吃在食堂，学员们发扬党校学员艰苦朴素的优良传统，在生活中自觉践行反对奢侈浪费的文明行为。该班次的临时党支部向全体学员提出要求：积极学习贯彻落实习近平总书记重要指示精神，厉行节约、反对浪费，践行光盘行动。学员们都来自秦皇岛市的基层单位、乡镇农村，深知农民种植粮食的艰辛和不易。大家在食堂就餐时，从小我做起，珍惜每一粒粮食。每个人用餐时自觉排队，小心慢取，防止意外掉撒；适量取餐，避免一次性取餐过多而吃不完；自己取的餐食全部吃完，不剩饭，不剩菜。大家还互相提醒，互相监督，做到盘光，碗光，坚决杜绝浪费饭菜行为。除了在学校积极行动起来外，学员们纷纷表示，将在今后的学习生活中，进一步发扬艰苦朴素的作风，带头厉行节约、反对浪费，坚决抵制餐饮浪费行为。同时，学员们还要求和带动自己的家人、同事和朋友践行光盘行动，为营造浪费可耻、节约为荣的良好社会氛围贡献自己的力量。

2.各单位党委（党组）中心组学习

《干部教育培训工作条例》第二十六条要求"坚持和完善党委（党组）中心组学习制度，中心组学习应当以党的理论和路线方针政策为基本内容，在自学和调研基础上保证每个季度不少于1次集体学习研讨"。因此，有关社会主义核心价值观的内容也应该纳入各单位党委（党组）中心组学习的范围。

（1）地方党委、政府党组中心组的学习

河北省委、省政府和省人大常委会党组带头学习社会主义核心价值观年度宣贯的重点内容，如学习民法典、弘扬法治精神，继承和弘扬伟大抗战精神等，激励和动员全省人民在以习近平同志为核心的党中央坚强领导下，抢抓机遇，奋发作为，奋力开创新时代全面建设经济强省、美丽河北新局面，为实现"两个一百年"奋斗目标和中华民族伟大复兴"中国梦"不懈奋斗。2020年8月27日，河北省人大常委会党组召开理论学习中心组集体学习会，要求"发挥人大作用，积极履职尽责，着力推动民法典全面有效实施"。河北省人大常委会党组书记范照兵主持并讲话，党组副书记王晓东和党组成员聂瑞平、王会勇、曹汝涛出席，河北省人大常委会副主任张妹芝列席。与会同志认真学习交流，一致认为编纂民法典是以习近平同志为核心的党中央做出的重大法治建设部署，十三届全国人大三次会议审议通过民法典，在中国法治建设史上具有重要里程碑意义。习近平总书记在中共中央政治局第二十次集体学习上的重要讲话，系统阐述了民法典的重大意义，全面部署了民法典普法工作，为抓好民法典实施提供了根本遵循。河北省人大系统要提高政治站位，把思想和行动统一到习近平总书记重要讲话精神上来，以扎实有效的实际行动促进民法典有效贯彻实施。要带头全面深入学习，掀起学习热潮，努力推动民法典走到群众身边、走进群众心里。要强化宣传推动，拓宽宣传途径，创新宣传方式，为民法典贯彻实施营造浓厚社会氛围。要积极履职尽责，抓好法规衔接配套、执法检查和理论研究，着力推动民法典全面有效实施，为河北高质量发展提供更加有力的法治保障。

（2）机关事业单位党组织的学习

机关事业单位党组织的学习一般通过党的组织生活如主题党日、党课等以及专题讲座、现场参观等形式开展，学习形式丰富多彩，深受党员干部的喜爱。例如，为深入学习宣传贯彻民法典，增强党员干部法治意识和法律素养，切实提高信访干部运用民法典维护人民权益、化解矛盾纠纷、维护社会和谐稳定的能力和水平，河北省信访局以"河北视频信访系统"为载体，于 2020 年 11 月 6 日、13 日、20 日、27 日分两批次共四期在全省信访系统举办民法典专题系列讲座，全省各级信访干部、省群众工作中心入驻干部参加培训。民法典专题讲座邀请了河北省"民法典普法讲师团"成员赵颖锋律师主讲，赵律师围绕民法典的立法背景、重大意义、重点条文和亮点内容进行了深入浅出的解读，并结合信访工作常见问题案例做了现场答疑。讲座脉络清晰、内容丰富，对广大信访干部学习好、运用好民法典起到了很好的辅导作用。专题讲座结束后，参训人员纷纷表示，通过本次学习其对民法典在中国特色社会主义法律体系中的重要地位和在推进国家治理体系与治理能力现代化中的重要作用有了更深刻的认识和理解，今后会进一步增强学习宣传贯彻民法典的思想自觉和行动自觉，不断增强法治观念、规范信访秩序，依法履行职责，推动形成办事依法、遇事找法、解决问题用法、化解矛盾靠法的良好法治环境，以真抓实干的实际行动为推进河北省信访法治化建设贡献力量。①

河北省民委通过组织现场参观学习活动对系统内党员干部进行爱国主义教育。2020 年 11 月 13 日至 14 日，河北省民委副主任范战考、杨子民带队赴沧州市开展爱国主义教育活动，实地参观献县马本斋烈士纪念馆和沧州市博物馆、规划馆，缅怀革命先烈可歌可泣的保家卫国情怀，体会沧州

---

① 河北机关党建网，www.hbjgdjw.gov.cn。

灿烂悠久的历史文化，感受渤海明珠日新月异的发展变化，激发了党员干部的爱国情、强国志、报国行。在马本斋烈士纪念馆，通过一段段历史文字、一张张珍贵图片、一件件历史实物展示，大家重温峥嵘岁月，感受英雄气概，体会各族群众的艰辛奋斗，增强了历史责任感和民族使命感。在沧州市博物馆，大家被馆内陈列的各种珍贵文献、国家文物、老照片等资料所吸引，这些馆藏承载着沧州人民的勤劳勇敢，散发着特有的文化内涵，加深了大家对这座因运河而兴的城市文脉的理解感悟。在沧州市规划馆，通过中心沙盘区域大型 LED 声光电互动演示系统、全息成像、虚拟现实、3D 影院等展示手段，大家对沧州市的城市历史、城市变迁、城市前景有了更加直观的认识，共同为保护绿线、风貌建筑控制线、北郊生态景观区、中段文化保护利用综合区、南郊湿地景观区的"二线三区划定"规划点赞。大家纷纷表示，开展实地爱国主义教育活动是弘扬爱国主义精神，强化党性锤炼，实化教育效果的有效方式，以后要牢记党的宗旨，坚定理想信念，不忘初心、牢记使命，为全省民族工作贡献自己的一份力量。①

保定市满城区委组织部、区直机关工委组织开展了"区直部门文明城区创建主题党日活动"，让广大党员干部通过志愿服务活动践行文明和谐的社会主义核心价值观。他们高擎鲜艳的党旗，身穿红马甲，佩戴党徽，手持扫帚、铁锹、垃圾钳、塑料袋清扫路面，清理垃圾；用保洁铲、钢刷子、喷壶清理墙面小广告；发放创城资料、悬挂公益广告牌、讲解垃圾分类知识……此次"区直部门文明城区创建主题党日活动"历时两个月，参与党员 6900 人次，深入 273 个楼院，自筹资金 12000 余元，清理垃圾约 1000 立方米，铲除小广告 21000 余条，粉刷墙面 7200 平方米，发放创建文明城市宣传资料 11000 余份，填写调查问卷 600 多份，制作张贴公益广告牌 210 余块，31 个单位获得"优秀组织奖流动红旗"。这次活动增强了党员践行党的宗旨的主动性和自觉性，锤炼了党员干部务实、担当、高效的工作作风，形成了支持创建、共同参与的良好氛围，把党员志愿服务的旗帜打了出来，

---

① 河北机关党建网，www.hbjgdjw.gov.cn。

把党员志愿者的身份亮了出来，把党员为民亲民的形象树了起来，以小细节彰显了大文明，为文明城市创建绘出了多彩一笔。[①]

（3）国有企业党委的学习

国有企业党委对社会主义核心价值观的学习一般围绕企业生产经营工作谋划和开展，旨在激发领导干部以及广大职工爱岗敬业创新的动力和精神。例如，河钢邯钢附企公司党委切实发挥"把方向、管大局、保落实"作用，围绕"安全生产、服务水平提升"等三大任务，团结和带领广大干部职工同心协力、攻坚克难，助推改革创新、高质量发展。该公司坚持党建工作与生产经营深度融合，切实发挥党组织战斗堡垒和党员先锋模范作用，充分发挥一个支部一个堡垒、一名党员一面旗帜的作用，积极引导广大党员传递正能量，形成同舟共济、干事创业的强大合力。该公司党员积极投身"戴党徽、树形象、创品牌""党员示范岗""党员突击队"等活动，使广大党员干部服务意识进一步增强，工作作风进一步转变，有效促进了基层党组织建设，实现了党建与发展的全面融合、相互促进、同频共振，努力以高质量党建引领高质量发展。该公司坚持利用信息化学习手段，做好全员网上在线学习工作，提高学习的时效性和针对性。各支部纷纷建立党员交流群，及时发布最新学习资料和开设交流研讨，同时在党员中持续推广"学习强国"APP，实现下载率和使用率均达到100%，充分利用碎片化时间充电加油开展学习。积极开展形势任务目标教育，强化思想舆论，严格落实意识形态工作责任制，教育引导广大党员不忘初心、牢记使命，拼搏奋斗、创先争优，进一步发挥先锋模范作用，为改革发展凝聚合力。[②]

3. 线上的网络培训

《2018—2022年全国干部教育培训规划》对干部教育培训和互联网融合发展提出了如下要求："统筹整合网络培训资源，建设兼容、开放、共享、规范的全国干部网络培训体系。加强网络培训标准建设，2020年前形成较

---

① 河北机关党建网，www.hbjgdjw.gov.cn。
② 河北省国资委官网"国企党建"板块，http://hbsa.hebei.gov.cn/gqdj/。

为完备的干部网络培训标准体系，2022 年前实现各类各级干部网络培训平台资源共建共享、数据互联互通。积极探索适应信息化发展趋势的网络培训有效方式，推行线上线下相结合的培训模式。加强中国干部网络学院及其分院建设，建设在线学习精品课程库，迭代开发移动学习平台。严把网络培训的政治关、质量关、纪律关。加快干部教育培训机构'智慧校园'建设。完善干部教育培训信息管理系统，建立全国统一、分级管理的干部教育培训电子档案信息系统。"经过这些年的大力建设，河北的干部网络培训体系已经基本建成，线上干部教育的主要平台是中共河北省委组织部主办、河北开放大学承办的河北干部网络学院。河北干部网络学院基本承担了全省干部的线上培训任务，2020 年共举办省市县机关事业国企等单位 190个班次，课程总数为 2512 个，课程总时长为 3639.8 个小时，电子图书资源为 71 本，还有移动客户端等创新学习形式。与中组部主办的中国干部网络学院完成了对接，实现了资源共享，为省内干部教育培训提供了更丰富的课程内容。为更好服务疫情防控常态化期间干部教育培训，向全省各级党校（行政学院）、干部学院、社会主义学院教师开放了学员注册，给教师们的备课上课提供了更多线上参考资料。①

（1）课程安排

从河北干部网络学院"课程中心"的课程安排来看，既有专门涉及社会主义核心价值观的课程类目"科技人文"，里面基本上涵盖了科技创新、国学经典等内容；也有把涉及社会主义核心价值观内容的课程渗透到各个类目的形式，对学员进行相关教育和培训。如"党性修养"类目中就包括"理想信念""三严三实"等课程，对学员进行爱党爱国的信仰教育。"依法治国"类目中新增了 2020 年中央法治宣传的重点——民法典的课程，共 19节课，有中国人民大学法学院副院长、教授、博士生导师高圣平的"民法典物权编的主要修改及其意义"，中央民族大学法学院教授雷明光的"民法典继承编重点制度解读"，中国社会科学院法学研究所民法研究室主任、研

---

① 参见河北干部网络学院官网。

究员谢鸿飞的"民法典合同编的理念变革与制度创新",中国人民大学法学院教授、博士生导师姚辉的"《中华人民共和国民法典》的重大创新——独立成编的人格权编焦点解读"等名家名课,从专业角度对民法典进行了深入解读,对学员基于领导干部身份、从事专业工作的需求进行了很好的培训。"领导科学"类目中包括如何提升领导干部的敬业精神、落实能力、创新精神、基于价值观的领导能力等非常实用的课程,有中共中央党校(国家行政学院)教授、博士生导师周文彰的"怎么才能做到敬业?",中国人民大学劳动人事学院教授、博士生导师彭剑锋的"新时代:打造基于价值观的新领导力——新时代领导干部的使命、责任与能力的建设",中宣部全国宣传干部学院教研部副主任、研究员秦强的"锐意创新创造是增强'四力'的紧要核心"等课程。总之,课程内容丰富,讲授教师来源广泛,保证了高质量的师资和教学。

(2)学习资源

河北干部网络学院共有 71 本电子图书资源,基本上是近几年出版的图书,包括中华传统文化经典、中国共产党革命史建设史、名人传记等,如《幸福播撒太行山——李保国在太行山区扶贫纪事》《燕赵美德录——河北历史名人美德故事》等,供学员下载或在线浏览学习,帮助学员修养党性、陶冶情操、提升人文素养。学员通过课下自学的方式自觉学习与社会主义核心价值观有关的内容。其中关于焦裕禄、李保国等优秀共产党员事迹的图书,记述了这些人平凡伟大的一生,他们在理想信念、道德修养、敬业爱岗等方面都堪称楷模,阅读这些书是对学员在社会主义核心价值观方面潜移默化的教育和影响。

学院还设有移动学习平台,学员可以扫描二维码下载 APP,在手机客户端收听课程、阅览图书等,方便学员利用闲暇琐碎时间学习。

(3)学员管理

干部网络培训由省委组织部调训省管干部、市县区组织调训其管辖的干部参加,保证了学员在学人数。河北干部网络学院对专题网班按相应制度严格管理,不因网络教学就放松了对学员管理的要求。每个班次都要上交《××专题培训班备案表》，对于参训人数、人员名单、参训时间、分管负责人、网络联系人、个人自学、线下研讨等内容都要填写清楚。每个班次的学员必须完成参训课程要求的必学课程，同时也可以根据自己的需求和兴趣选学其他课程。在线管理有非常明显的优点，能够对学员的学习时长及时监督检查，学员反馈也能时时上交、统计，便于及时解决问题、吸取经验教训，在以后组织培训时参考和提升。

4. 在职自学

《干部教育培训工作条例》第二十八条要求"建立健全干部在职自学制度。干部所在单位应当支持鼓励干部在职自学，并提供必要条件"。社会主义核心价值观的内容除了系统学习，也十分适合干部在职自学，使其在工作生活中自觉践行。

2020 年上半年干部教育培训的脱产学习无法开展，因此各个机关企事业单位都布置了本单位干部职工自学的内容，保证中央精神及时传达、自觉执行，党员干部的在职自学成为常态化学习方式。社会主义核心价值观的年度宣贯专题，如弘扬伟大抗疫精神、抗战精神、抗美援朝精神、厉行节约反对浪费等，都由各单位以自学任务布置给党员干部，要求及时收听收看习近平总书记讲话，学习人民日报评论员文章、新华社评论及其他重要评论文章，学习专家解读讲话精神，着重领会中央意图，学懂弄通做实并自觉践行中央倡导的精神，努力做到内化于心、外化于行。

二　存在的问题

2020 年河北的干部教育培训克服了疫情的影响，在做好疫情防控措施的前提下坚持举办培训班次，创新培训形式，以更贴近干部工作生活实际情况的方式开展，取得了良好效果，对河北干部培育践行社会主义核心价值观发挥了重要作用。但是不容否认的是，教育培训仍然存在缺点和不足，还有改善提升的空间。

（一）理论研究有待提高

党和国家的干部是特殊教育对象，这个群体知识水平高、承担责任重，视野广阔，实践经验丰富。但是，现有的社会主义核心价值观教育培训大多还停留在表层，没有深入，单纯介绍社会主义核心价值观的内容或简单的问题对策分析显然不能适应当今干部特点，无法满足其需求。这种问题的出现与基于干部特点进行有针对性的社会主义核心价值观的理论研究不足有直接关系。目前学界对于社会主义核心价值观的宏观理论研究取得了很大进展，高校以思政课的形式对大学生进行社会主义核心价值观教育的理论研究也有较大突破，但是党校等机构对社会主义核心价值观的干部教育缺乏深入的理论研究，导致理论教学的开展没有动力。

（二）培训反馈不够及时

2020 年受到疫情影响，干部线上培训的比重突然增多，但是相关机构对培训形式和内容等的反馈和总结并不及时，没能及时通知教师调整教学设计和内容。社会主义核心价值观的特点，使得教育培训特别注重反馈和效果，即是否真正转变了干部错误的思想意识和行为。如河北干部网络学院通常在每个班次结束后统一填写调查问卷，方便其对课程内容安排和教师进行整体调整。但是当堂反馈也是学员和教师的迫切需求，毕竟采用线上培训的方式，教学双方看不到对方、无法面对面，教师不能从学员的即时反应马上调整课程内容，学员也不能看到教师体会现场教学的现实感，教学机构就应该从技术层面和其他层面创造条件增加教学的现实感和互动。

（三）培训形式创新不够

干部的线上培训形式局限于上网课，形式较为单一，主要为教师讲授，缺少课堂互动，更缺少其他创新的教学形式。河北干部网络学院基本给每个班次都安排了线下研讨环节，但是 2020 年受疫情的影响未能实施。如何组织线上研讨实现学员间的沟通交流，相关教育培训机构还未做出规划和安排。而且网络培训通常都是使用录好的课程给学员学习，学员很容易在学习过程中疲劳、分神，注意力不集中导致学习效率下降。如何增加教师在线讲授内容、与学员时时互动的教学形式，是今后河北干部网络学院拓展培训形式应该思考的一个方向。

（四）培训效果有待提升

社会主义核心价值观的教育效果应该直接体现在干部思想行为的转变，特别是干部在行为上是否自觉践行社会主义核心价值观。简单的问卷调查和学习体会的撰写只能反映部分培训效果，真正的培训效果有赖于对干部进行长期持续的观察和研究。从目前掌握的情况来看，培训干部对社会主义核心价值观的学习和工作能够连贯，但是实际效果还有提升空间，因此需要深入研究影响培训效果的各种因素。例如，对接受了社会主义核心价值观教育与没有接受社会主义核心价值观教育的干部，以及接受社会主义核心价值观教育的脱产培训和线上培训、在职自学的干部，在相同的地区范围、相同的职务级别进行观察比较，研究干部的培训效果，以待将来在培训内容和方式上有针对性地改进和提高。

三 对策建议

2020年暴发的新冠肺炎疫情对河北的干部教育培训既是挑战也是机遇，河北相关机构创新培训形式，结合时代特点和干部实际，应用新媒体等先进技术，加强社会主义核心价值观的理论教育，以服务河北高质量发展为导向，干部的社会主义核心价值观教育取得了良好的效果。

（一）加强理论研究和教学工作

对干部进行社会主义核心价值观的教育不能流于表面、停留在表层，单纯介绍社会主义核心价值观的内容不能满足干部需求，要深入干部思想意识、价值观的深层，从根本上扭转其可能存在的错误认识，提升其内在的党性修养、公民素养以及道德水平，这就对干部教育教学工作提出了很高的要求，不仅要"按需"培训，而且要加强理论研究和教学工作。因此，在干部教育培训工作中，应深入了解党员干部的思想观念、价值观念和培训的现实要求，选择与社会主义核心价值观相契合的培训内容，加强理论教学，以增强干部对社会主义核心价值观的认知和认同。应组织学员加强对党的理论、中国特色社会主义理论体系、社会主义核心价值观等理论知识的学习，使其深入领会马克思主义的观点、立场和方法，使学员在错误的思潮和价值观面前能正确甄别，保证其政治立场正确、理想信仰坚定。同时，应注重对学员的中国特色社会主义共同理想教育、爱国主义精神教育、中华优秀传统文化教育等，拓宽教育内容的涵盖范围，使学员深刻理解社会主义核心价值观的内涵。

（二）理论联系实际，培育和践行相结合

为加强社会主义核心价值观教育，应注重将理论学习和实践活动结合起来，促进社会实践教学体系的建立和完善，通过实践活动，使学员深化和强化对社会主义核心价值观的认识，提高践行自觉性。实践活动的开展应遵循"形式多样、内容丰富"的原则，可通过参观红色文化基地、社会调研等方式，使学员亲身体验。同时，注重先进典型示范教育，借助先进典型人物的模范事迹对学员进行教育和感染，激励学员积极向典型人物学习，促使其思想和行为产生转变。

（三）社会主义核心价值观教育与学员管理深度融合

在对学员进行日常管理时，应将社会主义核心价值观渗透其中，建立健全生活管理制度、学籍管理制度、学习考核制度等各项管理制度，确保学员管理有章可循。同时，有效发挥学员临时党支部的价值，要求学员结合自身践行社会主义核心价值观的情况撰写党性分析材料，全面剖析自身的思想状况，如出现问题及时调整和改正。另外，在对学员进行考核评价时，综合考察学员的政治观念、思想状况、价值观念、学习成果等，重点

运用演讲、报道心得体会、论文等形式了解学员对社会主义核心价值观的认同程度及践行情况，不断提升学员的政治觉悟和思想高度。

（四）开展丰富多彩的教育活动，创新教育形式

在社会主义核心价值观教育中，应综合运用课堂讲授、研讨交流、现场教学、体验式教学等方式，激发学生的学习自觉性，提高教育的说服力和感染力。加大对学员践行社会主义核心价值观过程中存在的普遍问题组织相关交流讨论和社会调研活动的力度，并结合当前经济社会发展中的热点及难点问题进行深入探究，拨开思想迷雾，挖掘内在本质，从而不断提升学员自身的价值判断力和政治定力。同时，应不断强化学员的情感体验，积极组织相关的学习实践活动。如组织学员去爱国主义教育基地参观学习，使学员更加深入透彻地理解有关精神；或以"践行社会主义核心价值观"为主题开展学员论坛，引导学员积极参与其中，在活动的过程中实现思维的碰撞，提升对社会主义核心价值观的情感认同。

（五）充分发挥融媒体等新兴技术的教育作用

在教育过程中，应充分发挥新兴媒介的教育作用，合理利用微博、微信等创建社会主义核心价值观教育平台，大力宣扬社会主义核心价值观教育的相关内容和信息、主流价值观。各级党校等培训机构可借助本院网络平台将践行社会主义核心价值观的先进人物加以宣传和报道，增强教育的辐射力，提升教育的现代化水平；同时，通过在线培训或组织学员网上学习的方式，加强互动和交流，深化学员对社会主义核心价值观的认同。

参考文献

马小亮：《社会主义核心价值观视域下的党校干部培训研究》，《智库时代》2019年第 19 期。

张亚东：《加强党员干部社会主义核心价值观教育对策研究》，《办公室业务》2018年第 7 期。

孙琳：《把社会主义核心价值观落实到党校干部教育培训全过程》，《兰州日报》2015 年 10 月 27 日，第 7 版。

中共中央文献研究室编《十八大以来重要文献选编（中）》，中央文献出版社，2016。

中共中央文献研究室编《习近平关于社会主义文化建设论述摘编》，中央文献出版社，2017。

河北省基层政协协商民主路径创新研究

吴景双*

摘　要： 人民政协是社会主义协商民主的重要渠道和专门协商机构，是具有中国特色的制度安排。政协协商民主是实现党的领导的重要方式，是我国社会主义民主政治的特有形式和独特优势。2017年换届以来，河北省基层人民政协的基础工作和党的建设明显加强，协商民主渠道进一步拓展，协商民主科学化、规范化和制度化建设显著增强。本文对协商民主的定义、协商民主的中国制度安排做了简要介绍，对2017年以来河北省基层政协协商民主实践进行了梳理，并提出了进一步加强协商民主的建议。

关键词： 基层　政协　协商民主　河北省

党的十八大以来，以习近平同志为核心的党中央着眼完善和发展中国特色社会主义制度，推进国家治理体系和治理能力现代化，对人民政协的地位作用、目标任务、职责使命提出了新要求。习近平指出："人民政协作为统一战线的组织、多党合作和政治协商的机构、人民民主的重要实现形式，是社会主义协商民主的重要渠道和专门协商机构，是国家治理体系的

---

* 吴景双，河北省社会科学院邓小平理论、"三个代表"重要思想和科学发展观研究所（精神文明建设研究中心）研究员，研究方向为思想道德建设。

重要组成部分，是具有中国特色的制度安排。"① 基层政协在参与基层社会治理，推进民主政治等方面发挥着重要作用。河北省基层政协认真学习贯彻习近平关于加强和改进人民政协工作的重要思想，在凝聚共识、政治协商、民主监督、建言献策等方面的履职工作进行了大胆探索和创新，把协商民主贯穿到履职的全过程。本文对 2017 年换届以来，河北省基层人民政协的协商民主实践进行了系统梳理和总结。

一　协商民主的中国制度安排

习近平总书记于 2019 年 9 月 20 日在中央政协工作会议暨庆祝中国人民政治协商会议成立 70 周年大会上的讲话中指出："人民政协作为统一战线的组织、多党合作和政治协商的机构、人民民主的重要实现形式，是社会主义协商民主的重要渠道和专门协商机构，是国家治理体系的重要组成部分，是具有中国特色的制度安排。人民政协要坚持性质定位，坚定不移走中国特色社会主义政治发展道路。"

新中国成立前夕，中国人民政治协商会议第一届全体会议召开，代行全国人民代表大会职权，为新中国诞生做了全面准备。会议通过了具有临时宪法性质的《中国人民政治协商会议共同纲领》和《中国人民政治协商会议组织法》《中华人民共和国中央人民政府组织法》，做出关于国都、国旗、国歌、纪年的决议，选举产生政协全国委员会和中央人民政府委员会，这标志着人民政协制度正式确立。新中国成立后，人民政协为恢复和发展国民经济、巩固新生人民政权、完成社会主义革命、确立社会主义基本制度、推进社会主义建设做出了积极贡献。1954 年第一届全国人民代表大会召开后，人民政协继续在国家政治生活和社会生活中开展了卓有成效的工作。1978 年党的十一届三中全会召开，人民政协事业发展进入了新时期。

---

① 习近平：《在中央政协工作会议暨庆祝中国人民政治协商会议成立 70 周年大会上的讲话》，共产党员网，2019 年 9 月 20 日，http://www.12371.cn/2019/09/20/ARTI1568980572864614.shtml。

党中央进一步明确人民政协的性质、任务、主题、职能，推动人民政协性质和作用载入宪法，把中国共产党领导的多党合作和政治协商制度确立为我国的一项基本政治制度。中国共产党领导的多党合作制度即中国共产党是中华人民共和国的唯一执政党，八个民主党派在接受中国共产党领导的前提下，具有参政党的地位，与中国共产党合作，参与执政。政治协商制度是在中国共产党的领导下，各民主党派、各人民团体、各少数民族和社会各界的代表，对国家的大政方针以及政治、经济、文化和社会生活中的重要问题在决策之前举行协商和就决策执行过程中的重要问题进行协商的制度。政治协商以中国人民政治协商会议为组织形式。政治协商是中国共产党领导的多党合作的最主要的政治内容和组织形式。政治协商是统一战线的形式之一。中国共产党领导的多党合作和政治协商制度存在的政治基础是四项基本原则。中国共产党与各民主党派合作的基本方针是"长期共存，互相监督，肝胆相照，荣辱与共"。

二　坚持人民政协协商民主意义重大

政协协商民主在推动社会主义协商民主广泛多层制度化发展中具有重要作用。政协协商民主是社会主义协商民主的重要组成部分。从解放战争胜利前夕中共中央发布"五一口号"到筹备新政协，一直到党的十八大以来，政协协商民主以及社会主义协商民主有一系列重要论述和重大部署，政协协商民主以及社会主义协商民主在中国革命、建设、改革的长期实践中不断发展、不断完善。经过70多年的实践，政协协商民主已经形成了比较完备的组织架构，具有丰富的协商民主经验和较为完备的制度体系，其职能的发挥是建立在协商民主之上，促进了社会主义协商民主广泛多层制度化发展。另外，政协协商民主与其他协商民主形式虽然在协商内容和形式上有所交叉，但只有政协是专门的协商机构，为党和各党派团体及各界代表人士提供了专门的协商平台，是各党派团体唯一可以以党派名义发表意见建议的场所，具有不可替代的优势和作用，体现了社会主义协商民主的多样性和丰富性。

政协协商民主在推进国家治理体系和治理能力现代化中担负着重要使命。人民政协就是为了协商而产生和发展的。1949年新中国成立前夕，在中国人民政治协商会议第一届全体会议上，协商确定了国旗、国徽和代国歌，并制定了一系列纲领性文件，为中华人民共和国的成立发挥了重要的历史作用。改革开放以来，人民政协协商民主建设不断加强，许多意见建议受到党政部门的重视并被采纳，为促进党和政府科学民主决策产生了不可替代的重要影响。特别是党的十八大以来，人民政协认真行使政治协商、民主监督、参政议政职能，紧紧围绕中心、服务大局，聚焦全面深化改革凝聚共识、汇集力量、建言献策，为推进国家治理体系和治理能力现代化做出了积极贡献。在推进国家治理体系和治理能力现代化进程中，政协协商民主作为国家治理体系的重要组成部分，为推动国家治理体系和治理能力现代化提供了有效手段，担负着重要时代使命。

政协协商民主为实现人民当家作主提供了重要路径。中国共产党执政，不是代替人民当家作主，而是保证和支持人民当家作主，必须有实实在在的民主形式。人民政协的协商民主，一是协商的主体具有广泛性，既包括各党派、各人民团体、各少数民族和各界的代表，又包括港澳同胞、台湾同胞和归国侨胞以及特别邀请人士，同时，不断吸纳新的社会群众代表，基本上涵盖了社会的方方面面，可以最大限度地实现最广大人民参与民主的权利；二是协商的内容具有广泛性，包括国家大政方针、地方重要举措以及政治、经济、文化和社会生活中的重要问题，可以有效保证人民行使管理国家事务、管理经济和文化事业、管理社会事务的权力。政协协商的这些特点，有利于提高民主参与的广度、效率和质量。

习近平总书记指出，协商民主是实现党的领导的重要方式，是我国社会主义民主政治的特有形式和独特优势。要发挥好人民政协专门协商机构作用，把协商民主贯穿履行职能全过程，坚持发扬民主和增进团结相互贯通、建言资政和凝聚共识双向发力，积极围绕贯彻落实党和国家重要决策部署情况开展民主监督。人民政协在协商中促进广泛团结、推进多党合作、实践人民民主，既秉承历史传统，又反映时代特征，充分体现了我国社会主义民主有事多商量、遇事多商量、做事多商量的特点和优势。对人民政协如何发挥民主和监督工作，习近平提出了要求和原则：能听意见、敢听意见特别是勇于接受批评、改进工作，是有信心、有力量的表现。发展社会主义协商民主，要把民主集中制的优势运用好，发扬"团结—批评—团结"的优良传统，广开言路，集思广益，促进不同思想观点的充分表达和深入交流，做到相互尊重、平等协商而不强加于人，遵循规则、有序协商而不各说各话，体谅包容、真诚协商而不偏激偏执，形成既畅所欲言、各抒己见，又理性有度、合法依章的良好协商氛围。对各种意见和批评，只要坚持党的基本理论、基本路线、基本方略，就要让大家讲，哪怕刺耳、尖锐一些，我们也要采取闻过则喜的态度，做到有则改之、无则加勉。

三　河北省基层政协协商民主实践活动

中国特色社会主义进入了新时代，对基层政协工作提出了全新的要求。自 2017 年换届以来，河北省各地基层政协机关在习近平新时代中国特色社会主义思想指导下，认真贯彻习近平关于加强和改进人民政协工作的重要指示，深化了对新时代基层政协的地位作用、目标任务、职责使命、实践要求等规律性认识，对凝聚共识、政治协商、民主监督、建言献策等方面的履职工作进行了大胆探索和创新，把协商民主贯穿到履职的全过程。

（一）基层政协机关的基础工作和人员得到加强，民主协商平台更加完善

2017 年以来，河北省各县区积极探索破解基层政协基础工作薄弱、人员力量薄弱的"两个薄弱"问题的新途径。在基础工作方面，各县区党支部组织体系已经健全，构建了政协机关党组、机关党委、机关党支部、专委会分党支部、界别党支部组织体系。各县区政协基本上实现了有固定场所、有统一标识、有电教设备、有学习资料、有活动记录，活动制度落实、

工作职责落实、活动主题落实、活动档案落实、专管人员落实等，有的以"委员之家"为载体，有的以界别党支部和党员活动室为载体。建立了委员履职档案，根据年度完成情况，适时"打分"，记录在案。建立了多项规章制度，如制定《政协党组成员联系党员委员、党员委员联系党外委员制度》；统战部部长兼任同级政协党组副书记，各县政协列为同级党委统战工作领导小组成员单位；乡（镇、街道）党委副书记兼任政协工作联络员等。在基层政协人员力量上，一部分县区在市委的重视下，对县区政协机关机构编制进行了充实加强，增加了专委会数量，规范了机构名称和职责，增加了有一定基层工作经验、写作水平好的年轻干部，在一定程度上有效缓解了县区人员力量薄弱问题，为政协更好履职打下了坚实基础。有的县区探索"政协各参加单位选派人员到政协机关协助工作"模式，有效解决了人员薄弱问题。如卢龙县为政协落实"统战部部长兼任同级政协党组副书记"要求，由县委常委、统战部部长兼任政协党组副书记，分工负责政协系统党建日常工作；报请县委成立政协机关党组，由秘书长兼任党组书记，遴选4名工作人员组建了党建工作办公室，党组织体系更加健全；成立了4个工作委员会和办公室，彻底改变政协机关沿袭了39年的科室设置，更加适应新时代政协事业发展需要；增加事业编制，在原有18个行政编、2个工勤编的基础上，县编委破例为政协机关解决事业编制5个，面向全县选调事业干部5人；探索"政协各参加单位选派人员到政协机关协助工作"模式，半年一期，每期4至5人，使政协机关工作人员保持在30人左右，确保每个委室不少于3人，有效解决了"一人委"问题。但是，由于编制的限制，仍有大部分县区人员薄弱问题没有得到解决。

（二）党的建设在加强，方式方法在创新，党对基层政协系统的协商民主工作的领导获得了政治保障和组织保障

按照中央加强新时代人民政协系统党的建设的总体要求，认真落实全国及省市政协精神，河北各县区加强政协党建工作，创新政协党的建设工作新方法。一是加强组织建设，河北省大部分县区形成了"支部建在界别上，委员聚在党旗下"的政治局面。各县区根据委员工作居住地比较近，可以到场参加活动的特点，根据委员人数及界别人数的不同，成立了不同数量的界别党支部，称之为"临时党支部"或"界别党支部""功能型党支部"。每个支部成立了界别党支部活动室，有的依托"委员之家"，做到了有组织有阵地，实现了党组织对党员委员的全覆盖。在此基础上，各县区结合各自实际建立了相关工作制度，出台了实施意见、联系党外委员办法等。二是加强党对政协工作的领导。进一步提高政治站位，坚持定期向党委汇报工作，重大事项、重要活动及时向党委报告。创造性地把党外委员编入各临时党支部，列席党支部会议、参加党支部活动，实现了党的工作对全体委员全覆盖。河北省各县区纷纷建立了联系制度，要求每名党组成员联系 2 至 3 个临时党支部和其中的党员，每名党员委员联系若干名党外委员，委员凭借自己的群众组织力、社会号召力，引领界别群众听党话、跟党走，在思想引领、履职带头和关爱服务三个方面发挥作用，不断将凝聚共识工作在界别做深做实。各县区通过组建政协界别党支部，构建了"县区机关党组—机关党支部和界别党支部""党支部书记—党员委员—党外委员"上下贯通的组织体系，把党的领导这个最本质特征、最大的政治，在政协组织中实现全覆盖，使思想政治引领、凝聚共识有了组织保障。三是全体政协委员共同学习党的理论和执政方针。逐步完善了多形式、多层次、多渠道的委员思想政治学习培训体系。政协委员通过"政协大讲堂""集中研讨""辅导培训班"等形式学习习近平新时代中国特色社会主义思想、关于加强和改进政协工作的重要思想；有的县区组织委员到红色革命教育基地开展"不忘初心、牢记使命"等专题教育活动，接受思想洗礼，坚定理想信念。通过学习交流和活动，党内外委员加深了对党的路线方针政策的理解和认识，把各界别委员的思想和行动统一到党中央大政方针和省市委的要求部署上来，增进了思想政治共识，增强了政治使命感和履职责任感。

辛集市强调在界别党支部特别是党员委员联系党外委员工作中，要坚持多措并举，原则性与灵活性结合，做到"五个引领"：政治引领，学习贯彻习近平新时代中国特色社会主义思想，把政治引领融入履职实践；学习引领，学习、宣传、执行党的路线、方针、政策，开展集体学习、读书交流等活动；思想引领，党员委员倾听党外委员心声，在谈心谈话中交换看法、沟通思想；履职引领，在调研、视察、协商、议政、撰写提案、反映社情民意信息等工作中，做好宣传引导和解疑释惑工作；担当引领，立足本职岗位，主动担当作为，贡献委员智慧和力量。强调要坚持把凝聚共识融入履职活动，把政治引领做到委员心坎上，把党的政策主张变成委员共识和自觉行动。2020年，"五个引领"在"疫情与县域经济高质量发展"和辛集国际皮革皮草时装周专题协商活动中，发挥了重要作用。

（三）政协协商民主渠道进一步拓展，协商民主科学化、规范化和制度化建设显著增强

在习近平总书记关于加强和改进人民政协工作的重要思想指引下，在中央、省市政协的重视下，河北省各县区政协机关工作人员的工作热情比较高涨，政协人的工作状态从之前的"清闲"变成了"忙碌"。各县区政协积极创新履职工作载体。有的县区依托政协党建，创新职责新载体，如依托临时党支部开展活动，形成"双促进"即促进凝聚思想政治共识、促进高质量建言咨政的新工作模式；有的县区设立了政协委员工作室。

一是积极探索协商民主新渠道。河北省各县区政协一般每年至少召开两次议政性常委会议协商，并积极开展专题协商，完善提案办理协商，探索对口协商、界别协商。有的县区建立了站点协商新渠道，探索在全县乡镇设立协商联络站，在企业、学校、农村、社区等人口相对集中的区域，设立协商联络点，每个站点挂牌服务，广泛收集社情民意。勇于探索创新，拓宽协商渠道，积极探索协商民主新方法、新途径，形成以政协全会为龙头，以常委会议协商、专题会议协商、提案办理协商为基础，以界别协商、"乡、村"站点协商为突破的协商体系。各县区共设立了10个乡镇协商联络站和30个协商联络点，推动协商民主向乡村基层延伸，打通服务群众"最后一公里"，把协商平台搭建到群众的"家门口"。创建新媒体平台，为增强履职的时效性和便捷性，组建委员微信群、QQ群、履职微信公众号等

新平台。邯郸市邯山区构建以文化人、凝心聚力新平台，着力优化全会协商、常委会协商、季度协商会、专题协商会、重点调研等多层次协商平台，形成不同层次的完整工作。各县区组织界别委员深入乡镇、村和企业一线开展视察协商，通过精选专题，调研组以实地走访、座谈讨论等形式开展协商。每项协商议政活动事前都制定方案，事中有推进措施，事后建立评估体系，环节相扣，使各项协商议政活动以完善的制度和严格的流程确保质量的提升。同时，支持县区政协创新民主协商方式方法，例如，秦皇岛市对山海关政协设立委员工作室的做法在全市范围内进行了推广。肃宁县丰富协商内容、完善协商形式、发挥职能优势，在提升协商实效上"精准发力"，将协商与监督有机结合，促进协商成果的落实和作用发挥。肃宁县政协紧盯全县大事实事和民生工程的推进，围绕平安肃宁、城市建设提升、传统产业转型升级等开展专题视察，及时跟踪进展情况，指出问题不足，提出意见建议，助力全县重点工作的落实。

二是完善协商机制，规范协商程序。河北省各县区政协非常重视政协协商机制建设。按照相互尊重、平等协商而不强加于人，遵循规则、有序协商而不各说各话，体谅包容、真诚协商而不偏激偏执的协商要求，大部分县区政协建立完善了协商参与机制、协商议题机制、知情明政机制、协商反馈机制和乡镇协商联络机制等协商机制，不断提高协商活动的制度化、规范化、程序化水平，力争实现既畅所欲言、各抒己见，又理性有度、合法依章的良好协商氛围，并构建起"决策前供参考、决策中促完善、决策后促落实"的新格局。一些县区制定了《关于进一步加强协商民主的意见》，健全了协商参与机制、协商议题机制、知情明政机制、协商反馈机制等。如县政协党组书记、主席列席县委常委会，副主席列席政府全体会议、常务会议等重要会议，政协主席会议成员参加县委中心组学习；县委政府召开全局性工作会议和组织重大活动，要安排政协相关委室负责人参加；重要工作检查督导考评要邀请政协委员参加；建立重要情况通报、专题报告会、专委会与党政部门联系制度等。三河市政协与市委办公室、市政府办公室联合印发《关于制定市政协年度协商计划的办法（试行）》和出台

《关于进一步提高协商议政质量的意见（试行）》，促进了政协协商工作的严谨性、针对性、科学性，健全了各项工作制度，完善了《市政协党组"三重一大"事项集体决策议事规则》《关于加强和改进调研工作的实施办法》《领导班子成员、专门委员会联系界别和委员工作办法》等10余项规章制度，工作的规范化、程序化水平进一步提升。同时，注重总结基层政协工作的规律特点，全面梳理现有规章制度，坚持做好"立、改、废"，把实践证明行之有效的各种新办法、新措施及时固化为制度规范，转化为长效机制，着力形成权责清晰、程序规范、关系顺畅、运行有效的制度体系，推动各项制度适应时代要求、体现特色优势，更好地发挥基层政协的工作效能。2017年以来，武安市先后召开4次全会、20次常委会、6次专题议政会、14次界别和提案协商座谈会进行专题协商，提出意见建议290余条。

三是聚焦中心任务，丰富协商内容。县区政协的协商民主工作基本是围绕县区重点任务、县区委和政府中心工作、县区经济发展、民生问题、法治建设、生态文明建设、养老体系、防汛及河长制、拆违双清、环境综合整治和绿化等工作而开展的，有的也涉及城乡义务教育一体化发展。总的来说，涉及经济发展、生态治理、社会治理层面的事项占比很大，为推进国家治理体系和治理能力现代化各项目标任务全面落实到位起到了一定推动作用。在大部分县区政协，重点协商议题一般由党委政府"点题"，也可由政协"选题"，还可由委员和群众"出题"，政协将议题汇总后，征求党委、政府的意见，形成年度协商计划，报党委审定后实施，做到建真言、谋良策、出实招。各县区政协一般以选题内容成立调研协商小组，分别深入企业、学校、乡村和社区一线，开展调研、协商、视察、监督和收集社情民意等活动，在调研视察中找问题、寻办法、建真言。比如，围绕筹备邯郸市第四届旅发大会、打造旅游强市，邯郸市政协先后组织4次委员专题视察调研、1次专题议政，形成了一大批有见地、能操作、可落地的建言成果，得到市委、市政府主要领导的高度肯定。2020年在新冠肺炎疫情突如其来的情况下，河北省各县区落实中央及省市"聚、防、促"活动要求，及时调整政协年度协商计划，围绕助力脱贫攻坚、加强常态化疫情防控、促进企业复工复产等 8 个方面的议题调研协商、精准发力。曲周县形成了《关于进一步做好常态化疫情防控工作的调研报告》等 16 篇调研协商报告，为各县区科学防控疫情、促进经济发展提供了决策参考。

（四）完善提案工作机制，以提案促进民主协商的作用明显提升

河北省各县区政协十分重视提案工作，把提案作为协商民主工作的主要抓手，创新提案审查立案方式和督办方式，提高提案办理成效。如建立主席分包重点提案、对提案办理部门开展专项评议等工作机制、县委政府领办重点提案、重要提案专题办理、同类提案集中办理等方式，开展"面对面"协商沟通。邯郸市复兴区采取"3333"工作法即遵循"三前"思路、坚持"三重"原则、开创"三新"举措、实行"三方"督办，提高提案工作质量。遵循"三前"思路就是做好提案工作前置项。复兴区政协年初谋划提案工作重点，主席会议研究确定提案工作目标、措施、方向，政协全会上发布年度提案工作计划，常委会议随时调整增减提案工作要点，让委员撰写提案有章可循、有的放矢。学习在前，帮助委员早知情。复兴区通过微信公众平台、"委员之家"微信群及时推送中心工作和政协工作重点，定期邀请区政府有关部门通报经济社会发展情况，适时组织提案工作培训，高频次组织开展调研视察，帮助委员知情明政、做好"课前预习"，为撰写高质量提案打好基础。调研在前，征集提案早提醒。在召开全会前，复兴区政协通过党支部学习、界别组活动、走访委员等，提醒委员撰写提案，给委员留出充足时间开展调研，把"作业"做早、做细、做实。坚持"三重"原则就是要重征集、重审查、重提炼，把好提案工作质量关。全会召开前，复兴区政协围绕复兴区中心工作和群众关注的热点难点问题，拟定提案参考题目，指导委员撰写立意新颖、格式规范、条理清晰、建议可行的提案。随后，依据区政协《提案工作办法》，严格审查标准，实行广进严出的提案征集和审查立案模式，保证提案质量。开创"三新"举措就是创新提案办理形式。试行"扩面协商""面对面"办理，每年精选 10 件涉及发展难点、民生热点的提案，扩大参与面，组织委员与承办单位进行面

对面协商、充分交流、达成共识、提升实效。制定建议采纳率指标，在走访面复率、答复规范率、委员满意率三项指标的基础上增加建议采纳率，写入《委员履职考核办法》，要求委员提案既要有"颜值"，又要有价值，增强提办双方质量意识，倒逼提案者重视建言品质、承办落实反促提案质量。复兴区实行提案答复"试水"网上公开，在"复兴政协"微信公众号开辟专栏，网上晒建议、晾答复，促使委员履职更加认真、规范、严谨，鼓励委员撰写更接地气、更连民心的提案，促进承办单位更加尽心尽责办理提案。实行"三方"督办就是主席、挂账、委员"三方"督办，以确保提案工作实效性。区政协主席会议成员领衔督办重点提案，及时协商解决办理过程中出现的问题，有力推动提案快速办理。区政协会同区两办督查室，对提案进行分类整理，形成督办专件，明确办理任务、目标、时限，进行挂账督办。换届以来，复兴区政协提案建议采纳率由75%上升至85%，走访面复率、答复规范率、委员满意率均为100%。

（五）把民主监督寓于民主协商之中，加大了协商民主的强度和力度

2017年3月，中共中央办公厅印发的《关于加强和改进人民政协民主监督工作的意见》中指出："人民政协民主监督是在坚持中国共产党的领导、坚持中国特色社会主义基础上，参加人民政协的各党派团体和各族各界人士在政协组织的各种活动中，依据政协章程，以提出意见、批评、建议的方式进行的协商式监督。"2018年3月，"协商式监督"的最新理论被写入政协章程。近年来，河北省各县区政协逐步探索政协民主监督工作，把民主监督寓于视察、提案、专题调研、反映社情民意等工作中，使基层政协民主监督工作得到显著加强。一是以提案为抓手开展民主监督。县区政协通过精准选题、组建调研组、召开情况介绍会、实地调研视察、内部研讨座谈、成果转化等步骤进行监督性调研视察，并以此为抓手开展民主监督。复兴区政协、武安市政协、磁县政协、临漳县政协、邱县政协等围绕加快城区建设、绿化提升、环境污染防治、冬季清洁取暖、防汛工作等进行调

研视察。二是以民主评议为抓手开展民主监督。复兴区制定了开展民主评议工作的实施办法，明确指导思想和方法程序，为民主评议工作提供了制度保障。三是在媒体开设"问政"栏目。馆陶县政协开设"馆陶问政"栏目，邀请政协委员、热心市民和相关部门领导、专家坐在一起开展平等讨论。肥乡区政协选派民主监督员，组建监督小组，配合党委督查室、政府督查室开展民主监督履职活动。另外，进一步拓宽监督渠道，把民主监督融入党风、政风、作风建设的各个方面，选派政协委员参加专项检查、行政听政，在党风廉政建设、提高工作效能、改善行业风气等方面发挥了促进作用。

四　政协协商民主存在的薄弱环节

（一）协商制度和内容有待完善，协商规范性有待加强

人民政协基层协商民主还没有形成系统完备的制度体系，特别是缺少可操作性的程序规定，没有配套的实施细则来保证将人民政协政治协商纳入党委、政府的议事规则，导致"想到就协商，想不到就不协商；有兴趣就协商，没兴趣就不协商"的现象还在一定情况下存在。虽然中央和各地都出台了加强政协协商民主建设的意见，基本形成了较为完备的制度体系，但是现行协商民主制度对于协商什么、与谁协商、怎样协商，哪些重大决策的出台，哪些重大项目的实施，哪些重要人事方案的制定必须先经政协协商后决策、经政协协商后决定、经政协协商后通过等缺乏硬约束力，导致有时协商工作随意性大，存在走过场、走形式的现象。

（二）思想重视不够，协商的意识和能力有待增强

部分党委政府领导对人民政协在推进社会主义协商民主中的重要作用认识不足、重视程度不够、主动协商意识不够强。有些政协委员对协商是国家治理体系的重要组成部分理解不够，认为协商是虚活，考核也不严格，

因而容易出现协商动力不足的问题，致使委员参与协商的意识不够强，不能充分利用政协平台协商议政。有的委员虽选定题目，但深入调查研究、分析提炼不够，真知灼见不多，建言献策质量不高。有的委员主动学习不够，知情明政不够，敢于直言的胆量不够，在能力素质上还没有完全适应从"要我协商"到"我要协商"的转变。

（三）协商的深度和广度有待拓展

政协"中国人民爱国统一战线组织"的定位，明确了政协协商的主体应该涵盖全社会各个方面的代表，但目前基层政协协商参与主体还是集中在部分委员和相关专家学者上，协商活动还没有向更多公众开放，新阶层还没有很好地参与进来，农民、进城务工人员及社会弱势群体等参与协商的机会、渠道依然很有限。基层协商活动还存在表面化问题，有的以通报代替协商，有的以事后通报代替事前、事中协商，有的变为政协"唱独角戏"。协商组织形式比较单一，缺少平等充分的对话、讨论、交流。在协商课题的选择上沉下去接地气不够，意见建议较少，往往热衷于党政关心的"热点"问题，对那些党政还未想到或时无暇及的但随着时间推移可能会变成"热点"的"冷点"问题关注不多。对问题研究的深度有待加强，提出深层次、有针对性、可操作的意见不多。

（四）协商成果应用和监督机制有待强化

对协商意见办理和协商成果反馈缺乏应有的保障机制，在促进协商成果转化方面，还存在重过程轻采纳、重答复轻落实、重满意度轻执行力、重协商成果报送轻跟踪问效等问题，导致一些有价值的协商成果未能真正发挥应有的效益，有时不了了之或领导一批了之。虽然各级党委都明确要以一定形式向政协反馈采纳落实情况，但实际上通过正式形式进行反馈的较少，即使反馈也比较笼统，有多少协商意见进入决策和执行实施或转为决策依据，从反馈材料上很难得到答案。

五　改进基层政协协商民主的建议

（一）完善协商制度，形成管用的制度体系

要按照"宜大不宜小，宜具体不宜笼统和从地域实际出发"的原则，县级政协应积极推动县委出台《政治协商规程》或《加强政治协商工作的意见》，探索制定《人民政协组织条例》和《政协委员会工作规则》，完成"要我协商"向"我要协商"工作机制的转变。为确保效果，建议省级政协行文逐级做一下具体要求。明确和细化政治协商的具体内容，将党委政府重要决定、重大建设项目、重要人事安排、重大民生问题等事项纳入必须协商范围，明确政治协商程序，从协商议题的提出和确定、协商活动的准备、协商会议的组织、协商成果的报送、协商意见的处理和反馈等方面进行规范，尽可能对每个环节做出具体规定。以程序性制度为支撑，推动将政治协商纳入党委议事规则和政府工作规则，真正落实"把政治协商纳入决策程序"的要求。

（二）扩大协商主体，凝聚广泛协商力量

大力培养、提拔民主党派、无党派人士进入政府部门、政协机关、司法部门担任领导职务。通过调研、视察、提案等参政议政活动，政协把各党派团体和社会各界人士组织起来为地方的经济和社会发展献计出力。把新的社会阶层、利益群体以及各方面的代表人士吸纳到政协组织中来，适当增加政协中农民、职工、自由职业者等群体代表人物的数量，使界别设置更科学合理。创新界别活动形式，完善专委会联系界别制度，探索建立界别与党政部门的对口联系制度，探索建立界别例会制度，构建能够充分反映不同利益群体关系和要求的机制。

（三）创新协商方式，探索有效的运作模式

要增强协商的互动性，改变委员照本宣科、领导表态讲话以及少数人

汇报发言、大多数人被动参与的会议模式。政协常委会议可邀请专家型委员列席，每次应安排一定时间的即席发言，充分尊重和保障委员的话语权，尽可能多地让各民主党派、工商联、无党派委员和非党政领导职务的委员发言。改进例会组织形式，在深入调查研究的基础上，组织专题资政会、恳谈协商会，邀请党政领导与政协常委、委员面对面协商，加强交流互动。可将会议协商与视察督查、提案督办、民主评议等形式有机结合，也可将会议协商与书面协商、网络协商等有机结合。注重开门协商、开放协商，根据不同的议题邀请相关的群众代表列席政协全体会议和常委会议，邀请专家学者参与协商，真正形成广聚民意、广集民智、广纳群言的协商局面。

（四）培育协商文化，营造良好协商环境

一是平等参与。积极营造平等、自由、公正、宽松的协商氛围，鼓励委员多说话、说实话、讲真话，做到知无不言、言无不尽，谈问题不避重就轻，提意见不遮遮掩掩。二是理性表达。在协商过程中，参与各方都应保持理性，不随心所欲高谈阔论，不随意附和领导意见，也不盲目固守自身利益不放，从本届别群众和大多数人的立场、观点出发表达意见诉求。三是合作包容。协商过程本是求同存异的过程，要以承认不同为前提，以扩大共识为目的。协商主体应有合作包容的精神，善于换位思考，善于在尊重差异上达成共识。

（五）主动争取支持，促进协商成果运用

党委在协商各方中处于主体地位不容置疑。政协组织一方面应主动争取党委的重视和支持，特别重要的协商成果力争列入党委常委会议或政府常务会议进行研究；另一方面应紧盯不放，加强跟踪督查。要把采纳政协建议、促进协商成果转化落实情况作为政府部门工作考评的重要内容，加大督查督办工作力度，专人跟踪督查，确保办理落实。协商会议召开后，政协要及时整理提出的意见建议，报送党委、政府，并按照协商规程促使重要协商成果尽快列入党政议事日程，明确规定党委、政府领导签批的政

协建议案、调研报告等的书面答复时间。政协组织及委员对答复不满意的，应及时责成承办单位重新办理答复，对意见建议办理不力的部门和单位，由政府给予通报批评。政协要特别注重政治协商成果的跟踪问效，切实加强与党政及其部门的沟通和联系，对意见建议的办理落实情况及时进行跟踪了解；通过视察、调研、座谈等方式进行"回头看"，形成从调研协商、提出建议到视察监督环环相扣的履职链条，促进办理真正落到实处；对一些重要的协商成果，还有必要组织委员进行专题民主监督，并将舆论监督、群众监督与政协民主监督相结合，就落实转化过程中的重要问题进行再协商，努力将协商意见转化成委员和群众认可、各界满意的党政科学决策成果。

《河北省文明行为促进条例》实施情况调研报告

蔡欣欣　田　川*

摘　要： 《河北省文明行为促进条例》正式施行后，河北各地丰富完善宣传形式，增强宣传保障能力，深入开展文明创建活动，群众文明素养不断增强，全民法律素养进一步提高，社会文明环境不断优化，社会主义核心价值观渐趋日常化、生活化，实施效果成效明显。但在实施过程中也存在法律意识需要进一步强化、法治宣传有待进一步创新、执行力度亟待提升、公众参与亟待加强等问题。今后，应切实加强文明促进组织领导，推动各部门联动配合，形成全覆盖宣传格局，健全监督检查长效机制，推进《河北省文明行为促进条例》更好全面实施。

关键词： 文明行为　实施效果　法治社会

2019 年 9 月 1 日，河北省正式施行《河北省文明行为促进条例》（以下简称《条例》）。《条例》用文明法治保障人民安居乐业，以精准立法弘扬社会主义核心价值观，是将社会主义核心价值观融入法治河北建设的新实践，开启了新时代河北省法治建设与精神文明建设相互促进的新篇章。《条例》

---

* 蔡欣欣，河北省社会科学院法学所副研究员，主要研究方向为经济法、社会治理；田川，河北广播电视台融媒体新闻中心记者，主要研究方向为新媒体、文化传播学。

以法治力量促进社会文明进步，为市民自发规范行为举止加入了"催化剂"，用全社会的文明素质擦亮了城市文明发展的底色。《条例》实施以来，文明行为促进乃至整个文明建设工作带有了更浓厚的法治色彩，融入了更强大的法治力量。在河北，以《条例》推动社会主义核心价值观精细化培育和法治化践行初见成效，公民文明素质和社会文明程度达到新高度。

一 河北省贯彻实施《条例》的效果分析

《条例》通过法规的刚性与强制力约束不文明行为，既是河北省依法治省与以德治省相结合的一大创新，更是用法治的外因力量来加速文明这一内因行为的具体实践体现。一年多来，在各方的共同努力下，河北人民的文明素养和精神面貌焕然一新，讲文明、重文明、守规范成为人们的具体实践，无偿献血、自觉排队、互助礼让、公共场所不吸烟等文明行为成为城市的亮丽风景。在河北，初步形成了《条例》走近群众身边、走入群众内心的新格局。《条例》的实施，为河北各地新时期文明城市创建工作指明了方向和目标，凝聚起人民群众向上向善的文明力量，有效发挥了《条例》在法治河北建设中的推动作用，推动河北文明促进工作迈上了新台阶。

（一）《条例》实施的总体效果

作为治国之重器，法律的功能在于震慑、惩戒、规范、价值导向、社会评价、教育教化等。《条例》的立法目的在于厚植文明理念，对不文明行为说"不"，为文明促进工作注入"强心剂"。自《条例》实施以来，河北各地用好、用活《条例》，让文明之法内化于心、外化于行。《条例》颁布之后，河北文明促进力度明显加大，群众文明意识不断增强，全民法律素养明显提高，社会文明环境不断优化。

第一，推进公民道德建设。道德是内心的法律，法律是成文的道德。在道德建设的传统固化思维中，只注重个体的自律，而忽视法规和制度的外在规约。道德建设是一个复杂而系统的社会工程，需要道德主体的自律，也离不开法律的支持、制度的建设以及政策的保障。《条例》为文明行为立法，将社会主义核心价值观的相关要求转化为法律规范，推进公民道德建设，用道德提高认识、用条例规范行为、用法治作为支撑，最大限度凝聚社会共识，发挥了社会主义核心价值观对公民道德建设和精神文明创建的引领作用。《条例》的实施就是把社会主义核心价值观融入社会生活的方方面面，在全社会促进道德认同，进行道德实践，解决价值取向错误、道德观念模糊、道德行为缺失等问题，推动形成良好的道德风尚。

第二，提高公民文明素养。我国处于高质量发展与世界百年未有之大变局的关键时期，在创新发展丰厚的物质文明、政治文明、生态文明的同时，精神文明也达到了新的高度。城市软实力的竞争，更多的是市民文明素养的竞争；城市的文明程度与发展动力，也最终是靠文明的积淀和人的素质的提升。《条例》用立法促进文明，对市民在公共场合的不文明行为进行约束，倡导和彰显社会公德建设，引导人们心有所戒、行有所止。《条例》的颁布实施，正是以"守"和"为"并行，以有所"守"为先，以有所"守"为重点，以制度和法规的形式规约人们的消极社会公德行为，以经济利益和经济成本引导文明行为，形成文明整洁的环境和氛围，提高公民的文明素养，进而提升整个社会的文明程度。

第三，巩固文明创城成果。面对新时代，站在新起点，为顺应市民对美好生活的新期待，河北石家庄、唐山、秦皇岛等地独树一帜，健全完善文明城市创建常态化机制，并借助《条例》提高文明城市创建的法治化水平，深化文明创建的深刻内涵，推进更高水平的文明创建。以改善群众生活质量、营造良好发展环境、增强城市综合竞争力为目标，从思想道德建设、环境秩序治理、民生服务保障、公共文明培育养成、宣传教育引导、工作推进与保障等入手，逐一分解重点任务，建立权责明确、协调统一、科学高效的文明城市创建格局，使创建工作经常化、规范化、制度化，确保文明创建蓝图更清晰、更直观。城市的文明形象不断提升，市民生活的幸福感、获得感也不断增强，2020 年，河北省廊坊市、大厂回族自治县、文安县、遵化市入选全国文明城市名单，石家庄市、唐山市、秦皇岛市、迁安市、正定县经复查确认继续保留全国文明城市荣誉称号，确保了创建成果的落地生根。

第四，推动社会文明进步。社会的文明进步，需要全社会的协同努力。《条例》中相关的约束性规定和倡导性规定，既发挥法规的规范作用，又发挥道德的教化作用，最大限度挖掘和释放社会共治的潜力。目前，除石家庄于 2018 年 7 月 1 日起施行的《石家庄市公共文明行为条例》外，唐山、廊坊分别于 2019 年 9 月 1 日、2019 年 10 月 1 日施行了当地的文明行为促进条例，将社会主义核心价值观的要求转化为更具体化、具有可操作性的法规规范。可以说，河北省为文明立法的实践进一步印证了"依法治国和以德治国相结合"的方略已经转化成具体实践。这些地方立法以列举方式规定各级政府、职能部门以及社会组织在促进文明行为中的职责，注重发挥国家机关工作人员、人大代表、政协委员、教育工作者、公众人物、先进模范人物等的示范引领作用。《条例》实施以来，河北各地注重发挥其他组织和社会公众群策群力、共建共享的巨大合力，共同推动社会文明进步。

（二）《条例》的具体实施情况

河北省在促进文明行为、提升社会文明程度的进程中仍在继续学习宣传落实贯彻《条例》的内容与精神，促进《条例》融入日常，走向经常，在文明行为促进和文明创建工作的各个阶段发挥实效。河北省实施《条例》以来，较好地解决了法治通达群众、通达基层的问题，回应了社会的普遍关切，增强了人民群众对于文明行为的内心认同，也使社会治理步入了法治化、科学化、专业化轨道。

第一，学习贯彻《条例》。《条例》颁布实施后，各地各部门高度重视，制定具体措施，积极组织开展《条例》的学习、宣传与贯彻工作，将《条例》的各项规定落到实处。一些地方党委把《条例》作为党委中心组的学习内容，将《条例》学深学透；有的地方通过主题活动、动员会的形式，组织广大党员干部学习《条例》，为贯彻落实《条例》奠定思想基础。河北省充分利用宣传栏、新闻媒体、网络媒体、移动电子显示屏等方式，在

《条例》实施前后开展了全方位、多层面、多渠道宣传，为《条例》实施营造良好氛围。各地各部门以《条例》为指导，调整工作部署，主动把《条例》的精神实质和赋予的法定职责融入本职工作。保定市莲池区人民法院广泛开展《条例》学习宣传活动，立足审判工作，结合法院开展的"提质提效、文明服务"竞赛，将文明行为规范纳入法院的职业规范要求、岗位培训与考核内容，把《条例》作为法院工作生活的"必修课"，让文明"软实力"成为创建文明法院的"硬支撑"。各地各部门还把《条例》的学习宣传与贯彻执行紧密结合起来，提升城市精细化治理水平，主动把《条例》的精神实质融入文明旅游、文明餐桌、文明交通、文明上网等实践活动，让文明成为全社会的生活习惯与工作习惯。

第二，丰富完善宣传形式。河北各地各部门高度重视宣传时间、宣传形式与宣传途径的创新。充分利用节日庆典、大型活动等节点开展《条例》的集中宣传教育活动，在全社会营造了良好的文明法治氛围，《条例》的宣传集聚、规模效应进一步凸显。各地各部门注重把握《条例》宣传教育的规律与特征，结合法治宣传系列活动，创造性地开展《条例》的宣传工作，取得了持续的宣传教育效果。河北省文明办在河北文明网的明显位置设置浮动侧边栏，发布"提高文明素养　弘扬时代新风""约定文明　共享美好"学习践行《条例》公益广告，供各地区各部门宣传下载使用。南宫市举办"迎新年践行文明行为促进条例书法笔会"，进一步学习宣传《条例》，深化普及宣传效果，推动深入开展文明创建。永清县组织各乡镇、县直有关单位的志愿者，在公共场所、生活小区、乡镇村街等地开展集中宣传活动，除拉宣传条幅，向过往行人发放《条例》，就《条例》内容进行宣传及文明城市创建知识进行讲解外，还发放《永清市民文明礼仪手册》，引导居民行文明事、做文明人，不断提高普及《条例》工作的渗透力、影响力和覆盖面。

第三，增强宣传保障能力。各级地方党委、政府高度重视《条例》的宣传保障工作，为持续推动文明行为促进工作提供了有力支撑。首先，投入明显提高，经费保障普遍到位，强化宣传工作力度，缓解基层宣传力量薄弱问题，有力保障了《条例》宣传工作的稳步推进。其次，基层以落实《条例》为契机，明确工作职责，增强《条例》的宣传力度，在基层推动形成知晓、认同、践行《条例》的浓厚氛围。石家庄市裕华区以公共秩序、公共环境、公共交通、社区文明、网络文明、文明养犬等为主要内容，自行设计制作了《条例》的25种宣传图和主题公益广告，采用宣传图板、艺术宣传栏、专题长廊等方式集中展示，在辖区场所悬挂张贴，增强《条例》在社区公益宣传的力度，确保《条例》在社区宣传全覆盖。另外，裕华区还精心打造了富强电力社区和富强大街两个示范宣传点，通过组织文艺展演、志愿服务、公益宣传等活动，推动《条例》宣传进社区、进小区、进楼栋，引导社区居民自觉遵守《条例》，自觉养成和提升文明行为。

第四，深入开展文明创建。文明创建是提升国民素质和社会文明程度的有效途径，也是把社会主义精神文明建设的任务要求落实到城乡基层社会的重要载体和有力抓手。河北各地以把《条例》要求变成日常行为准则为目的，将《条例》内涵与具体实践相统一，避免重要求、轻落实，割裂知行，让群众真正掌握《条例》的实质、内涵。河北各地在阐释、解读《条例》的基础上持续推动文明养成，引导人们在实践中深化对文明的理解，践行文明行为，不断推动《条例》入脑入心。《条例》实施以来，各地及时进行《条例》落实的整体部署，结合《条例》的实施推动文明城市、文明村镇、文明单位、文明家庭、文明校园等创建活动向纵深发展，保障文明行为促进工作的持续推进；继续从基层、各行各业中选树道德模范、身边好人，通过重点人重点事，发挥典型示范引领作用，深化社会公德、职业道德、家庭美德和个人品德建设，以点带面，与群众形成良好互动。另外，既注重政府引导，又注重发掘群众主体蕴含的巨大潜力和能量，将二者统一，充分调动和尊重群众的积极性、主动性、创造性，并鼓励、引导社会组织积极参与《条例》的宣传普及工作。如张家口市桥西区引导市民参观"桥西区创城志愿服务"集锦、"桥西区先进典型事迹"展板的同时，组织道德模范、身边好人、优秀志愿者代表、张家口市公益事业促进会会员、桥西区爱在点滴普法宣传志愿服务站和张家口学院汇爱社团的志愿者，共同在文化广场发放宣传资料及宣传品，提高社会对《条例》的认同感和知晓率，确保《条例》的实施效果。

二 《条例》实施中存在的主要问题及原因分析

从总体上看，河北各地将《条例》贯彻到文明行为促进和文明创建工作中，使公民文明行为、道德培育各项工作更加规范化、法治化，教育宣传效果明显增强。在贯彻落实《条例》的过程中，河北各地进行了大量的尝试和创新，取得了显著成绩，为河北文明行为促进发挥了重要作用，但与社会对提升文明品位的新要求新期待相比，《条例》的贯彻实施工作还存在以下问题。

（一）法律意识亟待强化

只有在法治信仰中提升文明素养，以法治精神滋养文明风尚，法治和文明才会内化为精神追求，外化为自觉行动。一些地区和部门认为经济发展任务重，对《条例》重视不够，无暇顾及或投入更大力量，人员力量配备不足，把贯彻实施《条例》当成软任务、虚指标。因此掌握情况不全面，投入精力相对较少，采取措施不足，在一定程度上存在"想起来重要，讲起来必要，做起来次要"的倾向。还有一些地区和部门不强调《条例》的宣传贯彻，将《条例》的宣传形式化，说一套做一套，嘴上讲文明、说文明，实践中不文明、伪文明，法治实践严重滞后，极大影响了《条例》的实施效果。

（二）法治宣传亟待创新

在广大基层，特别是偏远地区，存在区域短板与宣传贯彻不平衡等问题，《条例》的宣传贯彻大多采用灌输式、运动式、活动式等形式，方法较单一，有效载体不足，形式内容单调，学用脱节，虽然有载体，但文明行为促进问题还没有很好解决，不文明现象时有发生，公众对《条例》的认知熟悉情况不够，存在较大提升空间。尤其是创新推动力量不足，在文明行为促进力量上整体仍显不够，集中优势资源、动员全社会共同参与的能力依然不足。

（三）执行力度亟待提升

法律的有效落实，不仅在于法律规定的良善，更在于法律的执行。制定《条例》的目的在于实现制定《条例》时所要达成的秩序。《条例》实施以来，在生产、生活领域中还存在一些突出问题，一些不文明行为依然屡禁不止，法律执行的效率明显不足。一些领域依然道德失范、诚信缺失，在交通出行、公共秩序、环境卫生、网络空间等领域还不同程度存在一些不文明现象，封建迷信、铺张浪费等不良习俗在一定范围内仍然存在等。这些问题的解决都亟待政府提升执行力度，更好地监督公众遵守文明行为规范，从而为推动社会进步和提高公民素质注入更加强大的动力。

（四）公众参与亟待加强

文明行为促进工作是在各级党委的统一领导下，县级以上精神文明建设委员会统筹推进，部门各负其责，齐抓共管，全社会共同参与，形成共建、共治、共享的长效机制。可以说，文明行为促进不能完全由政府唱"独角戏"，而是政府与社会公众共同推动社会文明进步的方式、方法与行动的总和，需要政府与社会公众分工协作、良性互动和共同治理。因此，提升公民文明素质和社会文明程度需要广泛调动社会公众参与，需要广大群众的积极参与和支持，需要全社会共同努力、合力推进，监督文明执法，高效推进文明行为促进工作。

三 进一步提高《条例》实施效果的对策建议

制定法律，是为了实现制定法律所要达成的社会秩序。而秩序的实现主要依赖两个途径：对法的遵守和对法的执行。随着全面依法治国战略的稳步推进，法治政府建设和司法体制改革成效显著，我们要以习近平法治思想为指导，以《条例》促进社会文明，使文明行为成为人们日常工作生活的基本遵循，使河北形成积极健康向上的社会风尚和文明和谐的社会秩序。

（一）加强文明行为促进组织领导

《条例》的颁布实施，标志着河北省的文明行为促进工作步入了法治化的新阶段，也是各地、各单位开展文明行为促进工作的基本遵循。文明行为促进是一项长期化、常态化的工作，需要各级有关部门认真履行《条例》规定的法定职责，围绕党和政府中心工作，将《条例》的学习宣传贯彻与法治河北建设实践紧密结合，以宣传促实践，以实践引宣传。要把文明行为促进工作放在经济社会发展的工作大局中来谋划，进一步完善文明行为促进的领导体制和工作机制，并灵动运转这一体制机制，在全社会推动形成良好的社会风尚和社会秩序。还要将文明行为规范纳入本单位本部门职业规范要求、岗位培训和考核内容，细化考核内容，优化考核机制，强化考核的推动能力，做好本单位的文明行为促进工作，做制度执行的表率，使文明行为促进成为刚性的硬标准、硬要求、硬措施。

（二）加强各部门联动配合

文明行为促进工作涉及面广，不能靠单一部门独斗，离不开部门间的共同参与、通力配合，需要相关部门各司其职、各负其责，夯实文明行为促进基础。《条例》合理界定了县级以上精神文明建设委员会统筹推进文明行为促进工作，由县级以上精神文明建设委员会的办事机构具体负责文明行为促进工作的规划指导、任务协调和督导检查；规定了政府有关部门，工会、共青团、妇联等人民团体，企业事业单位及其他社会组织的分工。因此，政府及其职能部门是促进文明行为的组织者、实施者、推动者、参与者和服务者，要担负主体责任和主导作用。如对占道经营问题，需要行政执法部门与市场监管部门的配合；对犬类问题的治理，除了要加大对犬类饲养的日常监管与动态监管，还要充分发挥各种治理手段，建立行政执法部门、公安、卫生、畜牧、乡镇（街道）、社区等共同参与的文明养犬长效机制。要增强部门协调配合意识，提高部门间联动配合的能力，对不文明行为采取有效治理，推进文明行为促进工作精准化，形成全社会共同促进文明行为的工作合力。还要运用"互联网＋"平台，加强部门间的信息交流与沟通，促进各相关部门的信息共享，跨界应用信息资源，打破信息孤岛，避免既有资源浪费。

（三）形成全覆盖宣传格局

首先，发挥"关键少数"作用。各地、各级党委政府要强化思想认识，充分认识颁布《条例》的重要意义，认真学习和深刻领会《条例》的基本精神，完善制度约束，把《条例》作为文明行为促进和文明创建的根本依据；各级、各单位发挥各自的比较优势，组织参与到《条例》的宣传实施中。其次，以"关键少数"带动"最大多数"。充分利用互联网新媒介和传统媒体的深度融合，将政府引导与群众主体统一，推动《条例》"七进"，确保《条例》宣传到位，引导全社会积极投入文明行为促进工作当中，使广大干部群众熟知《条例》，自觉遵守、实践《条例》，有力推动文明行为促进工作向前发展。最后，集中教育与经常教育相结合。既要按照《条例》的规定，突出对客运窗口、服务窗口、旅游服务、教育机构等各领域存在的不文明行为，根据不同人群的结构特征，因地制宜、因人制宜，进行经常教育，又要有对经常教育总结强化的集中教育，总结推广有效途径和成功实践，做到统筹推进，增强宣传教育的时效性与针对性。

（四）加大文明促进工作力度

按照文明促进为民、文明促进靠民、文明促进惠民的宗旨，加大文明促进工作力度，深化群众性文明创建活动，实现市民文明素质、城市文明程度、城市文化品位、群众生活水平的整体提升。第一，坚持问题导向，实施动态化管理，强化常态长效创建，强化处罚的有效性和科学性。如针对不文明交通行为较突出、易反复的问题，可以开展文明交通秩序专项治理行动，组织志愿者开展文明交通引导志愿活动，开展交通岗义务执勤，协助交警维持交通秩序，以特殊预防实现警示作用，形成"人人关心交通，文明参与交通"的良好氛围。第二，完善工作机制，调查走访、开展实地工作调研，建立创文、创卫双创联动机制。开展创文、创卫联合督查，对发现的问题逐一建立问题台账，实行"靶向销号"；建立创文、创卫现场办公会和工作调度会制度，与街道、社区对接，启动"街道吹哨、部门报到"，共同破解文明难题，促进市民文明素质提升和文明习惯养成，促进河北创新发展、绿色发展、高质量发展取得更大成绩。

（五）健全监督检查长效机制

河北省人大要切实发挥人大的监督作用，用好地方立法权和重大事项决定权，推动《条例》落地见效。要充分发挥人大代表作用，组织代表开展视察调研活动，鼓励代表积极建言献策，推动形成全社会重视加强文明建设的良好氛围和共同行动。《条例》实施一段时间后，河北省人大常委会要开展《条例》的执法检查，督促主管机关改进执法工作，推动《条例》有效落实。发挥"法律巡视"的利剑作用，以执法检查督促政府落实监管责任，监督各行各业落实主体责任；善于运用法治思维、法治理念，总结文明促进实践经验，深入查找《条例》实施中存在的突出问题，提出有针对性的意见和建议，为科学决策和完善文明促进提供重要支撑；对检查发现的不足，检验、评估和优化《条例》的执行情况，及时督促整改并跟踪检查，进行"回头看"，推动《条例》执法到位、执法有效。通过监督检查长效机制确保《条例》的各项规定落实落地，成为有"牙齿"、有效率的法，在全社会形成共同促进文明建设的合力，持续推进文明行为促进。

法治是现代文明的重要基石。崇尚法治的社会，必定是文明的社会；依法治理的城市，必定是文明的城市；遵纪守法的公民，必定是文明的公民。作为国家治理的一个重要方面，文明建设在塑造民族精神上具有不可替代的作用。把文明放在法治的语境下来促进，把文明放在法治的经纬中来推进，是推动文明建设的重要遵循。在新时代，《条例》的实施必将在维护公序良俗、弘扬时代新风、推动社会进步上起到至关重要的作用，并将有力推动河北城市文明建设，开创法治河北建设新局面。

河北省新时代文明实践中心建设
调查与思考

贾玉娥*

摘　要： 群众在哪里，文明实践就要延伸到哪里。建设新时代文明实践中心是一项长期系统工程，必须常抓不懈、持之以恒、久久为功。党的十九大以来，河北各地依托优势资源，突出本地特色，结合群众需求，不断完善组织架构、优化资源配置、丰富实践内容、打造活动品牌，新时代文明实践中心建设成效显著，但重建设轻管理、重县域轻乡村、重硬件轻软件、重行政轻社会、重推广轻特色等问题依然突出，需要进一步提升政治站位、增强文明底色、彰显群众主体、强化实践导向、完善体制机制，切实推动新时代文明实践中心建设高质量高水平发展。

关键词： 河北　文明实践中心　新时代

　　风成于上，俗化于下，文明是一座城市的幸福底色、内在品质。建设新时代文明实践中心，是推动习近平新时代中国特色社会主义思想深入人心、落地生根的重大举措，是促进乡村全面振兴、满足农民精神文化生活新期待的有效载体。2018年以来，河北省将新时代文明实践中心建设作为一项重大的政治任务，认真谋划、周密部署，立足实际、先行先试，高标

---

　　* 贾玉娥，河北省社会科学院政治文化教研室主任，研究方向为政治文化。

准推进新时代文明实践中心建设。截至 2020 年 5 月，河北省已建成县级新时代文明实践中心 30 个、乡镇级新时代文明实践所 317 个、村级新时代文明实践站 2825 个，在打通宣传教育服务群众"最后一公里"上发挥了积极作用，交出了河北新时代文明实践中心建设的优异答卷，开创了基层宣传思想工作和精神文明建设的新局面。

一 河北省推动新时代文明实践中心建设的主要做法

构建整合化平台、建设常态化队伍、打造品牌化活动、开展精准化服务……新时代文明实践中心建设以来，河北省始终坚持闯字当头、干字当先，牢牢把握"传播新思想、引领新风尚"的目标要求，紧紧围绕"在哪做、谁来做、做什么、怎样做、做多久"等现实问题，着力探索形成可操作、可复制、可持续的经验做法，推动新时代文明实践中心建设不断焕发生机与活力。

（一）高位推动，把牢文明实践航向标

第一，抓顶层设计。依据全国宣传思想工作会议精神和中共中央《关于建设新时代文明实践中心试点工作的指导意见》、中央文明委《关于深化拓展新时代文明实践中心建设试点工作的实施方案》的有关要求，河北省按照"试点先行、梯次推进、逐步铺开"的思路，积极构建"1355"组织架构和工作体系。"1"即县乡村党委一把手工程，"3"即县级新时代文明实践中心、乡镇级新时代文明实践所、村级新时代文明实践站三级组织架构；"55"就是突出"五方面工作内容"、建设"五大服务平台"。"五方面工作内容"即学习实践科学理论、宣传宣讲党的政策、培育践行主流价值、丰富活跃文化生活、持续深入移风易俗；"五大服务平台"即理论宣讲平台、教育服务平台、文化服务平台、科技与科普服务平台、健身体育服务平台。2018 年底，河北省选择邯郸市临漳县、秦皇岛市卢龙县、石家庄市藁城区作为省级试点先行探索，推动 11 个设区市确定了 25 个县（市、区）

为市级试点分层探索，为在全省推开新时代文明实践中心建设奠定了坚实基础。2019年10月，衡水市武强县、邢台市清河县等20个县（市、区）列入全国试点。

第二，抓机制完善。在新时代文明实践中心建设过程中，河北省各地市积极强化主体责任，多次组织召开新时代文明实践中心建设工作推进会、调度会，不断完善体制机制。河北省文明办印发《河北省建设新时代文明实践中心试点工作评价体系》，抓住关键要求，注重群众评价，力戒形式主义。任丘市印发《建设新时代文明实践中心试点工作实施方案》，制发《任丘市新时代文明实践工作考核评价暂行办法》，将新时代文明实践工作纳入党建工作责任制，纳入党委巡视巡查，纳入意识形态工作责任制，纳入群众性精神文明创建体系。石家庄市藁城区出台《关于组建新时代文明实践志愿服务队伍的通知》《藁城区新时代文明实践所、站"七个有"标准化建设方案》《藁城区新时代文明实践志愿服务"扶老爱幼温情金秋"活动工作方案》等相关文件，全力把试点工作做细做实。

第三，抓学习借鉴。他山之石，可以攻玉。建设新时代文明实践中心的工作时间紧、任务重，为此，各地市积极从外地"取经"，寻找"突破口"，衡水市多次组织各县（市、区）文明办负责同志赴山东省胶州市、河南省驻马店市"取经"，近距离、多角度地学习先进地市取得的经验成果。与此同时，河北省委宣传部、省文明办利用长城新媒体集团承办的冀云·融媒体平台，组织开展了全省建设新时代文明实践中心试点工作（临漳）视频观摩交流活动，邯郸市、秦皇岛市等7个市做了经验交流，平泉市等10个试点单位进行了亮点工作视频展示，共同深入学习中央和省委关于建设新时代文明实践中心试点工作有关文件和会议精神，研究分析河北省建设新时代文明实践中心试点工作面临的形势任务，以开拓创新精神交流经验、互通有无，在更高起点上推动新时代文明实践中心建设。

（二）整合资源，汇聚文明实践大合力

第一，县级层面统筹协调建立"五大服务平台"。各地市以县域为整体，按照服务类别，打破部门壁垒，整合宣传、教育、文化、科技、体育等领域现有基层公共服务阵地资源，打造理论宣讲、教育服务、文化服务、科技与科普服务、健身体育服务"五大服务平台"，统筹使用，协同运行。这"五大服务平台"分别由1个县（市、区）级部门牵头运营、若干责任部门配合，将散落在全市各部门的各类服务阵地、众多网络发布平台等纳入文明实践阵地，构筑"布局合理、群众便利、出户可及"的文明实践阵地网络。平泉市以全民素质提升工程和群众性星级文明创建为抓手，整合优势资源，探索实施了文明单位帮建、强村带建、村企联建和部门乡镇共建的建设模式，闯出新时代文明实践中心建设的"平泉之路"；张家口市宣化区整合党校、纪念馆、学校、少年宫、科技馆等所有公共服务阵地资源，全力打造亲民的硬件设施条件。

第二，村级层面深化创新搭建文明实践站。突出村民活动中心、文化大院的村级文明实践主阵地作用，按照有场所、有展示、有活动、有队伍、有机制的标准要求，采取政府帮建、文化能人自建、企业捐建等形式，高标准创建村民活动中心，切实将文化活动室、农家书屋、妇女之家、居家养老等基层公共服务设施功能融入村民活动中心，形成以村民活动中心及文化大院为中心、以基层群众为主体、遍布城乡的"小微文化圈"，积极组织开展理论宣讲、文艺展演、科技培训等，寓教于乐，让党的声音第一时间"飞入寻常百姓家"。目前，深州市着力推进文化大院建设，共建成示范性文化大院52个、标准文化大院140个，在建文化大院提挡升级全面推进，基本实现村村全覆盖；怀来县整合村文化大院、综合文化活动中心、村史馆、文化广场、公开栏等现有农村基层阵地，因地制宜打造规范化新时代文明实践站，不断夯实村（社区）文明实践站基础。目前全县223个乡村、23个社区已建立了新时代文明实践站。

（三）优化队伍，实现文明实践全覆盖

第一，健全队伍体系，织密服务网络。纵向涵盖县、乡镇、村（社区），建立服务大队、服务支队、服务小队三级新时代文明实践志愿服务队伍,由各级党组织一把手任队长。横向辐射党政机关、企事业单位、群团组织及社会各类公益团体,尤其注重发挥宣传部、教育局、文广局、科协、卫计局、政法委、文明办等县级部门的专业和职能优势,建立理论宣讲、文化娱乐、科技惠民、卫生健康、普法宣传、体育健身、文明创建等志愿服务分队,制订各具特色的活动计划,开展小型分散志愿活动。目前,曲周县在燕赵志愿云注册志愿团体391个,注册志愿者71083名,占该县人口的13%以上;文安县广泛招募乡土文化人才、科技能人、"五老"人员、先进人物、返乡创业人员、退休文化工作者、退役军人以及农村其他志愿人员等县乡村三级文明实践志愿者,实现行政村志愿服务组织全覆盖。

第二,强化管理培训,提升专业素养。各地严格按照《河北省志愿服务条例》规定,招募和管理志愿者,实行志愿者登记注册制度,组织开展知识传授、技能传习、项目交流等不同形式的学习培训,推动新时代文明实践志愿服务向专业化、精准化发展。邯郸市依托广电网络公司建立集项目孵化、专业培训、服务保障、宣传推广等功能于一体的志愿服务指导中心,实现了全域志愿服务统一指挥、多方联动、密切配合、相互支持、高效有序的管理机制,为志愿服务可持续发展提供了有力保障和坚强支撑;邢台市各社区通过建立志愿服务的党员和公职人员信息台账,全面准确掌握党员和公职人员的业务特长、服务意向等基本情况,结合实际情况,分类梳理并设定若干服务项目,制定清单,科学合理为党员和公职人员安排服务项目。

第三,实施褒奖激励,营造良好氛围。河北省民政厅印发《关于切实保障志愿者合法权益的通知》,切实保障在志愿服务中受到意外伤害志愿者的合法权益。河北省人大颁布《河北省奖励和保护见义勇为条例》,河北省文明办制定《关于帮扶生活困难道德模范实施办法》、建立道德模范集中休假疗养制度,将好人好报、德者有得机制化、常态化。此外,各市县纷纷开展最美志愿者、最佳志愿服务组织、最佳志愿服务项目、最美志愿服务社区评选表彰活动,用精神的力量鼓励和褒扬优秀志愿者。秦皇岛市推出"好人卡",志愿者乘坐公共交通工具、参观景区、体检时可享受免费服务;

任丘市对道德模范、身边好人从奖金激励、社会尊重、医疗保健等八个方面进行礼遇；清河县设立志愿积分超市和道德银行，以志愿服务时长和表现换积分，以积分换物品或服务。

（四）精准服务，激活文明实践新活力

第一，维护乡村秩序。试点建设以来，各级各类新时代文明实践中心发挥表率作用，一支支志愿队伍迅速集结，投身平安建设工作，用最硬核的力量，齐力构筑坚实的"平安防火墙"。怀来县新时代文明实践中心通过无人机空中监控、喊话等功能，开展清明节前防火安全宣传工作；涞水县近万名党员志愿者、巾帼志愿者、青年志愿者、退伍军人志愿者，积极投身社区值守、困难帮扶等文明实践，有效解决了农村治安力量不足的问题；魏县、鸡泽县等新时代文明实践中心变"各自为战"为"集团作战"，分工协作，汇聚合力，有序有力打造平安稳定和谐的社会环境。

第二，助力企业复产。随着企业复工复产，涿州市工信、发改、市场监管、行政审批、各工业园区等志愿服务分队当好"红色代办员"，80余名领导干部一线办公，为企业复工复产提供"一对一"服务。武强县新时代文明实践中心为帮助企业化解"用工荒"，用微信群、乡村大喇叭宣传企业用工信息、鼓励群众报名，党员志愿者到企业向新老职工讲解复工注意事项，向当地企业输送新职工160余人，30多家企业受益。秦皇岛市北戴河区新时代文明实践中心组织5000余名党员"义工"、平安志愿者、文明交通志愿者，为市民和游客提供便利服务，迎接旅游产业的转暖复苏。

第三，推动乡村振兴。针对农产品滞销，平泉市新时代文明实践中心积极通过网络直播，两小时销售农产品1620斤，帮农户创收5万多元；针对农资受阻等问题，清河县新时代文明实践中心联合农业农技志愿服务队，开展"战疫情、保春耕，送农资农技下乡"活动，将分类打包好的种子、化肥和农技知识送到农户家门口，解了农户的燃眉之急；针对农业技术短缺的问题，定州、涉县等新时代文明实践中心免费开展农业科技培训，助

力农业农村现代化发展。据统计，各地累计组织文明实践服务活动 2100 多场次，受益企业职工和农民达 11 万人次。

（五）成风化俗，传递文明实践正能量

第一，提升文明素养。大厂县围绕培育践行社会主义核心价值观，以县、乡镇（园区、街道）、村（居委会）三级新时代文明实践中心（所、站）为平台，面对全县城乡群众开展培训活动，全力推动全民文明素质的提升。2019 年，全县共组织开展 6 大类 168 场主题培训。截至 2019 年 12 月，涉县累计开展政策理论宣讲、文艺文化下乡等活动 1600 多场次，开展林果、汽修等各类免费技能培训班 230 场次。卢龙县统筹文化服务力量，培训乡村文艺骨干 1200 多人次，举办农民广场舞大赛、才艺大赛等文艺活动 600 多场次，受益群众近 5 万人，进一步提升了基层群众的现代文明素质和社会文明程度。

第二，改善人居环境。秦皇岛北戴河区先后有 30 余万人次的志愿者走上街头参加"烟头革命"志愿服务活动；黄骅市广大志愿者深入辖区各小区打扫卫生，向市民介绍垃圾分类知识；承德市深入开展清洁家园文明实践志愿服务活动，来自机关、高校、企事业单位的 100 多个志愿服务组织、近万名志愿者深入社区，手持扫把、铁铲、抹布进行大清扫，铲除杂草，清除陈年垃圾；衡水市以文明村镇创建活动为载体，用特色文化墙打造乡村文明新景观，全市共绘制文化墙 27 万余平方米，整治标语广告 11 万余平方米，整治私涂乱画 8 万多平方米，村民文明卫生意识显著提高。

第三，推进移风易俗。各地结合实际，纷纷建立红白理事会、道德评议会，修订村规民约，农村结婚彩礼、婚丧费用等明显下降。武强县郭家院村发挥示范引领作用，带动 30 多个村建起并使用村民食堂，100 多个村建起了"移动大锅台"，实现了"乡村大锅台"全覆盖。据不完全统计，只此一项每年可为群众节约各类费用 300 多万元。卢龙县 548 个村全部建立起村规民约、红白理事会，由群众自主制定红白事标准，实现"我制定、我遵守"，费用平均减少三分之二。2020 年清明节期间，许多村民改变过去烧

纸祭奠的做法，实行了网上祭祀、鲜花祭祀、植树祭祀，鲜花祭祀 2 万余人，植树祭祀 2.3 万余棵。

（六）创新模式，实现文明实践常态化

第一，坚持主题引领项目带动。各地以群众需求为导向，结合全县重点工作，巧妙设计活动项目，精心组织实施，让群众乐于参与、便于参与、勤于参与。清河县新时代文明实践中心围绕精准脱贫，开展爱心扶贫；围绕信访稳定，打造金牌大柜；围绕群众健康，建设"健康小屋"。目前，清河县共谋划实施了十大精品工程，用主题突出、特色鲜明的高质量志愿服务项目引领实践，使志愿服务更加接地气、聚人气。与此同时，各地还对实践项目实施动态管理，效果不佳、场面冷清、百姓不买账的项目不断得以整改或清退，以实现群众需求和服务供给的精准匹配。在实践中，各地调整推出理论宣讲、医疗卫生、技术培训等多个实践项目，通过媒体等向公众发布。

第二，实现点单配送有机衔接。以志愿服务队为主体，广泛开展"送理论、送政策、送文化、送文明、送科技、送服务"的文明实践配送活动，有效实现志愿者与群众需求无缝、有序衔接。景县广泛发动理论宣讲分中心和实践所各志愿服务队，深入乡村一线宣传习近平新时代中国特色社会主义思想、十九届四中及五中全会精神等，推进党的政策理论进基层；河间市利用丰富的历史文化资源，创新开设《诗经》讲堂、西河大鼓传唱等特色传习课程，弘扬优秀传统文化；高邑县农技中心志愿服务队根据季节时令和群众需求适时开展蔬菜种植技术、防治病虫害技术等方面的培训。从乡村到县城、从社区到门店、从机关到企业，只要群众"点单"，各新时代文明实践中心及时向遍布全县城乡的志愿服务点"派单"，真正实现了从"上菜"到"点菜"的根本性转变。

第三，推动线上线下同频共振。充分利用"互联网＋"、新媒体等技术，延伸文明实践领域，做到文明实践线上线下同步，广泛惠及群众。滦州市充分发挥融媒体中心"中央厨房"作用，结合重要时间节点，积极开

展线上主题实践活动，持续传播正能量，唱响新时代主旋律；宣化区积极用好"学习强国"平台，并借助西瓜视频、抖音等新媒体平台，将线下的宣讲搬到线上，让大家能够随时随地点播收看；清河县精心制作发布10余期《文明微课堂》，以微视频形式讲解"如何正确佩戴口罩""如何正确认识发热现象"等科普知识，有效指导群众正确认识新型冠状病毒及新冠肺炎疫情防控措施；滦平县利用微信矩阵、微信公众号、滦平融媒APP等现代信息手段，及时开展情感心理咨询、政策法规解读，使市民群众足不出户即可享受到方便快捷的服务。

二 制约新时代文明实践中心建设的突出问题

尽管河北省按照中央和省委试点建设工作部署，进行了许多大胆探索和尝试，取得了不少经验和效果，但也存在一些问题，尤其是在群众需求的多样性与实践服务的局限性、解决问题的迫切性与文明实践的渐进性上，党委政府主导与社会参与之间矛盾突出，严重影响了新时代文明实践活动的感召力和影响力。

（一）重建设轻管理，整体水平有待提升

文明实践关乎基层稳定、未来发展。但各地发展极不平衡，虽然各地的文明实践工作都已经行动了起来，但是有快有慢、有好有差，有的活动比较正常，而有的活动次数明显较少、内容单一。总体看呈两头小、中间大的状态，即活动情况很好的较少、很差的很少，一般或中等的居多。同时，互联互通少。受平台资源、人力资源、信息资源的局限，各部门各单位之间互联互通不紧密，活动性质大多为各自的日常工作，且各行其是。以县域或乡镇为单位整体规划、统一组织、协调配合开展文明实践活动较少，许多是在事后才将其纳入文明实践活动的资料或总结中来。而且资金保障差，各地缺乏对新时代文明实践中心发展的总体规划，多数没有将"新时代文明实践活动"纳入正常经费预算，开展活动所需的经费只能专

项申请。此外，社会支持力度不足也制约着文明实践活动的持续良性发展。

（二）重县域轻乡村，基层基础有待夯实

阵地犹如战斗堡垒，一切文明实践工作和服务群众工作，都需要在阵地科学调度、有效利用资源的基础上完成。因此，阵地要根据文明实践工作需要统一调配使用资源，实现"资源围绕阵地转，阵地围绕群众转"。但在实际运作中，农村基层存在资源分散、管理权限不明等问题，导致县、乡、村三级中，乡、村两级对新时代文明实践试点工作重视程度不够，执行力度不足。一是整合盘活资源不到位，有的另起炉灶、再搞一套，和现有的基层文化服务中心等阵地不能有机融合、互促互动；有的各行其事、画地为牢，局限于乡村会议室、党员活动室、文化广场或村民活动中心，而对科普信息、农业服务、法律援助、妇幼教育、警民共建等平台的利用不充分，硬件设施不完善、场地使用率不高。二是延伸服务不到位，有的口头上高度重视，私下里等待观望，乍一看有组织、有机构、有阵地、有队伍，深入了解就会发现活动根本开展不起来；有的形式上热热闹闹，背地里敷衍了事，或者蜻蜓点水、浮在面上，特别是"五大服务平台"建设没有延伸到最基层、服务到最基层，效能发挥受限。

（三）重硬件轻软件，实践活动有待拓展

文明实践中心建设，既要有阵地更要有活动。当前，活动开展尚显不足。一是活动形式单一。多数地方的活动主要是依托党员活动日、乡村会议室开展政策宣讲，或者围绕中心工作掺杂着宣讲政策理论，或者围绕重要节庆、民俗节日开展如广场舞、民间文化之类的活动。有策划、有目的、有组织的活动较少，如法律援助、科普服务、爱心帮扶、移风易俗等。二是活动层级偏低。多数活动停留在县乡级甚至村级层面，对于一些需要省市相关部门单位提供支持的，比如医疗健康、农业技术等服务，无法充分利用省市文明实践志愿服务队和高校等平台给予高位推动，服务标准低，

影响带动差。三是活动效果不理想。有的开展文明实践活动不接地气，依旧采取"大水漫灌"，集中组织群众听报告、听讲座、参加各种集体活动，一厢情愿的灌输式教育让群众兴味索然，难以取得宣传服务群众的效果；有的活动开展不经常，一年两三次，活动次数较少，有效供给明显不足，无法满足群众多样化的精神文化需求。

（四）重行政轻社会，群众参与有待激发

新时代文明实践中心建设是一项社会事业，强调社会化参与、社会化运作和社会化服务。然而，目前各地主要还是由行政力量推动，志愿组织设置与党政部门高度一致，社会化水平低，自主空间小，群众参与度不足。一是总体参与人数偏少，相较于县乡村三级干部，群众所占比例明显偏少，或者有名无实，虽加入各种志愿服务组织，但极少参加相关活动；二是内生动力不足，被动参与多，主动策划、组织活动少，虽然有些站点也自发组织了一些志愿服务，但由于缺乏指导，项目初期就"流产"了，主观能动性、主体创造力显著不足；三是服务水平不高，受自身素质能力影响，群众可参与、能参与的活动有限，大多局限于敬老爱幼、互帮互助、移风易俗，距高质量推动新时代乡村振兴尚有很大差距。

（五）重推广轻特色，品牌建设有待强化

文明实践试点先行。但有的地方把试点工作当成全面工作来抓，要求基层大干快上、遍地开花；有的地方规划布局不合理，乡乡有站，村村有点；有的地方强调统一规范，阵地千孔一面，活动千篇一律，缺乏特色和亮点；有的地方工作创新不明显，按部就班、被动应付。文明实践中心建设要按照"一乡一品牌，一村一特色、一队一旗帜"的原则，充分发掘本地历史人文、农业科技、民族文化、道德模范、志愿服务等资源优势，努力打造出一批具有本地特色和影响力的全国性文明实践活动品牌，高标准推动文明实践活动出新出彩。

三 高水平推进新时代文明实践中心建设的对策建议

站在全面建设社会主义现代化国家新的历史起点上，开创新时代文明实践新局面，打造新时代文明实践新标杆，迫切需要我们聚焦时代主题，对接群众需求，因地制宜、精准发力，丰富载体、补齐短板，努力形成各具特色、富有成效的路径模式。

（一）进一步提高政治站位

文明实践事关党和国家长治久安、事关中国特色社会主义事业最终胜利。各级各部门必须站在巩固党的执政地位、维护国家意识形态安全和文化安全、促进社会和谐、推动科学发展的高度，切实把文明实践中心建设作为基础性工程、战略性工程，摆在全局工作的重要位置。各级党政一把手要强化责任担当，真抓敢抓、善抓常抓，将文明实践中心建设纳入工作计划和重要议事日程；各级财政要增加工作经费投入，列出专项资金乃至明确数额、配套比例，优化阵地场所设施，扶持培育文明实践项目，为活动开展创造有利条件；各级宣传文化教育部门要紧盯任务目标，坚持问题导向，将其融入国民教育、精神文明创建和党的建设全过程，贯穿到经济、社会、科技、生态等社会主义现代化建设各领域，体现到文化产品创作生产传播各方面，进一步提高感召力、凝聚力和向心力，力争在广大基层农村形成统一指导思想、共同理想信念、强大精神力量和基本道德规范。

（二）进一步增强文明底色

新时代文明实践中心建设，文明是前提。文明看似简单，实则内涵丰富。尤其是随着人类社会不断发展演变，政治文明、精神文明、社会文明、生态文明等要求日益提高。推动新时代文明实践中心建设，必须坚持高起点高标准。要突出思想引领，坚持不懈用习近平新时代中国特色社会主义思想武装头脑、固根守魂，涵养家国情怀，激发使命担当，积极引导广大群众不断增强"四个意识"、坚定"四个自信"、做到"两个维护",听党话、跟党走,汇聚同心共筑"中国梦"的磅礴力量;要突出文化引领,以文化人、成风化俗,积极用中华优秀传统文化、革命文化、中国特色社会主义先进文化、社会主义思想道德牢牢占领农村思想文化阵地,提升文明素质、培树文明新风;要突出绿色引领,转结构、调方式,坚定不移走生态优先、绿色发展道路,以简约适度、低碳环保、文明卫生的生产生活方式,实践"绿水青山就是金山银山"的理念,促进人与自然和谐共生;要突出创新引领,按照"出精品、出亮点、出样板"的要求,因地制宜探索建管新模式、服务新方式等,努力推出一批在全省全国有知名度和品牌度的文明实践项目,推动文明实践由打造"盆景"转向培育"风景",由注重数量转向注重质量。

(三)进一步彰显群众主体

新时代文明实践活动要达到常态化开展,保持持久生命力,单靠党政部门及党员干部志愿参与还不够,必须激发各界群众参与的积极性和内生动力,吸纳有识、有能、有志之士成为志愿服务成员,做到党政群合力建队伍。要坚持群众认同,尊重认知规律,强化以知促行,深刻挖掘整理地域文化中具有广泛影响和深厚群众基础的价值理念,不断强化文明认同,提高践行自觉;要坚持群众参与,着力创新方式方法,用群众语言、鲜活事例、微观故事、生动典型、高科技手段搭建活动载体,引导群众从自身做起、从平凡小事做起,坚持不懈积小善成大爱;要坚持群众提高,聚焦政策理论、科技创新、法治精神、环境保护、绿色发展等,推出一大批同时代相匹配、群众喜爱的实践活动,在服务群众中教育引导群众,强化群众的社会责任,提升其精神境界;要坚持群众受益,始终把群众需求作为"第一信号",精准发力、有的放矢,切实解决好就业、就医、收入分配、社会保障、儿童教育、老人养老等实事难事,让群众在普遍受惠中感受文明实践的意义和价值,增强新时代文明实践活动的持久动力;要坚持群众评判,以定性测评为主,用群众可直观评价的事项来评判活动的服务质量,让基层群众真正成为文明实践活动的考核官，推动文明实践工作提挡升级。

（四）进一步强化实践导向

新时代文明实践中心建设贵在实践。只有知行合一、以行促知，才能突出彰显文明伟力、体现文明价值。要强化实践理念，实践出真知，行动见才干，既内化于心又外践于行，虚功实做、文活武练、软实力硬打造、公私联动、点面结合，整合资源、提高效能，以实干创造实绩；要搭建实践平台，探索建立志愿活动固定日制度，如每月固定1天为新时代文明实践活动日，同时着力在"互联网+"上下功夫，充分利用县级融媒体中心、公共数字文化等现代信息技术，拓宽服务渠道，促进供需对接，推动文明实践活动线上线下融合发展，为群众提供新的文化体验和精神享受；要创新实践方式，将文明培育与打好"三大攻坚战"、开展"三重四创五优化"、推动乡村振兴、创新社会治理、精神文明创建、满足美好生活需要等结合起来，在履职尽责、服务社会、推动发展中实化教育效果，尽享人生出彩机会，共筑民族复兴伟大梦想；要坚持实践检验，把活动开展是否深入、取得效果是否实在作为评价标准，推动文明从抽象的理论转化为生动的实践，从目标任务变成具体行动，为全面建设社会主义现代化国家提供强大的精神动力和道德支撑。

（五）进一步完善体制机制

制度管根本管长远。面对错综复杂的基层形势，必须探索形成从组织协调、活动开展到督导检查、激励约束的一整套行之有效的新机制，保障文明实践"天天见""天天新""天天深"。要建立健全高质高效的项目运作机制，紧紧围绕党委政府的中心工作、重大部署和人民群众不断变化的美好精神需求，紧密结合当地资源优势和共建单位职能优势，把握重要时间节点，分步骤、有计划地把文明实践各项工作往深里做、往细里做、往实里做，真正做到高潮迭起、不断深入；要建立健全协作共赢的联通联动机制，既要部门联动，又要平台联网，本着"资源集约化、管理扁平化、生产个性化"原则,打破行政樊篱,加强上下沟通、左右协调,推动上下宣传文化部门和内外宣传文化部门共同发力,推动传统媒体和新兴媒体深度融合,实现文明实践工作"由散到聚",形成系统合力;要建立健全严格规范的督导考核机制,用好《河北省建设新时代文明实践中心试点工作评价体系》,真正将文明实践工作纳入党政班子和领导干部实绩考核,纳入党政部门意识形态责任制考核范围,纳入创建文明单位测评体系,纳入常态化督查检查范围,既看活动的时间长短、内容多少,也看进入思想的深度、影响社会的程度,量化指标、科学评估,以查促建、以考促建;要建立健全常态长效的工作激励机制,坚持"保障+褒奖",在增强文明实践权益保障的基础上,对文明实践工作活跃、社会影响力大、群众反响好的单位或个人给予物质奖励和荣誉奖励,激励先进、惩治落后,确保文明实践落细落小、持久深入。

守正·创新：河北省培育社会主义核心价值观的非遗路径

王　菲　赵丽苹[*]

摘　要： 党的十八大以来，河北省非物质文化遗产保护工作进入巩固
保护成果、增强传承活力的新阶段，在健全法规体系建设、
服务国家发展战略、丰富展演展示活动和加强数字化保护工
程等方面取得显著成绩。与此同时，工业化、城镇化、信息
化进程不断加快，社会环境和人们的生产生活方式都发生深
刻变化，使一些非遗项目的存续、保护、发展面临诸多挑战。
面对新形势新任务，继续推进河北非物质文化遗产传承和保
护，需要加强非遗制度建设，完善法律法规体系；打造非遗
产业品牌，加快融入现代生活；深化传承人制度设计，建立
科学传承机制；完善非遗数据库建设，推动数字化保护工程；
多渠道筹措资金，保障非遗传承保护。

关键词： 河北省　非物质文化遗产　制度建设　非遗数据库

　　建成文化强国，是党的十九届五中全会提出的到 2035 年基本实现社会

---

* 王菲，河北省社会科学院邓小平理论、"三个代表"重要思想和科学发展观研究所（精神
文明建设研究中心）副研究员，主要研究方向为马克思主义中国化；赵丽苹，河北省非物
质遗产保护中心数据信息部主任，主要研究方向为非物质文化遗产保护基础理论、非物质
文化遗产传播。

主义现代化远景目标之一。中国特色社会主义文化，源自中华民族五千多年文明历史所孕育的中华优秀传统文化。丰富多彩的非物质文化遗产是中华优秀传统文化的重要组成部分，是我国各族人民宝贵的精神财富。党的十八大以来，河北省充分认识到加强非物质文化遗产保护传承在社会主义核心价值观培育中的重要作用，科学运用新的技术和方法让非遗从被保护走向新生，在传承与创新中充分展现出非遗的无穷魅力，使非遗在加快河北文化强省建设步伐、进一步推动社会主义文化繁荣兴盛中发挥重要的作用。

一　非物质文化遗产是社会主义核心价值观的丰富内容源泉和鲜活传播载体

我国是一个历史悠久的文明古国，不仅有大量的物质文化遗产，而且有丰富的非物质文化遗产。非物质文化遗产以各种无形的、活态流变的文化形式深藏于民间，蕴含着中华民族特有的精神价值、情感理想、思维方式、审美意识，体现着中华民族的生命力和创造力，构成了社会主义核心价值观丰富的内容源泉和鲜活的传播载体。不断完善我国非物质文化遗产保护制度，是推进我国治理体系和治理能力现代化、服务经济社会发展的重要内容。

（一）非物质文化遗产是中华优秀传统文化延绵传承的生动见证和重要组成部分

中华优秀传统文化是中华民族的"根"和"魂"，是中华儿女共有的精神家园。中华民族在历史长河中自强不息、薪火相传，很重要的一个原因就是中华民族有一脉相承的精神追求、精神特质、精神脉络。非物质文化遗产作为延续历史文脉、传承中华文明、联结民族情感的精神纽带，长期以非物质为存在形态，以满足人们文化需要为目标，为每一位中华儿女提供持续的认同感和强大的精神凝聚力。联合国《非物质文化遗产保护公约》将非物质文化遗产界定为："被各社区、群体，有时是个人，视为其文化遗产组成部分的各种社会实践、观念表述、表现形式、知识、技能以及相关的工具、实物、手工艺品和文化场所。这种非物质文化遗产世代相传，在各社区和群体适应周围环境以及与自然和历史的互动中，被不断地再创造，为这些社区和群体提供认同感和持续感，从而增强对文化多样性和人类创造力的尊重。"我国 2011 年出台《中华人民共和国非物质文化遗产保护法》，将包括传统口头文学以及作为其载体的语言，传统美术、书法、音乐、舞蹈、戏剧、曲艺和杂技，传统技艺、医药和历法，传统礼仪、节庆等民俗，传统体育和游艺以及其他非物质文化遗产在内的非物质文化遗产界定为："各族人民世代相传并视为其文化遗产组成部分的各种传统文化表现形式，以及与传统文化表现形式相关的实物和场所。"非物质文化遗产是中华文明五千多年绵延传承的生动见证，包含了一个民族的历史记忆和生命基因，是培育社会主义核心价值观的重要组成部分。保护非物质文化遗产，就是要促进人民群众更加自觉、更加广泛地加入优秀传统文化的实践中，凝聚起中华民族团结一心、奋发进取的强大力量。

（二）非物质文化遗产是社会主义核心价值观的重要精神源泉和活性载体

在现实生活中，非物质文化遗产以各种无形的、活态流变的文化形式深藏于民间，蕴含着中华民族特有的精神价值、情感理想、思维方式、审美意识，体现着中华民族的生命力和创造力，构成了社会主义核心价值观丰富的内容源泉和鲜活的传播载体。但非物质文化遗产概念的特殊内涵，决定了其传播方式和保护措施都不同于传统意义上的文化遗产保护。所谓"非物质"包含集体记忆、社会习俗、地方性知识、生活技艺、情感认同、审美趣味等，是从特定文化群体的生活习俗和文化形态特征中发现的特定集体记忆和精神内涵，其致力于寻求在当代社会文化环境中继续以活的文化形态延续和发展。换句话说，虽然非物质文化遗产需要由物质的载体呈现，但其价值并非主要通过物质形态来体现，比如有的需要通过言语、肢体动作来呈现，有的需要通过某种高超、精湛的技艺来传承，有的需要通过民间传统活动来展示。由此可见，非物质文化遗产的传承与传播更重视活的、动态的、精神的要素。非物质文化遗产得以传承和传播必须依存于民众群体生活，以群体性的传承传播为延续方式，并在传播过程中依托本民族、本地区或本行业基本的思想积淀、价值规范、道德标准，最大功效发挥其作为社会主义核心价值观的隐形载体自下而上地传播社会主义核心价值观的功能。

（三）加强非物质文化遗产保护体系建设，是服务经济社会发展、完善社会治理能力的重要力量

习近平总书记指出："中华优秀传统文化的丰富哲学思想、人文精神、教化思想、道德理念等，可以为人们认识和改造世界提供有益启迪，可以为治国理政提供有益启示，也可以为道德建设提供有益启发。"非物质文化遗产涵盖传统表演艺术、传统技艺、传统医药、节庆民俗等多个门类，涉及生产生活的各个方面，与群众现实生活相融相通、联系密切，始终发挥着以文化人、服务社会的重要功能。中国的非物质文化遗产保护作为一项体量巨大的文化事业，需要政府、商业机构、非营利组织和地方社会各司其职、各尽其责。非物质文化遗产概念的引入和各项保护工作在全国各地的有序展开，不仅为我国的文化遗产增加了新对象，也为我国的公共文化增加了新项目，而且催生了我国在文化领域的新体制、新机制。此外，还形成了各种社会力量广泛参与的良好态势，满足了不同社会群体对公共文化需要的新要求，在公共文化领域积累了丰富的现代治理经验。我们要深入挖掘非物质文化遗产蕴含的有益社会价值，推动非物质文化遗产保护利用更好地服务经济社会发展，促进社会良善治理，完善社会治理能力，满足人民群众日益增长的美好生活需要。

二　河北省非物质文化遗产的文化特点及分布状况

河北省古为燕赵之地，历史悠久，文化底蕴深厚，非物质文化遗产从

文化特征上看，大致可以分为三类：第一类具有显著的北方草原游牧文化特征，表现为率直豪放、富有民族特性，如张家口坝上的二人台、承德地区的丰宁满族剪纸和隆化县的二贵摔跤等；第二类具有浓厚的冀东海洋文化特征，表现为自由活泼、个性张扬，如昌黎的秧歌、渔歌号子、抚宁大杆喇叭等；第三类则拥有典型的冀中、冀南农耕文化特征，表现为质朴、含蓄、持重、刚直，富有儒家思想内涵，如武强木版年画、屈家营音乐会、河北梆子、沧州武术等。这些在不同自然环境、生产生活方式和历史条件下形成的非遗项目，内涵丰富、形式多样、特色鲜明，是河北省独特人文精神和气派风格的典型代表。

2005 年，我国开始对国家级非物质文化遗产进行申报评定工作。截至 2020 年 12 月底，河北省普查非遗项目为 10000 余项，已有 6 个项目列入人类非物质文化遗产代表作名录；149 个项目入选国家级非物质文化遗产名录；990 个项目列入省级非物质文化遗产名录；公布市级非遗项目 2818 项、县级非遗项目 6810 项；拥有国家级非遗项目代表性传承人 149 人、省级非遗项目代表性传承人 873 人；5 个非遗项目单位列为国家级非遗生产性保护示范基地。河北省已被列入各级非遗名录的民间文学、民间音乐、民间舞蹈、民间美术、传统戏剧、曲艺和杂技，传统技艺、医药和历法，传统礼仪、民俗节庆等项目，都具有浓厚的本土性、民俗性、稀缺性特征，它们作为活态的优秀传统文化不同程度地蕴含着丰富的中华民族优秀思想元素，是培育践行社会主义核心价值观不可或缺的资源和载体。

河北省先后分七批公布了 990 项（含 42 子项）省级非物质文化遗产名录项目，主要分为民间文学、传统音乐、传统美术、传统舞蹈、传统戏剧、曲艺、杂技与竞技、传统技艺、传统医药、民俗等 10 类。其中，民间文学类 50 项，主要包括有关历史人物的传说、神话人物故事、有关历史地名的传说、民间故事和歌谣；传统音乐类 104 项，大体上可分为民俗鼓类音乐、民间歌曲音乐、民间宗教音乐、民间说唱音乐、民间器乐音乐五类；传统美术类 89 项，主要分为绘画类、雕塑类和剪纸类；传统舞蹈类 84 项，大体分为民俗舞蹈、宗教舞蹈、戏曲舞蹈三类；传统戏剧类 116 项；曲艺类 33

项；杂技与竞技类 124 项；传统技艺类（民间手工技艺）256 项；传统医药类 33 项；民俗类 101 项（见表 1）。

表 1　河北省省级非物质文化遗产名录统计

单位：项

类别		第一批	第二批	第三批	第四批	第五批	第六批	第七批	合计
民间文学		5	4	14	10	11	5	1	50
传统音乐		25	10	21	6	14	21	7	104
传统舞蹈		20	15	18	9	12	6	4	84
传统戏剧		26	18	20	14	17	16	5	116
曲艺		8	6	8	4	2	2	3	33
杂技与竞技	民间杂技	1	14	30	21	13	19	16	124
	传统体育、游艺与竞技	10							
传统美术		10	2	8	8	17	11	33	89
传统技艺		17	24	30	24	50	45	66	256
传统医药			1		4	4	7	17	33
民俗	生产商贸习俗	2	11	24	23	12	10	6	101
	岁时节令	1							
	民间信仰	4							
	文化空间	8							
合计		137	105	173	123	152	142	158	990

三　河北省非物质文化遗产保护与传播的主要工作和成效

党中央高度重视非物质文化遗产保护工作。2019 年 7 月，习近平总书记在内蒙古考察调研时指出，要重视少数民族文化保护和传承，党中央支持扶持非物质文化遗产，要培养好传承人，一代一代接下来、传下去。2020 年，在党中央、国务院领导下，河北省非物质文化遗产保护工作进入巩固保护成果、增强传承活力的新阶段，逐步完善保护传承体系，探索推进多种保护方式，在健全法规体系建设、服务国家发展战略、丰富展演展示活动、助力疫情防控和加强数字化保护工程等方面取得显著成绩，有力提升了非物质文化遗产的参与度、美誉度和影响力，充分发挥了非物质文化遗产在坚定文化自信、传承中华文脉、增强文化凝聚力等方面的重要作用。

（一）非遗保护成果日益巩固，基础工作稳步推进

"十三五"以来，在省委、省政府的领导下，在文化和旅游部非物质文化遗产司的指导下，河北省的非遗保护工作围绕高质量发展目标，以科学保护、提高能力、弘扬价值、发展振兴为主要任务，通过努力，统筹管理、协调推进的非遗保护传承体系更加完善，国家级和省级非遗项目得到有效保护，市级和县级非遗项目存续状况得到明显改善，非遗代表性传承人结构更加合理，文化生态保护区建设稳步推进，大运河文化公园非遗得到有效保护，河北省非遗在乡村振兴中的助力作用进一步凸显，社会广泛参与非遗保护的生动局面基本形成，成为坚定文化自信的深厚基础。2020 年 12 月 17 日，我国申报的非遗项目"太极拳"，经联合国教科文组织保护非物质文化遗产政府间委员会第 15 届常会评审通过，成功列入联合国教科文组织人类非物质文化遗产代表作名录。截至 2020 年底，河北已有 6 个项目（蔚县剪纸、丰宁满族剪纸、唐山皮影戏、永年区杨氏太极拳和武氏太极拳、邢台王其和太极拳）入选联合国教科文组织人类非物质文化遗产代表作名录。其中，"太极拳"与全国 7 个项目联合申报，河北省邯郸市永年区的杨氏太极拳、武氏太极拳，邢台市任泽区的王其和太极拳 3 个项目位列其中。太极拳所蕴含的阴阳循环、天人合一的中国传统哲学思想和养生观念，丰富着人们对宇宙、自然和人体运行规律的认知，潜移默化地涵养着人们平和、包容、友善的心性，在增强群众体魄、促进身心健康、推动和谐共处、加强社会凝聚力等方面都发挥着重要作用。

（二）注重制度机制建设，政策法规体系不断完善

为进一步推动非遗保护工作制度化，近年来河北省不断加强非遗保护制度法规体系建设。2018 年 3 月，河北省财政厅、河北省文化厅出台了《河北省非物质文化遗产保护专项资金管理办法》；2018 年 5 月，河北省文化厅会同河北省工业和信息化厅、河北省财政厅联合印发《关于河北省传统工艺振兴的实施意见》；2018 年 8 月，河北省文化厅、河北省扶贫办制定了《河北省"非遗＋扶贫"试点工作实施方案》；2019 年 4 月，中共河北省委宣传部、河北省文化和旅游厅、河北省财政厅印发了《河北省非物质文化遗产传承发展工程实施方案》；2019 年 8 月，河北省文化和旅游厅印发了《关于进一步加强非遗保护传承发展工作的实施意见（试行）》；2020 年 6 月，河北省文化和旅游厅印发了《关于推进省级传统工艺工作站建设工作的方案》；2020 年 12 月，河北省文化和旅游厅印发《河北省省级非物质文化遗产代表性传承人认定与管理办法》和《河北省省级文化生态保护区命名与管理暂行办法》。河北省继续大力推进代表性传承人制度，资助每位国家级代表性传承人每年 2 万元和每位省级代表性传承人每年 0.6 万元，支持他们开展传习活动，并在全国率先实行代表性传承人动态管理制度，逐步建立有力的非遗保护保障体系。为支持非遗保护传承，河北省累计争取国家非遗专项资金约 1 亿元，覆盖全省 95% 的国家级非遗项目。设立了省级非遗保护专项资金，每年省财政支持 1100 万元，有针对性地扶持濒危、重点非遗项目，累计安排省级非遗资金 5400 万元，一批濒危、重点非遗项目得到有效保护。

（三）服务重大国家战略，加大项目展示力度

近年来，河北省利用"文化和自然遗产日"和中华民族传统节日，深入挖掘非物质文化遗产的文化内涵，以丰富多彩的非遗展览、展示、演出和网络活动，宣传彰显河北文化多样性，培育社会主义核心价值观，丰富人们精神文化生活需要，引领文明向上的社会风尚。

第一，庆祝"文化和自然遗产日"，主题宣传活动精彩纷呈。2020年6月13日是我国"文化和自然遗产日"，主题是"非遗传承　健康生活"。为庆祝2020年"文化和自然遗产日"，河北省以网络作为活动主阵地，在全省开展河北非遗购物节、"云游非遗"河北省非遗特色资源网络展播、"非遗传承　健康生活"专题网络讲座、"非遗公开课"网络展播、遗产日网络主题微视频、"抗击疫情　众志成城"河北省非物质文化遗产主题作品展等一系列丰富多彩的展示传播活动，让非遗真正走进百姓生活，提高大众参与度。一是制作推广主题微视频宣传片。制作了不同版本的"文化和自然遗产日"和"非遗购物节"主题微视频宣传片在各网络平台推广传播。二是进行"云游非遗"河北省非遗特色资源网络展播。遴选杨氏太极拳、鹰爪翻子拳、脏腑推拿疗法、金牛眼药、满汉全席传统制作技艺、驴肉火烧制作技艺等10个项目制作纪录片，在各网络平台进行展播。三是举办"非遗传承　健康生活"专题网络讲座。邀请中医药、传统武术、传统饮食方面的三位专家，阐述非遗和当下大众生活的密切关系，通过河北非遗网络平台播放。四是组织"非遗公开课"网络展播。遴选河北省传统体育、传统医药等10个简单易学的非遗项目，组织传承人公开课，通过网上播放和宣传，让网友在网络上进行学习，激发观众热爱优秀传统文化的热情。

第二，推动重大工程项目，发挥非遗社会功能作用。2020年以来，河北省非遗工作紧紧融入、对接和服务脱贫攻坚、长城、大运河、北京冬奥会、京津冀协同发展等，启动重大工程项目，助力河北经济社会发展。一是在河北蔚县举办全省"非遗＋扶贫"交流对话活动，在全省部署非遗助力扶贫工作。制定印发了《关于推进非遗扶贫就业工坊建设的方案》，在全省推进非遗扶贫就业工坊建设。截至2020年底，全省共建立非遗扶贫就业工坊405家，其中已摘帽国贫县建立121家、已摘帽省贫县建立42家、非贫困地区建立242家，参与建档立卡贫困户数为5047户，参与建档立卡贫困人数为6248人，线上线下培训次数为6301场次，线上线下培训人数为87038人次，非遗已成为带动农民增收、拓展农村就业渠道的增长点。二是加强长城沿线非遗保护。河北省组织对长城国家级文化公园沿线9市1区共

59 个县区的非遗资源分布及存续状况等进行了调查统计，共包含国家级非遗项目 40 项、省级非遗项目 237 项，并编制了分布图。同时，开展了长城沿线非遗宣传展示活动。2020 年 8 月，河北省举办了"长城脚下话非遗"展演展示活动，活动为期 4 天，吸引了长城沿线 15 个省（区、市）参与线上交流对话，来自全省的 300 余个非遗项目参与了现场活动。这次活动提高了人民群众对非物质文化遗产保护重要性的认识，动员了全社会共同参与、关注和保护非物质文化遗产，增强了全社会的非物质文化遗产保护意识。三是推进大运河文化带非遗保护。河北段大运河沿线非物质文化遗产形式丰富多彩，主要包括礼乐交融的传统音乐文化、精忠好义的传统武术文化、江湖色彩的杂技文化、质朴生动的地方戏剧曲艺、融入生活的传统手工技艺等。2017 年 10 月，河北省制定了《大运河文化带（河北段）非遗保护工作领导小组工作方案》，统筹推动大运河非遗保护工作，并开始对大运河文化带河北段核心区 21 个县（市、区）开展非遗资源普查，摸清了大运河文化带河北段非遗资源底数，其中国家级非遗代表性项目 27 项，省级项目 118 项，市级项目 407 项，区县级项目 599 项。2020 年 9 月，为推进京津冀文旅协同发展和大运河文化带建设，由文化和旅游部非物质文化遗产司业务指导，京津冀三地文化和旅游厅（局）、沧州市人民政府共同主办了"流动的文化——大运河非遗大展暨第六届京津冀非遗联展"，让大运河承载的古老文化活起来，使其焕发出新的生机和活力。

第三，丰富传统文化弘扬渠道，加大对传统文化扶持力度。在每年的春节、端午节、中秋节等传统节日，以及国家重大节点文化活动中，河北省都会积极举办优秀非遗项目展览展示和交流活动，大力弘扬中华优秀传统文化，成为群众文化活动的新亮点。2020 年河北省非遗工作依托河北省群众艺术馆（河北省非遗保护中心）新馆的展厅和演播厅，组织举办了一系列丰富多彩的线上线下展览展示活动。一是"河北非遗大观园"展厅于 1 月 18 日正式对外开放。展厅面积为 300 平方米，展陈形式多样，展品丰富。从展陈构思上，以非遗十大门类为主线，展出定瓷、邢瓷、磁州窑、衡水内画、大厂花丝镶嵌、景泰蓝、定州缂丝、京绣、白洋淀传统造船等 300 余件展品。二是举办了"非遗过大年　文化进万家"展示活动。包括传统工艺现场制作展示体验、武强木版年画精品展、武强木版年画讲座。三是在端午节、中秋节等传统节日组织开展网络活动。包括录制播放非遗公开课"石家庄彩粽制作技艺""井陉苍香玉屏袋""胜芳糕点月饼制作"等，丰富群众节日文化生活。四是8月18—24日在河北省群众艺术馆演播厅举办了"消夏书场——传统曲艺展演"活动。包括综合演出和长篇鼓书两部分，精选京东大鼓、乐亭大鼓、木板大鼓、西河大鼓、梨花大鼓、磁县坠子等代表性非遗项目，非遗传承人现场表演，线上线下同步，广泛传播传统曲艺艺术。五是8月底组织"乐享冀艺——河北非遗公开课"录制工作。遴选河北省特色鲜明、简单易学、贴近百姓生活的非遗项目，邀请传承人录制公开课，在网上播放，展示非遗传承人精湛的制作技艺，形象直观地传授制作方法，为人们提供足不出户学习河北省优秀非遗项目的机会。河北省通过组织举办丰富多彩的展示展演活动，在传统手工艺、传统曲艺日渐式微的当下，以政府搭舞台、传承人挑大梁、群众享盛宴的形式，守护传统文化根脉，激发传统文化活力，在全社会形成共同保护非物质文化遗产的良好氛围。

第四，非遗进校园、进社区，推动非遗融入青少年生活。为了让青少年生动地认识并了解中华优秀传统文化，近距离感受非遗文化的魅力，为文化的传承与保护工作注入新活力，河北省开展非物质文化遗产进校园专场演出百余场，观看井陉拉花、常山战鼓、晋州官伞、沧州落子、河北梆子等非物质文化遗产的在校学生累计达到百万余人次。河北省还在河北科技大学、河北大学、河北体育学院等高校举办非物质文化遗产进校园系列活动。活动包括传统手工艺现场展览展示、专家讲座、传承人课堂、视频播放、图书赠送等内容，受到广大师生的热烈欢迎。同时，河北省探索在部分学校将非物质文化遗产项目列入课程，与非物质文化遗产传承人结对共建，建立非物质文化遗产传承长效工作机制。河北省广宗县将国家级非物质文化遗产邢台梅花拳引入中、小学校，融入校本课程，保护传承传统文化，提高学生身体素质。河北省为鼓励支持社会力量参与全省非物质文化遗产的理论研究和传承传播工作，经自愿申报、实地调研、会议研究，在河北传媒学院舞蹈艺术学院、河北工业职业技术学院郭海博郭墨涵铁板浮雕艺术馆分别建立了河北省非物质文化遗产研究传播基地、研究传承基地。截至 2020 年，河北省非物质文化遗产传播基地已增至 13 个。非遗进校园、进社区活动让非物质文化遗产以直观鲜活、"伸手可触"的形式走进校园、走进社区、走近群众身边，对保护、传承和弘扬燕赵传统文化，促进古老的非遗事业"活"起来，实现文化遗产融入现代生活，起到了积极的推动作用。

第五，利用新媒体技术，实现非遗更好融入现代生活。为了推动非物质文化遗产更好融入现代生活，让人民群众在非遗购物体验中共同参与非遗保护、共享非遗保护成果，2020 年 6 月 13 日"文化和自然遗产日"当天，淘宝、京东、拼多多等网络平台联合举办"非遗购物节"。河北省文化和旅游厅、河北广电信息网络集团以此为契机，联合举办"河北非遗购物节"，线上线下协同并进。线上与淘宝、京东等电商平台合作，线下以省内 100 家广电网络营业厅、原村土布非遗扶贫就业工坊、唐山宴非遗美食网红打卡地等展销点为代表。购物节期间，全省参与非遗项目 429 个，涉及非遗产品 4810 种，累计销售额 4460 万元，有力促进了非遗产品的市场销售，带动非遗产品融入群众日常生活。另外，2020 年河北省积极参与由非物质文化遗产司支持、中国传媒大学与微信公众平台联合发布的"非遗薪火计划"，开展短视频非遗传播。2019 年、2020 年河北省与河北新闻网合作，开展"文脉颂中华"非物质文化遗产大型网络传播项目，充分运用"河北非物质文化遗产保护网"、微信公众号"河北非物质文化遗产"及各地市文化系统网站及微信公众号，宣传推广非遗保护方面的特色活动、亮点工作，如开展"传承风采""项目巡礼"等特色非遗项目和传承人风采的连载推文活动，以及第九、十、十一届"河北省民俗摄影大赛"网络主题活动与投票等。实践证明，"互联网＋非遗""新媒体＋非遗"正逐渐成为非遗活态传承、创造性转化的有益实践。这种跨界融合，线上线下联合激发传统非遗活力，不仅刺激了河北省文旅经济复苏，更重要的是拉近了普通民众与古老非遗的距离，也为河北省社会主义核心价值观的拓展传播注入了新能量。

（四）推进数字化保护，数据库和平台日益健全

随着非物质文化遗产保护工作的不断深入开展，数字化保护工程已经成为目前非遗保护工作的重点之一。自2010年起，河北省积极探索，克服了无标准、无规范的不利局面，在全国范围内较早建立了以普查、名录管理系统为主体构架的数据库平台，并研发了非遗保护网、非遗资源信息电子分布图集、电子出版物和网上报审系统等应用模块。2020年以来，河北省继续推进数字化保护工作，抢救性记录工程取得新进展。一是开展了国家级非遗代表性传承人记录工作。2020年，河北省非遗保护中心开展了2017年度河北省国家级非遗代表性传承人记录成果的修改完善工作，提交文化和旅游部非物质文化遗产司终审，其中《吴连枝》《张冬阁》两个成果获该年度"全国优秀建设成果奖"。2020年12月中下旬，开展2018年度河北省国家级非遗代表性传承人记录成果省级自评估会议，组织相关类别专家开展成果验收，并开展了2018年度记录自评估工作，启动了2020年度记录工作。二是开展大运河文化带非遗数字化保护工作。河北省开展了大运河沿线非遗资源数据库研发建设工作，组织开展了2020年大运河沿线5名省级非遗代表性传承人的记录拍摄工作，如对孟村八极拳传承人吴大伟进行拍摄记录，制作相关影音资料20余个小时。三是协助河北省文化和旅游厅开展了"一部手机游河北"、长城沿线等河北非遗资源的遴选和上报，开展旅游云业务系统对接工作。通过不断加强非遗数据库和数字平台建设，河北省非遗数字化建设工程又迈出了坚实的一步。

四　河北省非物质文化遗产保护和传播存在的问题

2020年，在河北省委、省政府的领导下，在河北省文化和旅游厅相关部门的指导下，河北省非物质文化遗产保护工作取得很好的成效，保护传

承制度不断完善，各项政策法规体系更加健全，非遗保护传承能力显著提升，全省非物质文化遗产保护传承意识深入人心。从总体上说，河北省的非物质文化遗产保护工作是卓有成效的。与此同时，我们也要清醒地认识到，工业化、城镇化、信息化进程不断加快，社会环境和人们的生产生活方式都发生了巨大且深刻的变化，人们对信息的占有量和信息获取渠道极大丰富，一些非遗项目的存续、保护、发展面临诸多挑战，非遗保护工作制度还需要进一步优化、完善，基础性工作需要进一步加强。总的来说，值得关注的问题可以归纳为以下五点。

（一）非遗认识理念有待厘清

近年来，河北省非遗保护传承的意识不断深入人心。通过在重要时间节点、传统节日开展多种形式的非遗主题传播活动，河北省加大了对非物质文化遗产的宣传、传播和普及力度，人们对非遗的参与度、美誉度逐渐提高，非遗的影响力不断提升。但我们也发现，社会上对非遗保护还存在一些误解，有些人把非遗理解为"文物"，简单地将非遗理解为一个物件、一个对象，忽视其动态性、活态性、整体性的特征；有些人把申遗错误地理解为抢注商标或者抢夺文化所有权，急功近利推动地方申遗工作；还有一些人对非物质文化、非物质文化遗产、非遗产业等概念认识不清，在实际工作中经常有错用混淆的现象。因此，人们对非遗的认识需要进一步厘清和深化。近年来，各级地方政府对非遗申报工作非常重视，而重视的背后不乏利益驱动，非遗的物质化趋势日趋明显。因为申报非遗既可以提升当地形象，又可以创造绿色经济增长，对地方政府有着极大的吸引力。一些地方的传统文化似乎被冠以非遗头衔，便会抬高身价。有些地方政府官员正是看到了隐藏在此下的巨大利益和商机，有意主导非遗保护的走向。但往往是把劲儿都使到非遗申报前，一旦申遗成功，得到国家相关部门认定后，不少地方政府对非遗保护工作则得过且过。这种重申报、重开发、轻保护、轻管理的现象十分令人担忧。

（二）整体性保护意识尚不足

非物质文化遗产的整体性保护历来是个难题。非遗保护重视活的、动态的、精神的因素，它必须依附于一定区域的生活形态而存在，并被这个区域的民众认同。《中华人民共和国非物质文化遗产法》第四条规定，保护非物质文化遗产，应当注重其真实性、整体性和传承性。整体性保护要求注重文化遗产与周围环境的依存关系，强调非物质文化遗产应保护在其所属的社区及自然与人文环境之中，强调必须将其所生存的特定环境一起加以完整保护。失去了特定的环境，非遗便失去了赖以生存的土壤和空间。随着城镇化、现代化进程的加快，非物质文化遗产赖以生存的生态环境正发生急剧变化。在调研中不难发现，当前很多政府官员已经意识到非遗项目本身的珍贵性、独特性和亟待保护的紧迫性，但在实际的保护利用过程中，忽略了其活态的生产性和传承性，非遗的整体性保护意识尚不足。一些地方申请非遗称号更多的是为了发展当地旅游，刺激当地经济发展。在申请非遗项目的过程中，不惜将本土原本良好的非遗项目过度地进行商业包装和市场化改造。这种行为只能导致非遗项目在商业化的过程中慢慢变成被过度开发的旅游产品，非遗离开了赖以生存的大环境，只能沦为一种表面光鲜、实则无用的"伪非遗"，这种做法实在有违非遗保护的初衷。

（三）非遗传承人面临传承断代的困境

非遗传承人问题已成为非遗保护和传承的核心问题。工业化、城镇化的快速发展和人口大规模流动带来了非遗传承条件和实践环境的急剧变化，一些文化传统及其传承环境遭到人为破坏，很多非物质文化遗产的存续遇到困难。加之，传承人制度设计有待进一步完善，传承主体也缺乏应有的制度保障，不少项目都面临青黄不接的尴尬境地，甚至有些非遗项目有人走艺息、人亡艺绝的危险。据不完全调查显示，河北省健在的 873 名省级非遗代表性传承人中，65 岁以上的占了大部分，50 岁以上的属于中坚力量，40 岁以下的则少之又少，非遗传承人年龄结构严重不合理，老龄化问题严重。我们在调查中还发现，出于生计的考虑，18 岁至 35 岁这一年龄段的年轻人多半外出打工，或是本就不愿从事传统手工艺，或是因传统手工艺收入低微不足以养家糊口无法吸引他们从事，从而导致一些非物质文化遗产项目后继无人，传承人出现断档。再加上健在的传承人大多年事已高，或是精神不济或是年老体病，更使得非遗传承举步维艰。即使有后继人可选，在传承过程中由于重技艺、轻文化，重创新、轻传统，重利益、轻长远，传统技能、技巧与传统文化的分离与决裂情况也时有发生。非遗传承人梯队建设乏力的原因之一，就是过于强调传接技艺，强调创新，而对非物质文化遗产的整体性、活态性传承投入不够，这也就失去了保护非物质文化遗产的真正意义。

（四）数字化保护有待进一步完善

在信息化、全球化的时代背景下，非物质文化遗产正逐渐失去其传承与发展的文化土壤，面临着前所未有的生存危机。因此，运用现代数字信息技术，全面介入非物质文化遗产的采集、整理、传播、服务等管理领域，建立起适应数字时代的非物质文化遗产保护机制，成为当前各省区市非物质文化遗产保护的重要发展趋势。从调查研究的整体情况来看，河北省非遗资源存在"显在非遗"和"潜在非遗"两种，"显在非遗"资源大多得到了保护，但"潜在非遗"资源仍处于未保护状态。从保存内容上看，这两种非遗资源都需要纳入数字化保护的进程中，特别是"潜在非遗"若不及时发现和保护，则更有可能消亡。在保存的方式上，仍然是以传统纸质为主。传统的书籍保存方式有其明显的劣势，除介质容易毁坏之外，保存时间也有一定限制。20 世纪以来，电子介质的出现更新了保存方式。但时间一久，非遗项目的录音、录像资料也开始出现录音失真和色彩褪色等问题，甚至磁盘、光盘也容易损坏，不利于长久保存。另外，多数非遗保护的录音和录像资料，只是保存在档案室中，采取"博物馆式"保存方式，广大民众无法了解、近距离接触非遗项目，非遗融入百姓生活只能成为水中月、镜中花。

（五）非遗传承经费严重不足

非遗传承经费的短缺，是制约和阻碍非遗保护传承的重要因素。目前，河北省对非物质文化遗产的资金支持存在两个方面的问题：一是总体投入资金不足，二是资金分布不均匀。2020 年，河北省省级文化资金的投入总量为 9.8 亿元，其中作为文化建设的资金为 3.6 亿元，然而河北省的国家级非物质文化遗产项目有 149 项，省级非物质文化遗产项目有 990 项，这些资金对于数量众多的非物质文化遗产来说是远远不够的。从总体上看，资金投入不足是普遍存在的现象，财政投入落实难度较大。《中华人民共和国非物质文化遗产法》明确规定，县级以上人民政府应将非遗保护经费列入当地财政预算。但目前由于种种原因，将非遗保护经费列入财政预算的地方还不多，对传承人的经济补助不到位，非遗的普查、发掘、整理、评审、保护、利用等工作受到了制约。有的传承项目因缺少资金支持而面临断层，许多民间老艺人生活窘迫，无法带徒授艺，非遗的展示展演因缺少必要的经费保障而不能经常性开展等，这些都影响了非遗的传承和保护。

五　河北省培育践行社会主义核心价值观的非遗路径选择

河北省非物质文化遗产资源丰富，做好非物质文化遗产保护与利用工作任务艰巨，责任重大。河北省的非物质文化遗产要想更好地服务于社会主义核心价值观建设，为实现中华民族伟大复兴的"中国梦"提供思想资源、智力支持和精神动力，必须本着"保护为主、抢救第一、合理利用、传承发展"的总方针，做好河北省非物质文化遗产保护与利用工作。要进一步完善法律法规体系和监督评估制度，以融入现代生活为导向，以非遗传承人的培养为核心，继续搭建各种传承和展示平台，调动社会各界积极性，努力扩大社会参与，不断巩固抢救保护成果，着力提高保护传承水平，推动非遗事业可持续发展。

（一）加强非遗制度建设，完善法律法规体系

建章立制、有章可循是有序开展各项工作的基础和保障。做好建章立制工作，可以使各项工作有更明确的遵循，使实践经验及时总结上升为行之有效的政策规范。一是要进一步完善法律法规体系。对尚未出台的非遗保护地方性法规，要抓紧推动相关工作。结合河北省实际，对项目和传承人名录、文化生态保护实验区、抢救性保护和生产性保护、专项资金管理等方面的文件规定进行必要的修订，补充、完善相关条款。二是要加强规划编制。对所有国家级非遗代表性项目和所有文化生态保护实验区，都要有可操作、可检验的保护工作规划和责任规定，以明确保护目标、途径和责任，提高保护单位和传承人的责任感，提高保护工作的科学性。三是要建立常态化的评估督查机制，使政策和制度实施的有效性得到检验。对正在开展的各种建设，正在实施的各种项目，都要建立相应的督查评估制度，通过评估把握进度、评价效果、发现不足，以便及时修订政策、调整部署、完善规范。

（二）打造非遗产业品牌，加快融入现代生活

实现非物质文化遗产的传承与创新，最关键的就是要使非物质文化遗产"活"起来，让非遗走近大众，融入现代生活。一是打造非物质文化产业品牌，提升非物质文化遗产的市场影响力。发挥传承人在文化品牌构建中的关键作用，"老字号""百年老店"等老品牌要以开放的心态将传统品牌与现代技术结合起来，创建新品牌，扩大品牌效应。二是发挥传统技艺的独特作用，把传统技艺与现代技术结合起来，吸收传统文化精髓，以丰富多彩的文化元素，创建出具有中国特色、中国风格、中国气派的非物质文化产业品牌。把"互联网＋"、VR、AR等高新科技元素融入非物质文化产品设计，促进传统文化元素与现代科技的结合，增强非物质文化产品魅力，提升非物质文化产品价值。三是利用现代科技促进非物质文化产业融合。加强非物质文化遗产与其他文化产业融合渗透，增加非物质文化产业

跨行业衍生品，开发多种具有非遗元素的现代商品，如玩偶、面具、戏装、生活日用品等，让非遗商品变成人们生活中经常性的文化消费，使更多的人接触非遗、喜爱非遗、享受非遗。让众多优秀的民族、民间、民俗艺术能人脱颖而出，获得民众的青睐，使越来越多的人成为非物质文化遗产的欣赏者、消费者、传承者。

（三）深化传承人制度设计，建立科学传承机制

习近平总书记高度重视非物质文化遗产保护工作，强调党中央支持扶持非物质文化遗产，要培养好传承人，一代一代接下来、传下去。要重视建立以人为核心、科学有效的传承机制。按照联合国教科文组织《保护非物质文化遗产公约》的精神，非遗保护的最终目标，实际上就是保护那些实践和传承相关非遗项目的人，保护他们对自己文化的自豪感和自主权。要不断完善非遗项目名录和代表性传承人的认定、管理和保护制度，修订和完善传承人政策法规，突出相关项目传承人对该项目的传承权、主导权。在非遗传承人研培覆盖面上，政府应加大支持力度，通过学校教育、社会培训以及鼓励传承人讲习、带徒等多种方式，吸引和培养更多的人加入传承行列，实现可持续的非遗传承与保护。对于年轻一辈的非遗传承人，要开展非遗传承人研修、研习、培训计划，提高传承水平，增强传承后劲。依托高校、文化艺术院校或教育研究机构，为他们提供基础理论、文化素养和艺术修养的教学培养，丰富传承人的认知体系和知识结构，只有这样，才能够保证非物质文化遗产得到更有效的传承。

（四）完善非遗数据库建设，推动数字化保护工程

以数字化手段传承和保护非物质文化遗产。非物质文化遗产数字化传承是通过数字化手段，将非物质文化遗产进行整理、归类、记录、编辑、管理和再现，开展多元化、多层次、全方位的动态性传承保护，实现传统文化资源跨国界、跨平台、跨学科的合作与共享。河北省要继续完善非遗资源数据库建设，不断完善"国家—省—市—县"四级联动资源数据库。

一是完善区域性非物质文化遗产基因信息库。各地根据实际情况，利用数字化技术对当地非物质文化遗产的核心元素，如图形符号、典型纹样、地域属性、时代特征、色彩体系等进行系统性识别、专业化分类、永久性保存和一站式检索，为非物质文化遗产的传承保护、动态传播和开发利用奠定坚实基础。二是建立河北省非遗数字化博物馆。河北省要通过图片扫描、文字识别、音频数字化、视频数字化等方式，对全省"显在非遗"资源和"潜在非遗"资源进行多种形式的采集。三是多渠道实现信息共享。主管部门负责信息集中管理，将各部门的非遗保护信息进行平级互通，并与国家非遗网链接，促进左右互通、上下沟通，实现非遗保护资源的有效使用，加快河北省非遗资源的发现、保护和有效利用。

（五）多渠道筹措资金，保障非遗传承保护

河北省对非物质文化遗产一直很重视，每年都会投入大量的资金，如对非遗传承人传承技艺给予资金支持，建立园区，设立相关的基金等。国家资金的投入固然对非物质文化遗产的保护传承有重要作用，但并非长久之计，从政府角度而言，还需要有产业化的引导，让这些非物质文化遗产能自己产生造血功能，保障非遗项目的传承和保护。多措并举增加非遗传承经费投入，让非遗项目有资金扶持，让非遗传承人有经费支持，这对非遗项目的保护和非遗传承人开展工作都是一种鼓励。一方面，政府给予相应财政或政策支持，非遗传承协会或组织也可以通过寻求与企业合作、向社会大众出售非遗产品、众筹等多种渠道筹措非遗传承活动经费，保证非遗传承活动的正常有序开展；另一方面，有影响力的非遗传承人可以通过打造非遗产业，开发非遗项目，增强自主融资的能力，通过与政府、民间合作建设非遗展览区、非遗旅游景点等进行商业开发，获得经济效益。

非遗是遥远的，它凝聚先民智慧，传承中华文脉；非遗又是鲜活的，它是民族精神在当今时代的体现，反映了世代相传的价值观、审美和知识，在时代变迁中不断丰富自身内涵。深入挖掘和传承非物质文化遗产丰富的精神财富和文化内涵，对于培育践行社会主义核心价值观具有重要的理论

价值和现实意义。为此，"十四五"时期，河北省将以习近平新时代中国特色社会主义思想为指导，坚守人民立场，紧紧围绕人民日益增长的美好生活需要，深入推进非遗保护工作，让古老的非遗焕发出新的时代光芒。

参考文献

刘锡诚：《非物质文化遗产保护的中国道路》，文化艺术出版社，2016。

王文章主编《非物质文化遗产概论》（修订本），教育科学出版社，2013。

乌丙安：《非物质文化遗产保护理论与方法》，文化艺术出版社，2010。

杨红主编《非物质文化遗产：从传承到传播》，清华大学出版社，2019。

河北省社会主义核心价值观融入
社区治理的有效路径

徐 颖 徐 鹏*

摘 要：本文从社会主义核心价值观与社区治理相融合的角度，探索
河北省社会主义核心价值观的生活化、大众化方式和方法，
结合河北省社区治理实践中社会主义核心价值观融入的典型
案例，从公共管理的角度分析社区治理过程中社会主义核心
价值观融入的困难及特殊性，最后探讨了社会主义核心价值
观融入社区治理的有效路径。

关键词：社会主义核心价值观 社区治理 河北省

"培育和践行社会主义核心价值观，要注重全方位贯穿、深层次融入，
在落细、落小、落实上下功夫。要使社会主义核心价值观的影响像空气一
样无所不在、无时不有，成为百姓日用而不觉的行为准则。"① 社区是现代
文明社会的组织单元，自然也是人们了解、感受和践行社会主义核心价值
观的重要场域。社区在培育践行社会主义核心价值观方面最大的特殊性在

---

* 徐颖，河北省社会科学院邓小平理论、"三个代表"重要思想和科学发展观研究所（精神
文明建设研究中心）助理研究员，主要研究方向为马克思主义中国化和社会主义核心价值
观；徐鹏，重庆商务职业学院财经管理学院辅导员，主要研究方向为思想政治教育和社会
主义核心价值观。

① 中共中央宣传部编《习近平新时代中国特色社会主义思想学习纲要》，学习出版社、人民
出版社，2019，第 144 - 145 页。

于它可以实现有效覆盖所有的成员。将社会主义核心价值观融入社区治理就是在党中央的社会主义核心价值观培育践行的精神指引下，立足于河北省社区建设实际，依靠社区党组织坚强有力的统一领导，不断带动和鼓励社会组织、社区居民共同参与社会主义核心价值观培育践行活动，其培育的效果直接影响着社区治理的效果。因此，社会主义核心价值观如何融入社区治理，将直接影响社会主义核心价值观是否能渗入百姓的生活中并落实、落细，直接影响社会主义核心价值观能否对国民的普遍教育、大众的精神文明创建活动、主流的精神文化产品创作以及生产传播等方面产生引领，直接影响社会主义核心价值观能否转化为百姓的内心认可和行为遵守。

一 河北省社会主义核心价值观融入社区治理的实践探索

社会主义核心价值观是新时代关于国家、社会、个人价值问题的深刻凝练，是全体社会成员应该遵循和追求的价值准则，自然能为社区治理中多元复杂的利益诉求、价值形态的多元和碎片以及人们对高品质的社区生活的追求提供价值观的统合和引领作用。社会主义核心价值观还能对社区主体输送理想信念和价值标准，进而转化为社区主体共同参与社区事务的行动和实践，逐步推动社区治理朝着现代化、智能化、专业化方向发展。党的十八大以来，河北省将社会主义核心价值观融入社区治理，进行了有效实践。

（一）典型做法：用党建引领，将社会主义核心价值观与"红色品牌"深度融合

承德市双滦区作为河北省全国首批农村社区治理实验区，自创建以来，用党建引领，将社会主义核心价值观与社区治理"红色品牌"深度融合，不断推进农村社区治理体系和治理能力现代化。区委根据实际，以农村社区区域化党建为抓手，打造了一系列"红色品牌"。

一是加强"红色队伍"建设。通过建立健全制度体系，双滦区搭建党

员干部成长阵地，制定下发《双滦区发展党员工作负面清单评分表》，切实将发展党员工作规范化、制度化。区委组织部采取"线上＋线下"、"授课＋考试"、"区内＋区外"、举办村党组织书记擂台赛等多元教育形式，围绕提高政治思想、提升履职技能、提振工作士气，对村"两委"干部特别是村党组织书记进行全方位、全覆盖式培训。创新推出了"庭院党课"，变"坐而听学"为"围而论道"，既突出了"党味"又不乏"土味"，更有"鲜味"；组建由区域化联合党组织书记、村党支部书记和党员代表组成的党课讲师团，到"四好农村路"等"红色阵地"提供"点课服务"；指导乡镇出台党员"五带头"制度、"组织生活月初提示、月末督导"制度，充分发挥党员模范学习和监督作用；创新积分制管理机制，对党员按《星级党员评比办法》积分考评，将党员星级排名张榜公布，并兑现相应奖惩，让党员在积分制管理中发挥先锋引领作用，实现了党员日常管理科学化、精细化、规范化；创新党员日常管理方式，使其增强身份意识、履职意识，不断拉近党群关系。

二是加强"红色队伍"对其他组织的吸引力。农村社会组织涉及群众生活的方方面面，为更好发挥基层党组织的党建统领作用，双滦区建立了"1＋6＋N"架构体系。其中，"1"指农村社区党组织；"6"指农村社区必须设立的6类社会组织，分别是党员志愿服务类、矛盾调解类、环境监测类、应急处置类、红白理事会和经济合作组织；"N"指群众自发成立的其他各类组织（包含根据各村村情成立的特色社会组织）。在此体系下，基层党组织领导、村民自治发挥基础作用、社会力量协同参与的农村社区共同治理新格局进一步深化。健全完善村党组织、村民委员会、村民代表会议、村务监督委员会、村集体经济组织"五位一体"治理架构，强化村党组织在党务村务决策的形成、执行、监督等各个环节的领导权；健全党组织领导下的自治、法治、德治相结合的乡村治理体系，推进乡村治理体系和治理能力现代化。

三是实现党员先锋组织全覆盖。建立党员先锋组织，实行网格化管理，让党员在"格"中，"格"中有党员，以点带面、带动全局，在社区环境整治、脱贫攻坚、矛盾纠纷化解等工作中充分发挥政治优势、特长优势和经验优势，齐心协力完成农村社区重点任务和中心工作。西南营村是"全国民主法治示范村"，坚持深化"党建引领＋依法治理"，通过"十户调解员"中的党员带头履职尽责，以50年来精细记录的村级事务档案为依据，用法律武器化解矛盾纠纷，积极协调解决历史遗留难题。

四是深化与党群需求同频的"红色服务"。强化服务理念，大力推行"小办公、大服务"。各农村社区根据需要，重新整合党群服务中心，只保留村党组织书记办公室，其余均改为综合议事室、调解室等服务类办公场所，现有村"两委"干部根据工作需要，到综合服务站等其他综合性办公室办公。根据实际情况，对现有会议室进行整合，只能设置一个会议室并实现一室多用，提高综合使用率，主要用于召开党员大会、村民代表大会、村"两委"联席会议以及党员群众活动等。同时，增强主体意识，各农村社区统一外挂标识，合理设置指示标牌，落实去向公示制度、规范上墙制度。强化服务延伸，积极拓宽服务群众路径。打造开放式农家书屋。各农村社区选择室内开放场地摆放借阅图书，在综合服务站、党群活动室等角落增设开放式图书角，满足村民随时借阅书籍的需求。设置便民服务驿站。村党组织提供便民快递服务，在有条件的村党群服务中心设置快递服务驿站，有服务能力的党员志愿者为居民到快递接收点接收快递。同时，为村民提供应聘招聘、农产品代售、团购服务、家政服务、志愿服务等综合信息服务，打造优质便捷的服务平台。

五是架起使各方力量同行的"红色桥梁"。强化各界各类精英联动优势，推动共建共融。"两代表一委员"和在职党员是来自各行各业、各个阶层的佼佼者，工作经验、社会阅历、专业知识丰富，组织协调能力突出，其参与农村社区建设，无疑是为农村发展注入新鲜血液，提供强大人才支撑。经过反复沟通酝酿协商，双滦区共协调区级以上69名"两代表一委员"和各乡镇内"两代表一委员"，根据农村社区需求，在人居环境整治、信访稳定、产业振兴等方面参与农村社区共建工作，取得了显著成效。比如，滦河镇党委指导并提供平台、各村积极对接，欣盛物业和滦河村共建共治共享，使街容街貌大为改观，其他各村也在委员代表的积极帮助协调下，在基础设施建设、法治建设等方面帮扶助力；偏桥子镇邀请区"两代表一委员"20余人参与社区创建，为社区居民送健康养老知识、送法律法规培训、送农业技术讲解，共同推进社区创建。强化城市社区创建经验优势，开展城乡社区"手拉手"行动。2014年双滦区获评"全国和谐社区建设示范区""全国社区治理和服务创新实验区"。为进一步发挥城市社区创建经验优势，探索建立城乡社区结对"三联"共建机制，每个城市社区至少要与1至2个行政村建立共建关系，明确6项共建内容、4项共建制度，城市社区与农村社区通过共治共建提高农村社区服务治理规范化水平，推动城乡统筹发展。通过现场观摩、召开座谈会、研讨交流等形式，各社区互相交流学习在党组织、自治组织建设中的好经验、好做法，不断增强服务群众能力。城市社区党组织和农村社区党组织结对共建村居文体活动，与文艺下乡、彩色周末等惠民活动相结合，共享活动场地，共搞联谊活动。双滦区共开展对接活动265次，丰富了党员群众业余文化生活，城市社区实地指导农村社区创建工作354次，农村社区创建思路得到拓展、创建成效得到提升。开展骨干对接，民生事业联办的系列活动。党员与党员结对、高人与高人互动，切实解决群众生活中点点滴滴的小事。比如，滦河镇结合区域化党建、共建部门、志愿者活动等，共开展120余次活动，将健康、养老、法律等知识宣扬到各农村社区，使农村社区百姓的生活更丰满，眼界更开阔。

衡水市桃城区坚持以党建工作为引领，坚持"四优化、四提升"，拧紧党建引领与社会主义核心价值观融入社区治理的全链条。

一是优化阵地平台，提升服务保障力。桃城区进一步加强社区服务阵地建设，通过新建、改造、购买、项目配套、整合共享等方式，新增社区党群服务中心用房10671.72平方米。目前，全区51个社区的党群服务中心面积均已达到省定标准。着眼于拓宽社区服务领域，全区4个街道都建成了信息化服务中心，各社区全部配套个性化服务站点，能为居民提供40多项便民利民服务，实现社区公共服务"一条龙"，让社区居民生活得更方便、更舒适、更安心。

二是优化组织体系，提升基层组织力。强力提升"六点一网"建设水平，确保党的领导横向到边，纵向到底。"六点"即社区在加强党组织领导下，居委会、业委会、楼门长、物业服务公司、综合服务站等协调联动；"一网"即把51个社区划分为709个网格，每个网格设置一名网格（楼门）党小组组长，目前桃城区共建立了51个社区党支部、709个党小组，实现了"上下联动"的无缝对接。依托"六点一网"，积极推动老旧小区物业服务长效治理，探索采用区域联合、提补结合、订单服务、居民互助等四种模式在街道成立"红色物业联盟"，吸引乐意参与的、有名的物业企业参加，协调处理辖区内的重大事项。在51个社区分别组建94个"红色业委会""红色物业"党小组，监督物业服务水平提升，已累计征求居民意见2000余条，帮助居民解决难题673件，调解物业纠纷45起，消除各种隐患64处，社区居民满意度和参与自治的积极性显著提升。

三是优化治理机制，提升多方共治力。打破行业领域壁垒，以党建工作为桥梁纽带，实现治理资源的有效叠加。4个街道、51个社区均建立了党建联席会议，吸收174名"红色业委会"、"红色物业"、驻区单位党组织负责人和能人党员兼任社区党支部委员。坚持把"双报到"活动作为加强社区治理工作的关键举措，组织173个市区部门和"两新"组织在社区报到，共建共享社区治理成果，实行思想工作联做、公益事业联办、环境卫生联抓、道德新风联树、文体活动联谊、基础设施联用、社会治安联防、党建工作联创"八联共建"活动，先后联合开展各类活动1100多次；推动6000多名在职党员干部进社区，通过"周日说事""现场办公会""党员干部在社区值班一天"等形式，最大范围地吸取社区不同群众的所思所想，团结群众共同参与疫情防控、文明城市创建等重要工作，解决社区治理难点问题，累计协调解决社区治理难题230余项，兴办好事实事5000多件，传播了正能量，促进了社会和谐稳定。

四是优化人员管理，提升队伍执行力。实行年度量化评分，按"德、能、勤、绩、廉"设置15个评分项目，分档列出评分标准，将评分作为发放年终奖励性绩效、续聘、奖惩、评优评先、培养使用等的重要依据。高度重视专职社区工作者配备工作，采取下派一批、稳定一批、招聘一批、安置一批、用活一批的办法，将 86 名街道机关干部、45 名以往招聘的社区工作者、20 名新考录人员、47 名优秀退役军人、278 名公益岗位人员定岗在社区，将 4 名表现优异的社区党支部书记考核招聘为公务员，12 名工作突出的社区党支部书记考核招聘为事业编制人员，全面加强社区工作者力量配备。连续开展两届"最美社区工作者"评选活动，先后表彰 20 名"最美社区工作者"和 40 名"优秀社区工作者"。

（二）将社会主义核心价值观融入社区公益志愿服务

石家庄市裕华区裕强街道新天地社区的社会组织，名为起点公益学苑。起点公益学苑是社会主义核心价值观与社区公益志愿服务深度融合的典范。它下设 13 个系，13 个系又孵化出 11 支队伍，各队伍服务内容丰富多彩，满足不同居民的文化生活需求。成立一年多以来，不仅激发了社区内部活动，还提升了社区基层治理水平，前不久被评为石家庄市金牌红色社区社会组织。该组织成立的初衷，就是满足社区不同人群的多元需求。起点公益学苑由具有教学经验、素质高且热心于老年教育和儿童教育的培训老师组成，下设的 13 个系分别承接相应的特色课堂，为社区居民提供免费课程，诸如国画、书法、体育、摄影、管弦乐、二胡、电子琴、鼓等。通过前期的资源整合与对各教育机构服务内容进行探索提炼，起点公益学苑下设的 13 个系确定为社区治理系、公益志愿系、点点舞蹈系、形体表演系、悦音音乐系、组合乐队系、千羽体育系、文体娱乐系、时尚摄影系、启诺美术系、水墨书法系、飞翔益智系、星宝语言系等。同时，这 13 个系共孵化出 11 支队伍，分别是爱心志愿者服务队、春雨志愿者服务队、风扬智慧团队、护航应急救援志愿者队、阳光理发志愿者服务队、红色志愿者服务队、炫彩时装模特队、天籁合唱队、红枫乐队、越步文体队、时光摄影队等。这 11 支队伍壮大了社区基层治理力量，积极开展"益心向党"主题活动、"创意涂鸦"文明同行社区活动和志愿服务。社区通过线上指导培训，线下吸引居民参与，不断提升社区百姓对社区的向心力。截至2020年底，社区共开展公益课堂100余次，课堂参与人数800余人；开展公益活动24次，参加人数1000余人，影响范围达5000余人。

河北省临漳县由10名"学习强国"学习标兵各自带队组成"学习强国"宣讲小分队，深入农村、社区、企业等为基层群众送去特色理论宣讲，是社会主义核心价值观与社区治理融合的又一生动实践。"学习强国"学习标兵通过学习党的十九届五中全会精神，结合近年来临漳县经济社会发展变化，以一件件百姓身边的事例和一项项对比数据，进行了深入浅出、通俗易懂的宣讲。宣讲方式采取话家常、聊变化的方式，使社区工作者接受容易，吸收快，提升了他们要不断提升社区建设、志愿服务、便民措施等方面服务水平的思想觉悟。截至2020年底，临漳县依托已有的新时代文明实践中心（所、站）、县文化站、县爱国主义教育基地等文化阵地，不断创新宣讲方式，相继开展了领导干部带头宣讲、新时代文明实践"惠民帮帮团"宣讲、"学习强国"学习标兵特色宣讲、文艺宣讲、菜单式宣讲等活动600余场，实现了理论宣讲常态化、精准化、制度化，将社会主义核心价值观深入融合到社区治理。

（三）将社会主义核心价值观融入社区文化活动

石家庄市桥西区振头街道盛世御城社区联合德仁社工、恒辉物业举行"桥西区民政局振头街道社会工作服务示范项目启动仪式暨首届社区文化节"活动，积极动员街道现有的社区社会组织策划和参与，联动社区志愿者，挖掘社区能人，用精彩纷呈的节目展示社区社会组织的风采和精神面貌。本次活动以社区文化节的形式宣传项目，将社会主义核心价值观的内容融入项目，吸引了众多社区居民的关注和参与。留营街道开泰街社区联合社区社会组织举办了"红色社区社会组织活动——情暖初冬·爱在开泰"活动。活动中，工作人员向居民介绍了相关社区社会组织，同时进行了趣味问答，让居民更好地了解了"一线牵佳缘社红色社区社会组织""小崔悄悄话——你说我听热线社区社会组织"，同时为居民带来了丰富多彩的文娱活动。活动充分整合了社区资源,让社区服务更加符合社区居民的需求,更好地惠及民生。

迁安市加强法治文化阵地建设,助力乡村社区治理。近年来,全市22个法治文化阵地迅速崛起,为乡村社区治理提供了强有力的法治保障。一是突出特色,建设阵地。将有形的法律条文变为无形的熏陶,使辖区群众在"玩乐"中学习法律知识。二是统筹布局,因地制宜。法治文化阵地建设坚持与自然景观、乡风民情和地域实际相结合,发挥法治文化阵地服务当地经济社会发展的作用。三是点面结合,逐步推开。注重示范引领,辐射带动周边,点面结合,逐步打造区域性法治文化阵地。迁安市已建成22个法治文化阵地,法治宣传阵地进一步巩固,真正实现了"一镇一品""一村一韵",以稳固的法治阵地,永葆为民初心。四是顾根本抓关键,丰富法治内容。突出宪法作为根本大法的重要地位,将宪法宣传作为核心重点,将宪法元素、宪法文化常识摆在各个法治文化阵地的突出位置。时刻关注新法的制定、修改,确保第一时间宣传,扩大关注度,提升知晓率。紧盯未成年人保护、农村土地承包、婚姻家庭、遗产继承等领域,将群众关注的内容及时展现出来,以满足群众对法的需求。引导群众遇事找法而不是找人,解决问题靠法而不是靠访,提升农村法治文化基础。针对民生痛点,善于让法治在社会治理中发挥更重要的作用,开展小区物业管理专项整治,直指社会治理难题,破解群众生活的小烦恼。通过专项整治,有4个社区物业纠纷得到化解,群众得到了优质的服务、优美的环境和舒畅的心情。坚持法治宣传、社区治理和矛盾化解同频共振、系统推进,破解社区治理难题。

二 社会主义核心价值观融入社区治理的困难和特殊性

社会主义核心价值观融入社区治理,可以促进社区治理更加现代性、法治性、民主性和科学性。但在实践的过程中,社会主义核心价值观与社区治理的融合存在一定的困难和特殊性。

一是社区不属于政府机构，并不具备对居民的行政管理权，社区治理更多依靠参与主体自觉的治理理念来运行。社会主义核心价值观融入社区治理工作的效率很难达到高度组织化的活动所要求的制度条件和资源准备，表现出社区特有的细小、散在、多样等特征，因此影响了社会主义核心价值观融入社区治理的效果，表现为过程漫长且效果不佳。

二是社区经费来源并不均衡，大多数社区建设的硬件设施、软件条件都还比较差。社区建设发展的不均衡和滞后性导致的资源条件不足，是当前社会主义核心价值观融入社区治理最难突破的资源瓶颈。

三是河北省社区建设的进展受制于经济发展水平，与全国层面特别是发达地区社区建设的进展仍有较大差异。社区建设的"好"表现在社区建设发展速度快、社区培育基础好、可调度资源相对较多、政府投入也比较充分；社区建设的"不好"则表现在社区建设发展速度慢、社区培育基础较差、居民的社区归属感和活动参与愿望低等。

四是社会主义核心价值观融入社区治理的过程中，存在着"走形式"，存在着"上级重视就做做，上级不过问就不做"的工作态度，存在着"将问题和困难放大，而没有积极开拓解决问题的主动作为"的意识。

三　社会主义核心价值观融入社区治理的有效路径

社会主义核心价值观融入社区治理必须面对社区治理水平这个最大的实际。社区治理水平与社区实际情况、居民实际需要、社区工作人员实际能力等息息相关。有鉴于此，推进社会主义核心价值观融入社区治理，就要从以下几个方面入手。

（一）将社会主义核心价值观与日常民生服务对接

从我国发达省份和城市培育社会主义核心价值观的经验来看，社区建设水平高，居民满意度、参与度就高，那么社会主义核心价值观的融入就比较顺利。因此，要发挥社会主义核心价值观的价值导向作用，就必须将社区建设与社会主义核心价值观对接，将社会主义核心价值观与日常民生服务对接。满足社区百姓的利益诉求和精神诉求，要根据百姓的诉求来创新和定制服务的方式方法，完善相关社区服务的心理援助机制，依托专业社会服务机构为社区不同需求的人群提供恰如其分的服务和帮助，从关心群众的利益到关心群众的心理，加快推进社区物联网建设，促进社区群众自治与网格化管理有效衔接，逐步建立各类满足群众需求的专业化队伍，营造良好的社区治理生态，为社会主义核心价值观融入社区治理提供良好的社区生态。

（二）将社会主义核心价值观与社区文化建设对接

社区文化是社区成员群体心理状态的缩影和呈现。当前社区成员受城镇化的影响，来源比较复杂，需求也更加多元和多样，此时就需要具有凝心聚力作用的社会主义核心价值观来帮助社区百姓找到"正能量"。要实现社区文化与社会主义核心价值观"点对点"的对接，把社会主义核心价值观像血液一样融入社区文化建设的点点滴滴，尤其是要渗透到社区群众生活的各个领域。不断创新社区文化与社会主义核心价值观融合的建设载体，运用现有的互联网技术，尤其是用好社区现有的论坛、微博、微信、移动客户端等新媒体来引导社区群众培育践行社会主义核心价值观。要充分发挥社区文体活动室、文化广场、宣传栏、阅报栏等各种设施的作用，将社会主义核心价值观落实到群众的日常生活中。

（三）加强党建对社会主义核心价值观的引领作用

坚持党建引领是我们党领导社区治理工作的宝贵经验。从河北省的社区治理实践来看，能够将社会主义核心价值观与社区治理有效融合并取得不错治理效果的社区，都是紧紧握住了党建引领的"牛鼻子"。要建立党员先锋组织，实行网格化管理，让党员在"格"中，"格"中有党员，以点带面、带动全局，充分发挥资源优势、特长优势和经验优势，齐心协力完成社区重点任务和中心工作。要深化与党群需求同频的"红色服务"，继续强化服务理念，大力推行"小办公、大服务"。各社区根据需要，重新整合党群服务中心，增强主体意识，落实主体责任，积极拓宽服务群众路径，在满足社区群众读书、快递服务、家政服务、志愿服务等方面，打造优质便捷的服务平台。要发挥"智治支撑"的作用，俗话说"巧妇难为无米之炊"，社会主义核心价值观融入社区治理也是一样的道理，需要加强各方面的保障。当前，社区建设普遍存在缺钱、缺物、缺人、缺智的状态。这种状态和经济社会发展水平息息相关，短时间内不可能全部解决。但我们可以充分发挥"智治支撑"的作用，推进社区治理"红色服务"的体系架构、运行机制、工作流程的科学化、简单化，充分发挥党建的引领作用。

参考文献

河北新闻网，http://www.hebnews.cn/。

中共中央宣传部编《习近平新时代中国特色社会主义思想学习纲要》，学习出版社、人民出版社，2019。

本书编写组编著《〈中共中央关于坚持和完善中国特色社会主义制度、推进国家治理体系和治理能力现代化若干重大问题的决定〉辅导读本》，人民出版社，2019。

河北省城市居民阅读新趋势与社会主义核心价值观培育

王少军*

摘　要： 河北省积极推进城市居民阅读发展。随着计算机及信息技术的发展、互联网和智能技术的推广普及，城市居民的阅读方式出现新的变化，呈现出由"读书"走向"读屏"、由"沉思"走向"浅读"等数字阅读的转变，给社会主义核心价值观的培育带来了新的机遇和挑战。我们要全面看待数字阅读在社会主义核心价值观培育中的优势与挑战，通过价值观引领、占据网络阵地等举措，进一步发挥阅读在培育城市居民社会主义核心价值观中的积极作用。

关键词： 城市居民　阅读趋势　社会主义核心价值观　网络信息

进入新时代，随着计算机及信息技术、网络和移动智能终端技术的发展，数字阅读成为城市居民阅读的主要形式。培育城市居民社会主义核心价值观，增强其对中国特色社会主义的价值认同和行为遵循，是全面提高城市居民素质，提升城市文明程度的重要途径。而阅读作为人们认知世界的行为方式，在培育城市居民社会主义核心价值观中发挥着重要的基础作用。因此，深入考察城市居民阅读的数字化发展新趋势，合理化解数字阅

---

* 王少军，河北省社会科学院邓小平理论、"三个代表"重要思想与科学发展观研究所（精神文明建设研究中心）副研究馆员，研究方向为文化建设。

读带来的风险与挑战，有利于推进城市居民社会主义核心价值观培育，切实提升城镇发展软实力。

一 河北省城市居民阅读状况与趋势分析

阅读是人们认知世界、获取知识和增长智慧的行为方式，不仅关系着一个国家国民素质的提升，更与国家的文明程度和发展水平密切相关。党和国家历来重视文化建设和国民素质的提升，始终把加强文化事业发展，增强国民素质放到重要地位。习近平总书记指出："要提倡多读书，建设书香社会，不断提升人民思想境界、增强人民精神力量，中华民族的精神世界就能更加厚重深邃。"① 党的十八大以来，"开展全民阅读活动"已经成为党中央的一项重要战略部署。"全民阅读"一词频繁出现在政府工作报告中，《中华人民共和国国民经济和社会发展第十三个五年规划纲要》《国家"十三五"时期文化改革发展规划纲要》《全民阅读"十三五"期间发展规划》等系列报告和规划中，多次对倡导和开展全民阅读活动、建设"书香"社会提出明确要求。这一系列举措，标志着全民阅读已经由纯民间自愿行为上升为国家发展战略，倡导和推广全民阅读已成为全社会重要的共识。

（一）新时代河北省积极推进城市居民阅读发展

新时代，随着科技的发展和人们文化水平、经济收入的提高，河北人民日益增长的精神文化需求得到不断满足，全民阅读理念已经深入人心，人们对学习、阅读的消费观也发生着变化。

第一，推广品牌阅读。河北省采取多渠道、多种方式的丰富多彩的公共文化服务活动，营造多读书、读好书、善读书的良好阅读氛围。如 2013 年创办河北省惠民阅读周暨惠民书市，至 2020 年服务读者约 800 万人次；

---

① 《习近平谈读书之道》，共产党员网，2020 年 4 月 21 日，http://www.12371.cn/2020/04/21/ARTI1587467480068315.shtml。

2012年发起青少年"阅·知·行"读书活动，至2020年累计受益青少年达1760多万人次，已成为河北省影响力较强的常态化青少年读书活动品牌；河北省图书馆举办的"冀图讲坛"系列公益讲座、"冀图课堂"读者培训系列活动，搭建起专家学者与读者沟通交流的平台，营造了良好的学习氛围；河北各市举办的"青少年读书节""中小学生听说读写大赛"等，在青少年学生中形成良好反响。丰富的活动既满足了城市居民的生活需求，又促进了城市居民素质的提升。

第二，打造身边的"城市书房"。把阅读融入城市居民生活，如石家庄市在公共场所设立"图书屋""阅读角""读书吧"，覆盖数字化阅读平台建设，合理布局电子阅览设备等；邢台市在繁华地段打造"城市书房"，设立连锁式分布点，搭建更多公益阅读服务平台，激起市民的阅读热情。

第三，各种书店、阅读平台在身边。在社会竞争日益激烈的今天，父母不愿意让孩子输在起跑线，他们对子女教育的投入可以说不遗余力。为培养孩子从小爱学习、爱阅读，不少家庭的藏书量、购书量在逐年提升。据京东平台相关数据显示，河北用户购书消费额位居全国前十。河北各市的新华书店以及石家庄市的图书批发市场等，学生群体的消费都占据了很大份额。各种线上线下阅读室、约读或阅读书房不乏青少年学生的存在。成年人为了丰富精神文化生活，崛起了一批读书会、共读书房，云阅读、数字阅读APP、微信阅读推送等日益发展，满足了城市居民的读书需要和热爱。邯郸市人间食粮书店为满足读者需求，秉持"要吃饭也要阅读"的理念，将散落民间的二手书以以物易物的方式循环起来。在河北，这样的阅读场所、平台还有很多，城市居民参与阅读的人数和阅读率在逐年提升，阅读越来越习惯化，燕赵大地书香满溢。

（二）城市居民阅读趋势分析

近十年来，全民阅读得到快速发展。据2010—2020年《全国国民阅读情况调查报告》数据的对比分析显示，城镇居民阅读正在发生着新的变化，这些数据带有普遍性，也可反映河北城市居民阅读的变化，总结起来大致呈现以下几大趋势。

第一，阅读大众化，从"精英"走向"民间"。随着科技进步、社会发展，读书已经不再是少数人的专利，广大普通民众也都把读书看报作为日常生活的一项重要内容，参与率持续上升。据 2010 年和 2020 年《全国国民阅读情况调查报告》数据的对比分析，2009 年全国国民综合阅读率为 72%，城镇居民综合阅读率为 56.9%；2019 年全国国民综合阅读率上升至81.1%，城镇居民综合阅读率上升至 86.4%。作为京畿大省、人口大省的河北，阅读率和上述数据基本一致，呈现出全民阅读不断发展的态势，城市居民阅读日益经常化、生活化、大众化，成为其生产生活中的重要组成部分。

第二，阅读媒介多元化，由"读书"走向"读屏"。随着"互联网＋"技术的发展，特别是物联技术、人工智能技术的进步，媒体融合发展水平不断提升，多媒体、跨媒体、融媒体、云媒体等渐成常态，社会阅读方式也呈现许多新的形态，"读屏"逐渐取代"读书"。据《全国国民阅读情况调查报告》数据显示，在整体阅读参与率提升的过程中，图书、报纸、期刊等纸质媒介阅读参与率增长逐年放缓，总体上呈现递减的趋势。2009 年，国民上网率为 41.0%，数字阅读接触率为 24.6%；2019 年国民数字阅读接触率上升到 79.3%，城镇居民数字阅读接触率则上升到 84.4%，数字阅读已占八成以上。上述数据表明，我国国民整体阅读正在经历以"纸媒"为主转变为以"数媒"为主的历史性变迁，数字阅读已经成为城镇居民阅读的主要方式。

第三，阅读碎片化，"沉思"走向"浅读"。传统纸质文本信息存在是系统的，受载体影响，分割困难，读者阅读局限于时空的要求。而数字化信息独特的存储方式、传输性能和易分割的属性，以及超越时空的传载方式，大量信息可以碎片化的形式存在和传播。这种碎片化是对现代社会生活的适应。网络时代，知识和信息爆炸式出现。面对海量的知识信息，人们穷尽一生也无法系统掌握。而且在现代社会生产中，每一个个体所从事的都是环节性工作，他们无须了解所有知识，只要掌握自己职业或生活所需的知识即可。因此，知识或信息的碎片化适应人们的选择性和适用性的要求而获得增量性发展。同时，面对无限信息选择和有限时间安排，检索式、标题式、跳跃式阅读成为人们获取知识的重要手段。快节奏的社会生活和爆炸式的信息传播中，人们对知识的获取只能源于检索或浏览式的把握，没有系统阅读和深入思考的余地，社会阅读的方式逐渐从传统的经典学习和沉思式的"深阅读"走向检索式、标题式的"浅阅读"，以在有限的时间内获取更多的信息和知识。

第四，阅读娱乐化，"寂静"走向"活泼"。在线阅读、手机阅读、电子阅读器阅读和 pad 阅读等数字媒介阅读参与率迅速攀升，呈现逐年递增的趋势。近年来，随着互联网技术和智能终端的普及，集多种媒介的融媒体阅读不断发展，以微信、微博、微视频、抖音、快手等自媒体平台为载体的交互式阅读逐渐成为人们惯常的阅读方式，而且阅读的娱乐化倾向渐趋明显。在河北各城市的公共场所及公共交通上，大部分人一屏在手，与手机交流，或阅读，或刷抖音、快手，或玩小游戏，这种生活中很常见的场景就是阅读的娱乐化、视觉化。

这些新的阅读趋势在给人们提供便捷、快速、丰富知识资源的同时，也给城市居民社会主义核心价值观培育带来了新的课题。

二　城市居民阅读新趋势对社会主义核心价值观培育的影响

如上所述，新时代，信息技术、网络技术、智能技术的成熟与普及，手机等智能终端成为城市居民的标配，为城市居民阅读方式的转变提供了基础和前提，阅读逐渐从"精英化""专业化"走向"大众化"，为城市居民知识获取和智慧增长提供了丰富的资源。居民阅读从"一书难求"到"海量信息"，从"看书"到"看屏"再到"听书"。方便、快捷、即时的阅读方式是对当前网络时代人们快节奏生活的适应，拓宽了社会主义核心价值观培育的渠道和载体。同时，信息的多元化、娱乐化、碎片化及过载传播，也给城市居民社会主义核心价值观的培育带来了前所未有的挑战。

（一）多元价值观可能弱化社会主义核心价值观的主体地位

传统纸质文本，如报纸、期刊和图书的出版发行，都必须履行严格的审批程序。一般来讲，纸质文本必须由主管部门和新闻出版管理机构进行内容审核，确保其政治性、方向性和观点的正确性，而后才能正式出版或发行。

相对于纸质文本资源的严格审核和管控，网络信息则呈现相对松散的状态。除党政机关官网或一些大型网站平台外，自媒体或微媒体等管理相对没有那么严格。而信息技术、互联网技术、智能技术的普及和发展，信息全球化的不断拓展，各种价值观念大量涌现，信息海量、价值多元构成现代网络信息传播的主要特征，社会主义核心价值观也仅仅是被作为一种价值选择，其核心和主体地位被不断弱化。

随着经济全球化的深入发展，各国传统文化、多元价值观念交汇于自媒体平台，彼此间相互渗透、相互影响。西方利用自媒体平台不断输出自己的文化信仰与价值观念，企图通过文化输出对网民进行西化，弱化他们的理想信念，模糊他们的价值界限，从而削弱其辨别正确价值的能力，直接冲击了网民社会主义核心价值观的主体地位。西方国家和国内的一些所谓公知、网络大 V 借机在网络上贩卖其观点。他们往往以所谓自由、开放为名，以学术讨论、文学艺术等形式，通过微媒体或自媒体散布其所谓的价值理念。如一些公知以学术讨论的形式，围绕社会热点如"春运一票难求""常态化的中国经济"等，兜售西方经济学观点。一些人以网络文学的形式，公开散布或宣扬历史虚无主义和拜金主义的不良观点，如一些网络小说以穿越、玄幻小说的形式，以主角超越历史或社会具体情境的描述，宣扬暴力、凶杀、色情。一些自媒体平台以直播形式，调侃社会或媚俗，宣扬金钱至上观念或把问题无限放大，甚至出现以微信或其他方式进行网络赌博的行为。

在海量的网络信息和多元的价值选择冲击下，部分城市居民理想信念产生动摇，价值观念出现模糊，价值判断和价值选择弱化，冲击着社会主义核心价值观的主体地位，给城市居民社会主义核心价值观的培育带来新的挑战。

（二）自由话语权增加了城市居民社会主义核心价值观认同难度

传统纸媒时代，阅读信息传输是"单向度"的，阅读者仅仅是信息的受众，通过单向信息传输或价值灌输来接受价值观念。在这一培育模式中，话语权掌握在培育者或信息传播者的手中，价值或信息的权威性保障了受众对价值观的认同。

网络技术和智能技术的发展，使阅读具有了"开放性和交互性"。每个人既是阅读者，也是信息的发布者，网络阅读平台或智能终端不仅为每位读者提供了阅读资源，也给每位读者提供了"麦克风"，使其能够有机会表达自己的思想和观点，这就意味着出现了不同的价值观和意识形态，其中不乏扭曲不正确的价值观。每位读者会根据自己的偏好来选择和发布信息，社会主义核心价值观的话语权威被潜在消解，引导性被弱化。

同时，数字阅读匿名性的特点，使得阅读者从"旁观者"变成了"当事人"，人们在这些属于自己的"媒体"上自由表达意愿，构建自己的社交网络。在社交式的阅读中，个人价值观念和话语权得以自由体现，一方面调动了人们参与的积极性，另一方面也在一定程度上削弱了社会主义核心价值观传播渠道的影响力。另外，网络的隐匿性使得部分阅读者放纵自由，超越社会规范的约束。而这些行为在网络平台得不到有效限制或惩戒，其他人员自然会模仿或"跟风"。一些网络暴力事件的出现，多是出于一些不明真相的群众有意或无意的炒作。过量信息传播超过读者的承载力、把控力和鉴别力，使得读者阅读时无法辨别信息的真实性和准确性，使得原本就不甚明确的价值判断和批判能力更加弱化，引发读者的心理信任危机，导致其对社会主流价值观念的怀疑和逆反，从而使社会成员对社会主义核心价值观的认同进一步弱化，在某种程度上消解了社会主义核心价值观培育所做出的诸多努力。

（三）阅读碎片化制约了社会主义核心价值观培育功效提高

传统的纸媒阅读，是读者与作者思想交流、碰撞、共鸣、思辨的过程。因而，它不仅仅是一个简单的知识获取过程，还是一个深入思考和意义重新生成的过程。在这个过程中，读者可能会基于思辨而进行价值选择或价值判断，进而形成相对稳定的价值观念。但是，传统阅读方式对时空条件的过度依赖，难以适应现代快节奏社会中人们对信息获取的及时、便捷的要求，碎片化阅读日渐成为较为流行的阅读方式。

现代信息技术、网络技术和智能移动技术的发展，为信息碎片化提供了技术支撑。互联网容纳万物的信息存储功能、独特的链接方式以及信息传播的即时性与交互性，使信息的传播超越了时空的限制，人们可以根据自身需要，随时随地通过智能终端获取自己所需要的知识，"有事儿问度娘"成为人们的惯常行为。而百度经验、百度百科、新浪爱问等，以及悟空问答、师兄帮帮、搜题君等APP的大量涌现，极大地便利了人们的知识获取，但是也极大地降低了人们思考的能力，阅读"浅层化"已经引起社会广泛关注。

更需要说明的是，信息的碎片化往往是人们基于某种需要或心理进行的人为分割。一般来讲，某种价值观点都是以特殊社会情境或者是语境为支撑的，这种人为分割有意或无意扭曲了作者或文本原意，产生了扭曲认识。所以，碎片化信息导致人们的阅读和思考方式发生变化，对人类的情感、性格、思维及价值培育都会产生影响。

（四）阅读娱乐化影响着社会主义核心价值观培育效果

阅读是人们对语言符号的解读和重构行为，往往与理性思考和价值评判联系在一起。但是在阅读大众化的时代，基于对全球互联和电子网络中信息洪流的应激式反应，现代读者更倾向于选择比较短的文本、直观的图片或视频为阅读文本，以期用少量时间成本获取更多的信息。在新一代信息技术支撑下，媒体融合实现了多种表现技术的集成，突破了时空限制，形成了多维、立体化的全媒体形态。人们对阅读的感知，由平面、单向转变为融合文字、视频及互动功能的视觉、听觉、触觉等立体感知，带来阅读愉悦感的增强，阅读形态娱乐化在日常生活中屡见不鲜。阅读的目的不再是单纯的知识获取和智慧增长，在某种程度上成为新形态的娱乐休闲和心理放松的方式。

近年来，"戏说"、穿越影视作品和网络文学的兴起与流行，实质上就是对阅读娱乐化的现实回应。阅读的娱乐化虽然使得阅读成为人们消遣的方式，但是其极容易造成历史虚无主义，甚至对历史"恶搞"，模糊人们正确的历史观，冲击唯物史观，影响社会主义核心价值观的培育效果。

（五）过载信息传播可能影响城市居民的身心健康

移动互联网的快速发展改变了人们的阅读习惯和阅读方式，催生了一大批社交类、视频类软件或手机 APP 等，刺激了自媒体平台的出现。移动互联网在给人们提供查询阅读便利、丰富人们生活的同时，其中也不乏违法违规的网络平台、软件或 APP "夹缝求生"，甚至为"圈粉"采取一些违法违规的手段，诱导、蛊惑读者，冲击着社会主义核心价值观等主流意识形态，极易使人们的"三观"发生扭曲性变化。

同时，人际交往的网络化，突破了时空、地缘、文化差异等障碍，扩大了人们交往的范围和交流的自由空间，但忽视了人与人之间的亲情关系，人与人之间的情感交流被社交软件传递的代码所替代。人们在享受移动互联时代带来的交流便捷时，却被过载的信息相隔于手机屏幕外，身在咫尺，心隔万里，导致人们处理人际关系能力的弱化，影响正确人际关系的形成。

总之，阅读信息化、数字化的发展，在改变了人们生活方式的同时，也改变了人们的思维方式和价值观念，给城市居民社会主义核心价值观的培育带来了机遇和挑战。

三　新阅读时代提升社会主义核心价值观
培育效果的路径与措施

在网络技术、智能技术和新媒体技术的发展，数字化阅读渐成市民阅读主要方式的背景下，如何在发挥数字化阅读便捷、即时、交互性优势的基础上，依据网络信息存储、传输的特点，采取有效措施，充分利用其先进性、便利性，尽力化解其在城市居民社会主义核心价值观培育方面的不利影响，就成了新时代我们必须解决的问题。

（一）加强对网络媒体的引导和管理

鉴于以互联网为基础的数字阅读已经成为城市居民阅读的主要方式，要搞好社会主义核心价值观培育，就必须充分发挥数字传媒的优势，使之成为培育社会主义核心价值观的重要渠道和主要载体。必须坚持社会主义核心价值观的引领，通过行政、法律、技术等手段，构筑网络绿色"防火墙"，还人民一个清朗的网络空间。

第一，行政制约。网络媒体的健康发展离不开有效的行政制约。因此，与之相关的各级行政部门如新闻出版、工业与信息、公安、教育等部门，要依据管理职责制定相应的行政法规，加强对网络资源、计算机信息管理、媒体内容等方面的指导、规范和监督，如建立备案登记制度、信息发布审核制度等，并对违反规定的行为进行有效惩戒。

第二，法律规范。任何社会都需要法律的规范。网络空间作为人类构建起来的虚拟社会，是现实社会的延伸，同样需要法律的规范和指导。因此，相关部门应该加快网络管理的立法，建立健全整治、规范网络环境与网络秩序的法律法规，明确网络行为规范，创造良好的网络环境，从而保障人们自由享有网络发展带来的便捷。

第三，技术控制。在行政制约和法律规范的基础上，还应发挥网络技术的监控作用，通过设立网络警察、开发安全技术进行网络信息的监控、过滤等，净化网络环境，营造清朗网络空间，保障网络舆论的价值引导作用。

第四，有效监督。政府部门必须通过全媒体宣传国家的大政方针，要求各媒体发布权威性的信息，对社会信息进行有效的引导；各家媒体平台必须建立内部监督管理体系，作为信息发布的媒体平台，一定要确保信息发布的真实、健康、合法，组成严格的内容审核部门，建立连带性的监督管理体制，由省网信办进行监督实施。

第五，严格处理。要创新对新媒体不良信息的处理机制，从以往的经验来看，网络监管部门对于不良信息或错误观点的处理方式比较简单，往往是一删了之，或是追究发帖人的责任对其进行处罚。这种简单粗暴的方式固然在短期内对应急事件的处理是相对有效的，但长期来看，具有严重的后果，很可能造成青年人心理上的逆反，形成潜伏性的危机。因此，监管部门在删除不良信息的同时，应该采用柔性处理方法，合理地引导，及时向社会公布处理结果，发布正确信息。

（二）占据网络宣传主阵地

2013年12月23日发布的《关于培育和践行社会主义核心价值观的意见》中指出，"适应互联网快速发展形势，善于运用网络传播规律，把社会主义核心价值观体现到网络宣传、网络文化、网络服务中，用正面声音和先进文化占领网络阵地"。

第一，积极创建主题网站，巩固主流阵地。互联网是信息时代人们思想文化传播、互动的重要工具。网络媒体应该承担起传播社会主义核心价值观的重任，网络社会具有的开放性、虚拟性等特点所导致的多元文化的碰撞以及外来文化的冲击，必然会对人们的思想观念产生影响。加大政府门户网站、新闻网站、红色网站、社区论坛、商业娱乐网站等网站的建设力度，弘扬主旋律，使社会主义主流意识形态占据网络空间，巩固主流阵地。

第二，不断提高主阵地网站的吸引力。要提高主体网站稿件内容质量，丰富表达形式，采取先进多样的手段，传播正能量，使社会主义核心价值观以广大群众喜闻乐见的内容和形式得到传播。要抓好典型宣传，把在日常工作中涌现的医护人员、公安干警等的先进事迹搬上网络，以歌曲、电视剧、小说、小品等形式表现出来，使社会主义核心价值观成为看得见、听得到的实实在在的内容，让广大群众感到社会主义核心价值观可信、可学，榜样就在身边。

第三，推进居民社区网络建设。互联网文化对城镇居民认知意识、逻辑思维等具有深刻影响，因此，应当适时建立网络社区互动机制，充分联结家庭、单位、社会三方，借助各类互联网与移动智能终端设备，通过微信公众号、社区居民微信群等及时发布最新的社会动态，牢牢把握舆论宣传的主动权，减少有害信息侵扰。

（三）净化网络环境

互联网作为新时代的基本技术和基础工具，深深地影响着人们的工作、学习和生活。因此，净化网络环境已成为互联网行业亟待解决的问题。

第一，推行互联网实名制。网络中不良信息传播的主要原因就是网络信息传播的隐匿性。部分网民正是基于网络的匿名特性，无所顾忌，摆脱道德和法律的规范和限制充分表达自我，甚至出现网络暴力等而不需要承担责任。政府也无法对其实施有效的惩处措施。网络实名认证能够规范网民言行，有效整治网络暴力，净化网络环境。

第二，创新网络治理体系。随着中国互联网的发展和普及，今天的中国已成为一个高度网络化的社会，信息流、知识流等大都以互联网为载体，带来了媒体、经济、文化、社会等各方面的繁荣发展，引发了城镇居民阅读方式的变化。因此，需要一套运行有效的网络治理体系对网络加以规制，以形成良好的网络秩序。逐步构建以网络安全法为基础、以行政法规为主体、以部门规章为支撑的法律法规体系，形成涵盖网络内容、信息服务、网络安全、网络技术等方面的网络综合治理的制度体系，推动互联网在法治轨道上健康运行。

第三，有效避免不良文化的消极影响。网络的开放性带来了文化的多元化。从总体上看，多元文化冲突有利于文化交流和融合，有利于吸收世界优秀文明成果，开阔视野，推动本国政治、经济、文化、社会的发展。但是，文化的多元冲击也带来了极大的负面影响。一些腐朽文化往往利用网络媒介作为其传播工具。因此，信息时代更有必要避免不良信息、腐朽文化的消极影响，要通过政府加强控制，阻止腐朽文化的传入；要对网络媒体的文化进行分析、鉴别和筛选，取其精华、弃其糟粕，为我所用；要正确引导公众主动避免不良信息和腐朽文化的消极影响，自觉抵制腐朽文化，营造健康的网络媒介生态环境。

（四）主动抵制不良信息的干扰

利用网络媒体开展对错误思潮的有效反击。网络媒体既然业已成为市民接收信息的主要方式，有关部门、社区及思想宣传教育工作者应该充分发挥其作用，在进行正面引导的同时，也要对不良信息、错误思想进行有效的反击。当然，有效反击，并非当下有些部门采用的删帖方式。简单粗暴的删帖方式，不仅不能消除其不良社会影响，甚至会引发人们的无限联想，从而出现对管理部门或公共信息的不信任。因此，应该组织理论宣传者、相关专家学者或是市民中思想坚定者，利用微博、微信或抖音等自媒体对网络上盛行的错误观点进行批驳，以学术对学术、以理论对理论、以观点对观点，在反驳错误思想的基础上，加强对正确理论和社会主义核心价值观的宣传，从而达到培育社会主义核心价值观的目的。

（五）加强媒体融合发展

媒体融合，又称媒介融合，指的是利用新技术改造传统媒体，使不同媒体传播手段在同一个平台上进行整合，实现媒介之间的内容相互兼容和资源共享。为适应新旧媒体的共生发展态势，在社会主义核心价值观培育活动的开展过程中，应统筹传统方法与现代方法，在充分发挥数字阅读快捷便利优势的基础上，融合传统纸质媒体阅读的"深阅读"优势，实现

"读书"与"读屏"的无缝衔接，更有效地发挥其对社会主义核心价值观的传播作用。

加强河北省城市居民阅读，促进社会主义核心价值观培育还有许多工作要做，在此笔者只是谈了一些粗浅看法，相信随着实践的进一步丰富，我们的手段和理念也会进一步完善。

河北省农村青年群体对社会主义核心价值观的认同研究

张 丽 杨 帆 赵金颖*

摘 要： 农村青年群体的价值取向影响着农村未来的发展，了解和掌握当代农村青年的价值取向至关重要。本文分析了河北省农村青年对社会主义核心价值观的态度，总结了河北省农村青年践行社会主义核心价值观的典型做法，剖析了影响河北省农村青年认同社会主义核心价值观的主要因素，提出了培育和引导河北省农村青年对社会主义核心价值观认同的路径。河北省要整合优化公共文化服务资源，拓展农村青年培育社会主义核心价值观的空间；充分发挥表率模范引领作用，带动农村青年的社会主义核心价值观不断升华；建立健全有效激励机制，鼓励农村青年以社会主义核心价值观投身乡村建设；拓宽各类宣传渠道，增强社会主义核心价值观对农村青年的感召力。

关键词： 农村青年 社会主义核心价值观 河北省

农村青年群体是乡村振兴的中坚力量，是建设社会主义新农村的重要

---

* 张丽，河北省社会科学院社会发展研究所副研究员，主要研究方向为青年社会学、老年社会学；杨帆，河北医科大学第三医院图书馆副馆长，主要研究方向为图书信息检索；赵金颖，共青团河北省委青年发展部四级主任科员，主要研究方向为农村青年发展。

基石和主力军。当代农村青年出生于改革开放后，成长于国家日益走向强盛的进程中，在全面建设社会主义现代化国家的新征程中，农村青年群体的价值取向影响着现在农村的发展，在某种程度上也决定着未来整个新农村的价值取向。他们目前正处于价值观形成和确立的关键时期，了解和掌握农村青年的价值取向和思想动态，才能循序渐进、科学引导其树立社会主义核心价值观，做到知行合一、于实处用力，做爱国敬业的践行者，做诚信友善的传播者，服务一方百姓，助力乡村振兴，将农村建设得更加富强、民主、文明、和谐、美丽。

一 河北省农村青年对社会主义核心价值观态度的调查分析

为全面掌握河北省农村青年价值取向，深入研究农村青年的思想动态，本研究依托共青团河北省委、"零点有数"公司，对河北省 14 岁至 35 岁的农村青年采取随机抽样和分层抽样方法进行调查，计划样本量为 21960 份，考虑到会有一定废卷比例，在有计划发放问卷总量的基础上，设置 5% 的上浮比例，剔除废卷后，实际回收有效样本量为 22797 份。调查范围涉及河北省内 11 个设区市以及雄安新区、定州市、辛集市共 14 个地区 732 个行政村。在对调查问卷的数据进行统计后，主要从农村青年群体对社会主义核心价值观的认同度和熟悉掌握程度，对社会主义核心价值观中涉及公民层面的爱国、敬业、诚信、友善的价值认同度等方面进行分析。

（一）近九成比例的河北省农村青年认同社会主义核心价值观，学历高者认同度相对较高，党员的认同度高于共青团员和群众，不同居住地域的农村青年的认同度略有差异

调查数据显示，89.4% 的河北省农村青年对社会主义核心价值观表示认同，问及"您是否认同我国的社会主义核心价值观"时，59.4% 的农村青年表示"非常认同"，30% 的农村青年表示"比较认同"，农村青年整体认

同度接近90%。从不同学历被访者看，大学本科学历者、高职/大专学历者认同度最高，占比分别为94.6%、91.3%；其次是高中/职高/中专学历者、研究生学历者、初中学历者，占比分别为89.8%、86.1%、85.6%；小学及以下学历者认同度相对其他学历者偏低，占比为73.8%。从不同政治面貌被访者看，党员、共青团员、群众对社会主义核心价值观的认同度均比较高，占比分别为93.2%、91.8%、86.5%。从不同居住地域被访者看，雄安新区(92.3%)、张家口市（91.2%）、石家庄市（91.1%）、唐山市（91.1%）、辛集市（91.1%）、邢台市（90.9%）等6地的被访农村青年对社会主义核心价值观的认同度在90%以上，沧州市（89.9%）、廊坊市（89.9%）、保定市（89.7%）、衡水市（89.6%）、定州市（88.5%）、承德市（88.1%）、秦皇岛市（87.7%）、邯郸市（82.8%）等8地的被访农村青年对社会主义核心价值观的认同度在80%以上（见图1）。

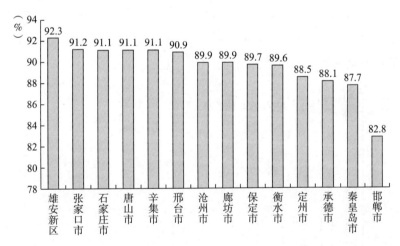

图1　河北省不同地区被访农村青年对社会主义核心价值观的认同程度

（二）逾七成比例的河北省农村青年能够认知社会主义核心价值观内容，学历和收入越高者认知程度越高，党员认知程度高于共青团员和群众，不同地区农村青年的认知程度存在一定差异

调查数据显示，77.2%的河北省农村青年能够熟悉或掌握社会主义核心价值观的内容，33.1%的人掌握社会主义核心价值观全部内容并能完整地说出，44.1%的人熟悉并能说出部分内容。从不同学历被访者看，大学本科学历者熟悉或掌握程度最高，占比为91.8%；其次是研究生学历者、高职/大专学历者、高中/职高/中专学历者，占比分别为88.6%、83.7%、79.3%；小学及以下学历者、初中学历者占比分别为65.6%、61.2%。从不同收入被访者看，无固定收入、低收入、中等收入、高收入者熟悉或掌握程度占比分别为61.5%、76.4%、80.6%、79.3%。从不同政治面貌被访者看，88.9%的党员、80%的共青团员、61.8%的群众能够熟悉或掌握社会主义核心价值观的内容。从不同居住地域被访者看，承德市（85.1%）、石家庄市（83.1%）、定州市（82.3%）、张家口市（81.9%）、秦皇岛市（80.4%）、辛集市（80.1%）等6地的被访农村青年对社会主义核心价值观的熟悉或掌握程度占比在80%以上，邢台市（79.8%）、唐山市（76.1%）、沧州市（75.7%）、邯郸市（75.2%）、保定市（73.8%）、雄安新区（71.4%）、衡水市（71.2%）、廊坊市（70.3%）等8地的被访农村青年对社会主义核心价值观的熟悉或掌握程度占比均在70%以上（见图2）。

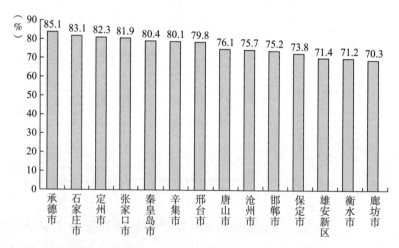

图2　河北省不同地区被访农村青年对社会主义核心价值观的熟悉或掌握程度

（三）九成比例的河北省农村青年对爱国、敬业、诚信、友善的认同度较高

90%的河北省农村青年对目前国家经济建设、政治建设、文化建设、社会建设、生态文明建设表示满意，并对国家未来的发展充满信心，认为国家发展将走向富强、民主、文明、和谐，社会发展将更加自由、平等、公正、法治。92.1%的农村青年为自己是一个中国人而感到自豪，每当听到国歌时内心都会感到自豪和激动。82.1%的农村青年关注国家的发展，90.5%的农村青年认为中国社会正朝着正确的方向发展。83.5%的农村青年认为，未来国家必将完成祖国统一大业，在信息科技和人文社科领域将处于世界领先地位，人民生活水平将大幅度提高，教育、医疗、养老等民生问题将得到有效解决，全面建设小康社会必然实现。90.4%的农村青年认为必须坚持党的领导、坚定不移坚持和发展中国特色社会主义，对中国共产党发展社会主义民主政治的能力、驾驭社会主义市场经济的能力、建设社会主义先进文化的能力、统筹社会治理的能力、应对国际形势和处理国际事务的能力、全面从严治党的能力均充满信心。

85.8%的河北省农村青年热爱自己的工作，对自身的工作职责定位清晰；85.5%能够用心尽力做好工作；82.4%在工作中愿意主动承担更多的工作职责；81.9%会经常帮助同事解决难题。

91.9%的河北省农村青年认为诚信是做人的基础，在为人处世上应该讲求诚信，做到以诚待人、以信做事；89.4%表示需要排队的地方会自觉按秩序排队；86.9%到会场、影院等公共场所会将手机静音。

91.9%的河北省农村青年认为应该常怀友善之心，友好对待身边的每个人；90.6%认为现代社会仍需要互助友爱和奉献精神；90.4%表示乘坐公交会让座给需要帮助的人；82.1%表示会主动帮助摔倒的老幼残等群体。

从以上调查数据分析可见，河北省农村青年对社会主义核心价值观的认知、认同和践行程度较高，尤其对涉及公民价值层面的爱国、敬业、诚信、友善能够形成认同和共识，农村青年能够将社会主义核心价值观与自

己的日常生活和切身利益相关联，理解于心、转化于行，社会主义核心价值观逐渐成为农村青年自觉遵循、自觉追求的价值观。

二　河北省农村青年践行社会主义核心价值观的典型做法

党的十九大报告中提出，要将社会主义核心价值观融入社会发展的各个方面、各个领域，转化为人们的情感认同和行为习惯。中共中央办公厅《关于培育和践行社会主义核心价值观的意见》中提出，社会实践对社会主义核心价值观的融入教育具有养成和实践的作用。河北省农村青年尤其是农村青年干部、农村致富带头人、返乡大学生、退役军人等更是发挥示范带头作用，他们具有以创业为核心的开拓精神、以诚信和友善为核心的人文精神，竭尽所能以产业带领当地群众致富、弘扬社会主义核心价值观，切实做到用实际行动积极践行社会主义核心价值观，彰显敬业之心、诚信之道、友善之风。

（一）农村青年爱岗敬业，力做乡村振兴、脱贫攻坚的"领路人"

农村青年作为乡村振兴和脱贫攻坚统筹推进的中坚力量，发挥了突出的作用。近几年，河北省各地涌现了一大批农村青年致富带头人，既有促进农业现代化发展的"产业振兴带头人"，又有促进农业产业及与其他产业融合发展的"产业融合带头人"，还有自主脱贫或起到示范带动作用的"脱贫攻坚带头人"，这些青年主要是返乡创业大学生、留学归国青年，他们政治觉悟高、知识储备足、理想信念坚定、素质过硬，勇担改革重任，敢于创新创业，带头履行社会责任，带领当地群众脱贫致富，是践行社会主义核心价值观的重要推动力量。

一是河北涌现了一批国家级和省级农村青年致富带头人等优秀青年典型代表。全国和全省共青团系统挖掘农村优秀青年典型，选树优秀创业青年典型，用榜样的力量激发引导广大农村青年的创业热情和动力，激励引导广大农村青年投身乡村振兴事业，在脱贫攻坚实践中迸发力量。2019年

11月，共青团中央、农业农村部联合下发的《关于表彰第十一届"全国农村青年致富带头人"的决定》，表彰了10名"全国农村青年致富带头人标兵"和318名"全国农村青年致富带头人"，其中，河北省有张静1人被评为"全国农村青年致富带头人标兵"，李鹏亮、齐利沙、李泽岩、陈猛、刘金源、殷三强、袁丽丽、闫坤、齐艳斌等9人被评为"全国农村青年致富带头人"。2020年，河北省有140名农村青年被共青团河北省委评为"河北省农村青年致富带头人（标兵）"。

二是高知农村青年致富带头人发挥引领作用，充分利用"智力资本＋当地资源"，在推动农业特色产业振兴、相关产业融合以及带动群众脱贫致富等方面示范带动效应显著。调查显示，2019年和2020年被评为"全国农村青年致富带头人"和"河北省农村青年致富带头人"的河北省农村青年中，具有大专、本科、研究生学历的占比约为80%，以返乡大学生、留学归国青年、大学生村官等为主体的高知农村青年，在乡村产业振兴和脱贫攻坚中发挥着重要作用。

以"全国农村青年致富带头人标兵""全国向上向善好青年"河北兴隆县的张静为例，她作为一名留学归国返乡创业青年，利用自己所学知识，结合多方学习实践，立足家乡特色林果，做大做强山楂产业，打造出一条以兴隆县瑞泰蔬果种植农民专业合作社为第一产业，以承德瑞泰食品有限公司、可持续生态农业旅游项目为第二、第三产业，以河北省（承德）山楂产业技术研究院为科技研发平台的融种植、加工、旅游观光、研发为一体的可持续循环产业链条，已拥有5项专利。依托产业链，采用建设绿色生产基地、解决贫困户就业、县贫困户入股、土地流转、农产品收购和消费扶贫等方式参与到脱贫攻坚中，并在贫困乡镇培养了一批农村实用型人才，带动了一大批建档立卡贫困户靠劳动增收，实现脱贫致富。截至2019年底，带动了近6000户农民增收，直接受益贫困人口有4000余人。

类似张静这样高知农村青年"创业成功、饮水思源、回报社会、反哺家乡"的事例在河北省农村还有很多，如石家庄平山县的齐利沙走新型职业农民培育之路，秦皇岛抚宁区的李泽岩走现代化农业科技示范之路，承德市宽城县的大学生村官李超男致力于以产业带动新农村建设，保定清苑区的吴鹏飞以"公司＋基地＋合作社＋农户"模式助推革命老区中药产业发展，张家口宣化区的白博以"电子商务＋农产品仓储物流"模式打开农产品销售新通道。这些农村优秀青年均是充分利用"智力资本＋当地资源"，做好做实"产业振兴＋产业融合＋产业扶贫"模式的典范，既振兴了特色优势农业生产，又实现了农业与旅游业等其他产业的融合，还带动了当地群众脱贫致富。"以智创业、智志双扶"的做法正是践行社会主义核心价值观中敬业的价值示范。

（二）农村青年友善诚信，争做嘉言善行、崇德守信的"推动者"

诚信、友善是做人的基础，也是社会主义核心价值观的价值要求。互助友爱、崇德守信、嘉言善行一直是农村优秀传统文化，这与社会主义核心价值观所倡导的精神追求相一致，是农村青年培育践行社会主义核心价值观过程中的重要因素。农村青年对伦理道德、社会风尚的关注也更甚以往。

一是河北省农村青年踊跃参与敬老爱小、倡导新风等志愿服务公益实践系列活动。2020 年，河北省各地农村青年积极在"志愿中国""冀 e 青春"等信息云平台上注册，加入志愿服务队伍，形成一批青年志愿服务骨干，如承德市"热河青年"志愿队伍、"三河市李旗庄镇青年志愿者"等。此外，各地农村青年常态化参与新时代文明实践志愿服务结对帮建、"寸草心"爱老敬老、关爱留守儿童、"垃圾分类、青春助力"等各类志愿服务活动。石家庄市藁城区岗上镇杜村 212 名青年依据本村推出的志愿者联系卡制度，参加了"青春无限"青年志愿服务队，主要帮扶本村 75 周岁以上老年人、宣传新的党和国家的大政方针、美化村居环境、倡导文明乡风、弘扬孝道文化、培育良好家风等。孟村回族自治县的 146 名返乡大学生利用暑假时间参加当地组织的"大学生返家乡暑期社会实践活动"，参加"政务新星"助力一线办公政务实践活动以及"乡村振兴""团青 e 家"等志愿服务公益实践系列活动。通过这些志愿服务活动，返乡大学生得到了锻炼、发挥了才干，进一步调动了他们学成后返乡就业创业、建设家乡的积极性和能动性。这些青年志愿者秉承"友爱、诚信、互助、奉献"的新时代青年志愿者精神，是提升乡村文明、促进乡村振兴的有力倡导者和推进者。

二是河北省农村涌现了引领社会主义新乡风的青年模范。沧州盐山县农村青年张军建在 2020 年获得共青团中央评选的"全国向上向善好青年"榜单的"扶贫助困好青年"称号。唐山丰南区农村青年张秋玉获得"河北向上向善好青年"榜单的"崇德守信"称号。张军建致力于公益事业 10 余年，先后创建公益平台、组建爱心联盟、为残疾人搭建相亲交友平台、建立助残数据库、开展电商教学，帮助残疾人寻找就业岗位，筹资帮助贫困的孤寡老人、留守儿童、贫困户和受灾群众。截至 2020 年底，张军建共帮助 300 多名残疾人稳定就业，帮助 1800 多名孤寡老人、留守儿童、残疾人等渡过难关；成功举办 8 届大型残疾人相亲交友会，共有 2300 多名残疾人积极参加，现场牵手成功 40 对。张秋玉致力于农业种植和开发事业，他一方面成立专业合作社，吸收更多农户入社，为他们提供免费的有机肥料、优质品种，以保证获得更多更优质的农产品，还与部分农户签订土地流转契约，保障农户权益；另一方面，事业做大后，他不忘回馈父老乡亲，给部分乡亲送上慰问物资。一个人做一件好事并不难，难的是一辈子做好事。河北省像张军建、张秋玉这样的优秀农村青年还有很多，他们用诚信、友善书写了新时代青年的奉献故事，他们无私奉献、持之以恒的行动正是作为公民践行社会主义核心价值观的完美诠释，能够在农村青年中起到典型示范带动作用。

三　影响河北省农村青年认同社会主义核心价值观的因素分析

河北省农村青年将社会主义核心价值观"内化于心"的过程并非一朝一夕而成，将社会主义核心价值观"外化于行"的成效也非立竿见影显现。通过对问卷调查进行分析和实践总结，我们发现，河北省农村青年在社会主义核心价值观的认同和实践上有一定的成效，但也显现出来一些不足，需要认真挖掘背后的影响要素予以解决。

（一）政府层面：农村公共文化服务效能不足的影响

一是农村公共文化空间不足。近年来，河北省虽然建立了一些农村公共文化阵地，如文化广场、农家书屋等，用于宣传社会主义核心价值观等精神文化，但我们调查发现，公共文化空间普遍出现"发展资金短缺、服务项目短缺、服务设施短缺、设施陈旧"的"三缺一旧"状况，农家书屋长期闲置、无人问津，文化设施陈旧破损、更新滞后，文化活动空间小、功能不全、利用率不高。问卷调查数据显示，49.8%的农村青年认为"文化设备简陋、老化破损"，48%的农村青年认为"文化设施场地数量不够、活动空间较小"。部分农村青年表示，关于社会主义核心价值观的书籍报刊都在村委会大院里或大楼内的公共文化场所，自己觉得约束不愿意去那里学习，文化学习空间开放程度不高，阻碍了农村青年对社会主义核心价值观的自主学习热情。公共文化阵地是宣传和培育社会主义核心价值观最重要的空间，阵地功能缺失或供需错位，无法发挥其应有的作用，势必会影响社会主义核心价值观在农村青年中的传播和培育。

二是农村相关宣传不到位、少地气。社会主义核心价值观在农村青年中宣传和普及不细不实。很多村委会在宣传中普遍存在"重理论、轻实践""只讲其表、不解其里""重短期效果、轻长期效应""重刚性宣传、轻文化培育"等，这很难让农村青年理解和把握社会主义核心价值观的核心要义和践行路径。很多农村干部自身对社会主义核心价值观认知不到位，认为只要宣传了就算完成任务，仍停留在"读文件""刷标语"等表面宣传形式。部分农村青年表示，村里对社会主义核心价值观的宣传最大的问题就是"不接地气"，自己对社会主义核心价值观的认知是从墙上的宣传标语看到或大喇叭广播听到的，宣传形式不新颖，较少将社会主义核心价值观与本村文化生活、农业生产等结合开展相关主题活动。

（二）社会层面：农村经济社会发展不均衡的影响

一是农村经济发展较为缓慢。2019 年，河北省农村居民人均可支配收入为 15373 元，而城镇居民人均可支配收入为 35738 元，农村居民人均消费支出为 12372 元，而城镇居民人均消费支出为 23483 元，城乡之间在收入和消费上的差距显而易见。这种经济上的差距，势必会影响农村青年对社会主义核心价值观中富强、平等、公正的认同和期待。

二是农村各项公共服务滞后。近年来，各级政府虽然向农村投入了公共服务资金和项目，但仍然存在基础设施陈旧、服务资源短缺、优质资源匮乏、信息技术落后等一系列问题。如农村教育、医疗卫生、养老、文化体育等公共服务资源短缺，导致服务能力偏弱；农村教育、医疗、文体等优质公共服务资源配置与城镇相比较少，导致"拥挤排队"现象突出；农村公共服务人员待遇低、晋升机会少，导致农村公共服务人才匮乏；农村公共服务信息平台建设滞后，导致大多数农村青年不能及时获取有用的信息。现在大多数农村青年会随时来往于城市与农村之间，感受着农村与城市的各种不同，公共服务是最能切身体会的指标之一，城乡之间公共服务的差异必然会对农村青年的价值观造成冲击，尤其在理解社会主义核心价值观中平等、公正内涵时会出现困惑。

三是不良思潮仍然无孔不入。随着各级政府对精神文明的重视以及农村文化建设工程的推进，河北省农村整体风气得到改观，农村青年整体精神面貌积极向上，但仍然存在"诚信失范、公德缺失"的问题。主要表现为在一些经济发展较好的农村，经济建设"红红火火"，文化建设"冷冷清清"，农村青年的钱袋子鼓了，但脑瓜子仍然空着，有的地方还出现唯利是图、见利忘义、互相攀比之风。一些依然贫穷的农村，经济、文化生活均毫无生机，留守农村青年居多，这些人受教育程度不高且约束较少，无所事事，不想着靠勤劳致富，只想走捷径发财，甚至可能走上犯罪道路。这些问题有违于社会主义核心价值观要求的诚信、友善、敬业，直接影响着新农村健康文明的风气建设，影响着农村青年践行社会主义核心价值观。

（三）自身层面：农村青年自主学习动能不足的影响

一是农村青年受教育水平相对城市青年偏低，自身价值观更多受地域观念和传统价值观束缚，对于新的价值观还处于被动接受阶段，他们主动去接受并传承新的价值观还要经历一个时间过程。从调查数据看，部分农村青年对社会主义核心价值观识记的主动性不足，对社会主义核心价值观的内容尚未做到熟记于心。河北省农村青年中，"能完整地说出社会主义核心价值观全部内容"的占比仅为 33.1%，"能说出部分内容"的占比为 44.1%，"听说过社会主义核心价值观但无法说出内容"的占比为 17%，还有 5.9% 的没听说过社会主义核心价值观。

二是农村青年大多从事农业生产或外出务工，业余时间以休闲娱乐为主，很少再拿精力去更新知识、更新观念、更新技术，再加上适合农村青年学习的文化课堂比较少，他们无处进修，因此，自主学习动能不足会影响他们价值观的更新和重塑，以及参与新农村文化建设的积极性和主动性。

四　培育和引导河北省农村青年对社会主义核心价值观认同的路径

习近平总书记指出："无论什么时候，我们都要坚守在中国大地上形成和发展起来的社会主义核心价值观，在时代大潮中建功立业，成就自己的宝贵人生。"农村青年是否认同社会主义核心价值观关系到新时期农村改革力度、农业发展水平、农民生活质量。培育和引导农村青年对社会主义核心价值观的认同，要注重拓展空间、表率引领、激励保障、加强宣传。

（一）整合优化公共文化服务资源，拓展农村青年培育社会主义核心价值观的空间

公共文化空间是宣传和践行社会主义核心价值观的重要场所，也是农村青年学习和获取知识的重要渠道。调查显示，46.5% 的农村青年希望增加

图书馆、文化馆、文化活动中心、健身步道、博物馆等优质公共文化服务设施。因此，各级政府应在整合优化公共文化空间上下功夫。

一是根据农村青年对公共文化的需求，着重加强公共文化阵地建设，修缮部分农村现有祠堂、戏台、大礼堂等公共空间，整合小散重复的公共文化服务资源，优化陈旧不实用的公共文化服务资源，逐步在有条件的农村打造综合文化服务中心。结合当地文化特色，拓展农家书屋、文化站的服务空间和服务内容，高标准打造农村文化特色地标。结合全国文化信息资源共享工程，在农村公共文化空间的打造上，要充分融入信息科技元素，提升公共文化空间的信息智慧化水平和群众体验感，做到不光"好看"，还要"实用"，确保公共文化空间具有足够的开放性、便捷性、高效性。公共文化空间开放度越高，农村青年学习社会主义核心价值观的主动参与度就会越高，其对社会主义核心价值观的认知也会随公共文化空间的优化而提升。

二是积极拓展公共文化服务空间的内涵和外延，将农村优秀传统文化与社会主义核心价值观相融合，依托农村传统节庆活动等文化习俗，借助非遗技艺等生产方式、生活方式，开展农村青年喜闻乐见、乐于参与的公共文化活动。让农村公共文化服务做到传统与现代相融合、供给与需求相匹配，既增强公共文化空间的功能性、公共性，又强化公共文化活动的向心力、凝聚力。

（二）充分发挥表率模范引领作用，带动农村青年的社会主义核心价值观不断升华

党员干部是乡村振兴的重要力量，在整个新农村建设、农村文化传承中起着至关重要的作用，具有影响力、号召力和吸引力。因此，必须充分发挥这部分群体的引领示范作用，以带动农村青年培育和践行社会主义核心价值观，以正确的价值观推动农村地区的文化繁荣。

一是发挥农村党员干部的引领作用。基层干部是农村培育和践行社会主义核心价值观的重要力量，是对农村青年思想意识和行为习惯影响较大

的群体。要提升农村青年对社会主义核心价值观的认同度以及践行社会主义核心价值观的实效性，必须率先从农村党员干部抓起，各村要打造一支以农村党员干部为核心的政治素质过硬、业务能力突出的工作队伍，采取定期学习、网络学习、交流学习等方式加强农村党员干部特别是青年党员干部的理论学习培训，让农村党员干部积极践行社会主义核心价值观，充分认识到做好农村青年社会主义核心价值观培育和践行的重大意义。在宣传引导农村青年认同社会主义核心价值观的工作上改进方式方法，以提升农村党员干部在推动农村青年培育和践行社会主义核心价值观活动中的主动性和创造性。

二是以爱岗敬业、勤劳致富、孝老敬亲、文明守信、善待乡里为主要标准，挖掘和培育能够为农村青年带来正能量并被广泛认可的典型。加强已有全国向上向善好青年、农村致富带头人以及返乡创业优秀大学生、优秀退役军人等青年先进人物典型的示范带动作用，让他们在农村起到率先垂范、涵育乡风的作用，积极弘扬当地优秀传统文化与社会主义核心价值观的内在关系，让社会主义核心价值观在农村青年心中生根发芽、传播光大，使广大农村青年形成学榜样、赶榜样、超榜样的精神动力，扎实有效地推动社会主义核心价值观的践行工作。

（三）建立健全有效激励机制，鼓励农村青年以社会主义核心价值观投身乡村建设

建立健全有效的激励机制是调动农村青年认同并弘扬社会主义核心价值观的助推器之一，应当建立多种激励机制，营造社会主义核心价值观践行的良好环境，突出践行成效，进而提升农村青年践行社会主义核心价值观的价值理念。

一是激励农村青年参与农村社会治理。随着新农村建设的不断推进，农村社会治理的主体也正在由老向新过渡，返乡创业青年逐渐增多，农村青年致富带头人不断涌现，要重点激励这些有志农村青年参与农村选举、村务管理、乡村发展规划等农村社会治理制度框架设计和事务管理，给予

其一定的话语权和决策权，并将社会主义核心价值观中的富强、民主、文明、平等、公正、法治等价值理念融入农村社会治理全过程，落实到农村具体的管理活动、生产生活中，让农村青年积极参与农村社会治理。

二是奖励爱国、敬业、诚信、友善的农村青年。各级政府应建立更多奖励机制，以社会主义核心价值观为主要评价标准，奖励那些大义面前敢担当、困难面前有敬业、利益面前有诚信的社会主义核心价值观的弘扬者和践行者，奖励可以是精神奖励也可以是物质奖励，以奖励的形式激发更多农村青年投身乡村振兴的积极性和自觉性。

（四）拓宽各类宣传渠道，增强社会主义核心价值观对农村青年的感召力

运用好各种宣传渠道是提升农村青年对社会主义核心价值观认同度的重要方式，因此，做好社会主义核心价值观宣传必须依托强有力的抓手。

一是扎实推进农村文化惠民工程，全面加强县、乡（街道）、村（社区）文化阵地建设和文化服务供给，建立健全以县级图书馆和文化馆为总馆、乡镇文化站为分馆的总分馆制，打造优质文化资源共建共享的新平台。发挥各类图书馆和文化馆的平台传播作用，以社会主义核心价值观为主题举办内容丰富、形式多样的文化活动，图书馆和文化馆可与各个村建立联系，各个村定期组织农村青年到图书馆和文化馆参观学习，图书馆、文化馆定期开展流动服务车下乡活动，用生动的事例为广大农村青年提供讲解和宣传服务，可以借鉴石家庄井陉"总馆＋分馆＋文旅融合阅读服务点"、邯郸涉县"文化馆＋文艺辅导基地"等模式。

二是采取"线下＋线上"传播载体融合的方式，对广大农村青年进行社会主义核心价值观的培育。线下宣传主要通过发放报纸、资料、剧本和表演戏剧等内容丰富的形式进行，以地方影视剧、农村故事说唱等方式宣传社会主义核心价值观，要尽可能增加农村青年的参与度和感染力。线上宣传主要通过微信公众号、微博等自媒体平台开展，应采取图像、动画、视频等农村青年易于接受的网络传播形式，以农村青年更喜欢的时尚网络

语言风格传播和解读社会主义核心价值观的相关内容，凸显社会主义核心价值观网络传播的新颖性，增强社会主义核心价值观的辐射力和感召力。

参考文献

王国伟：《新形势下农民群体对社会主义核心价值观认同度的分析——基于全国 2142 份问卷的调查》，《思想政治教育研究》2017 年第 2 期。

易刚：《乡村振兴战略视域下农民社会主义核心价值观的培育论析》，《重庆邮电大学学报》（社会科学版）2020 年第 6 期。

河北省新生代农民工社会主义核心价值观培育践行路径

段小平[*]

摘　要： 本文从河北省新生代农民工现状出发，分析了新生代农民工在受教育程度、思想观念、自我价值实现要求、城市认同感等方面的特点；指出经济社会转型变化，城乡分割、收入不高、保障不足，人户分离、频繁流动，继续教育覆盖面不够、教育方式单一等对新生代农民工社会主义核心价值观培育的影响与制约；从强化党的全面领导、发挥各级党组织作用，落实主体责任，形成企业、社区、工会等多方参与合力，创新教育培训手段、丰富教育形式，发挥榜样示范作用，深化城乡制度改革，完善培育保障机制等方面提出了河北省新生代农民工社会主义核心价值观培育践行的对策建议。

关键词： 新生代农民工　社会主义核心价值观　河北省

社会主义核心价值观是新时代坚持和发展中国特色社会主义、实现中华民族伟大复兴的重要遵循和保障，是全面建成小康社会、激发全国人民加快建设社会主义现代化国家的精神力量，是凝聚中华民族伟大复兴力量

---

[*]　段小平，河北省社会科学院农村经济研究所副研究员，主要研究方向为农业农村问题。

的源泉所在。习近平总书记指出："核心价值观是一个民族赖以维系的精神纽带，是一个国家共同的思想道德基础，如果没有共同的核心价值观，一个民族、一个国家就会魂无定所、行无依归。"党的十九届五中全会明确提出，坚持以社会主义核心价值观引领文化建设，加强社会主义精神文明建设，推动社会主义核心价值观深入人心，提高人民思想道德素质、科学文化素质和身体健康素质。

新生代农民工是我国社会主义建设的重要力量，也是河北省落实京津冀协同发展战略，推动经济强省、美丽河北建设再上新台阶的重要力量。新生代农民工社会主义核心价值观培育得如何，他们践行什么样的价值观，对河北省深入落实京津冀协同发展战略、开启全面建设社会主义现代化建设新征程具有直接影响。当前，河北省多数新生代农民工正通过自身努力，有序融入城市、融入经济社会建设各方面，成为社会主义现代化建设的重要力量，但也有部分农民工在激烈的竞争环境中出现了认知、行为方面的困惑、迷茫，迫切需要社会主义核心价值观为其指明正确的前进方向。

一 河北省新生代农民工的总体现状与主要特点

（一）河北省新生代农民工的总体现状

新生代农民工，主要是指 20 世纪 80 年代、90 年代出生的农民工。2009 年 12 月 31 日，《中共中央 国务院关于加大统筹城乡发展力度进一步夯实农业农村发展基础的若干意见》中首次提出"着力解决新生代农民工问题"，这是党的文件中第一次使用"新生代农民工"这一概念，显示出中央对占农民工半数以上的"80 后""90 后"农民工的高度关注。

河北是农业大省、人口大省，农民工人口数量众多。近年来，农民工数量呈现稳中有增的态势。相关数据显示，2007 年，河北省农民工总数为1216.1 万人，占全省农村人口的 28.4%，占全省劳动力总量的 44% 左右，其中赴外省务工的农民工达到233.8万人。[①] 到2018年，河北省农民工总量达到1512.36万人，[②] 相比2007年的数据增加了近300万人。农民工数量的增加显示出河北省城市经济快速发展、吸纳能力持续提升，吸引更多农村人口到城市就业、发展。随着老一代农民工逐渐离开城市、回到农村，以"80后""90后"为主的新生代农民工近年来逐渐成为河北省农民工的主力，新生代农民工的人数持续提升。相关数据显示，河北省新生代农民工占全省外出农民工的60.9%，[③] 是外出农民工的绝对主力。

（二）河北省新生代农民工的主要特点

作为新的社会群体，河北省新生代农民工在城市建设、经济社会发展等领域发挥着重要作用。与20世纪70年代及之前出生的农民工相比，河北省新生代农民工在思想观念、受教育程度、城市归属感、自我价值实现、社会参与意识等方面呈现显著不同，其特点表现为以下五个方面。

第一，新生代农民工的受教育程度加快提高。与老一代农民工相比，河北省新生代农民工受教育程度和综合文化素质能力有明显提高。调查显示，河北省新生代农民工中初中毕业占35.6%，高中毕业占26.4%，大专及以上毕业占34.3%，新生代农民工文化程度远比老一代农民工文化程度高。[④] 这主要得益于近年来河北省义务教育的全面普及，以及高中教育、大学教育的快速发展。

第二，新生代农民工的城市归属感更强。从成长经历看，河北省的新生代农民工与老一代农民工"生于农村、长于农村、进城务工、回到农村"的历程有很大不同。河北省新生代农民工出生于农村，但从小随在城市务

① 杨天华：《从"过客"到"新市民"——关于河北农民工思想政治工作的调查》，《政工研究动态》2007年第24期。
② 张晨光：《1—9月河北城镇新增就业81.38万人》，长城网，2019年10月15日，http://report.hebei.com.cn/system/2019/10/15/100072707.shtml。
③ 安雅丽、杨淑娥：《城乡一体化背景下河北新生代农民工教育需求研究》，《继续教育研究》2012年第2期。
④ 吴琼：《河北省新生代农民工职业技能培训探究》，《合作经济与科技》2018年第2期。

工的父母在城市生活，或者生于农村但在县城或城市上学、毕业后就在城市务工就业，基本脱离了农村生活。特别是"90后"的新生代农民工，基本没有参加过农业生产劳动，他们习惯城市的生活方式、生活节奏、消费理念，对农村生产生活方式反而觉得陌生、不适应。河北省新生代农民工内心对所居住的城市认同感更强，更愿意在城市生活、发展。调查显示，在进城农民中有40%认为自己是所居住城市的"本地人"，80.6%表示对本地生活非常适应和比较适应。但城市规模越大，农民工对所在城市的归属感越弱。

第三，新生代农民工的思想观念更加活跃开放。河北省新生代农民工受教育程度高，获取信息的渠道更多，对新事物接受能力强，思想更加开放、活跃。与传统意义上的农民工相比，河北省新生代农民工的价值观念、思维方式、语言谈吐、饮食习惯等与城市居民接近，对事物、工作、社会现象的看法与城市居民类似。相比老一代农民工，河北省新生代农民工对职业发展的期望值更高，对物质和生活享受的条件要求更高。

第四，新生代农民工追求自我价值实现的意识更强。与老一代农民工背负整个家庭生活的重担，忙碌辛苦养家糊口、忘记自我不同，河北省新生代农民工从小生活在更为优越的家庭环境、更为宽松的社会环境，基本上衣食无忧，无须过多承担来自家庭的生存压力和责任。较好的经济条件、较高的文化教育，为河北省新生代农民工追求自我价值实现创造了条件。河北省新生代农民工外出就业的动机已经从"改善生活"向"追求梦想"转变，他们不再把获得经济收入作为外出务工的唯一目的，而更愿意找到更好的自我发展机会和改变生活方式的机会，更愿意追求实现个人价值、利益、尊严，更希望成为自己命运的主人。

第五，新生代农民工社区政治参与意识逐步增强。与老一代农民工不同，河北省新生代农民工对经济社会发展的关注度更高，政治参与意识、社会参与意识明显提高。一些新生代农民工愿意直接参与村干部选举，担任村第一书记、支部书记等村"两委"班子成员，服务家乡经济社会发展，还有的新生代农民工直接参与地方政治选举，成为各级党代表、人大代表和政协委员。河北省新生代农民工不再满足"打工、回乡、建房、再打工"的生活状态，而更愿意将自己的孩子带出来读书，希望孩子接受更好的教育，在城市获得更好的发展机会。

二 河北省新生代农民工社会主义核心价值观培育面临的困境

（一）经济社会发展的快速变迁对河北省新生代农民工价值观的养成产生重要影响

亨廷顿指出："随着每一次社会制度的巨大历史变革，人们的观点和观念也会发生变革。"河北省新生代农民工价值观的形成，与我国经济社会发展的变迁有着密不可分的内在联系。河北省新生代农民工成长于我国改革开放、经济社会结构发生巨大变革的重要时期。在计划经济向社会主义市场经济全面转变的过程中，西方国家的价值观念冲击着中国传统价值观念，对我国的主流价值观造成了强烈冲击，人们对物质利益、经济利益的追求更加直接、明显。在追求物质、财富的影响下，拜金主义、功利主义和浮躁的社会风气、对物质利益的过度追求直接影响着河北省新生代农民工价值观的形成，也让一些新生代农民工的心态更加浮躁。不少新生代农民工把幸福直接定义为对金钱和物质享受的获得，感性的价值目标阻碍了对崇高理想的追求。与此同时，市场经济影响下的独立意识、求变意识、公平意识、竞争意识也逐渐深入人心，使河北省新生代农民工表现出更加积极向上的一面。

（二）城乡分割、收入不高、保障不足造成的经济困境影响河北省新生代农民工价值观的养成

马克思认为，物质决定意识，人们的社会存在决定人们的意识，物质生活的生产方式制约着整个社会生活、政治生活和精神生活的过程。与老

一代农民工相比，河北省新生代农民工在职业选择、工作环境、收入水平等方面有了明显提高，但与城市居民相比，新生代农民工从事的职业仍以服务业、建筑业等为主，这些行业普遍具有劳动时间长、劳动强度大、职业稳定性不高、整体收入不高的特点。同时，城乡二元分割体制的影响仍然存在，河北省新生代农民工在子女教育、医疗保险、住房保障等方面的权益保障仍然不足，"同工不同酬、同工不同权"等问题在不少行业仍然存在。少数城市将农民工排除在廉租房、公租房、经济适用房等住房保障体系之外，农民工随迁子女就学难、就学贵，养老、医疗等社会保险转移、接续不畅，加大了新生代农民工的生活压力，降低了新生代农民工的安全感、归属感。处于被边缘化的尴尬，让河北省新生代农民工出现身份认同错位、职业选择迷茫、文化融合困难、价值观念模糊等诸多问题。在这样的情况下，如果对河北省新生代农民工的社会主义核心价值观培育只是浮于表面、泛泛而谈，不关注新生代农民工的实际困惑和疑问，帮助他们解决面临的实际问题，就很难让社会主义核心价值观在新生代农民工中内化于心、外化于行。

（三）文化素养总体不高、社会接触面相对较窄影响河北省新生代农民工社会主义核心价值观的养成

在全社会教育水平普遍提升的情况下，河北省新生代农民接受的文化教育程度、职业技能培训显得相对不足，尤其是与城市青年市民还存在差距。河北省多数新生代农民工接受的教育水平不高、受到的职业技能培训不够、自主学习能力不足，影响到新生代农民工的职业发展和思想观念、行为习惯的养成。河北省新生代农民工进入社会后，企业更看重他们的工具性价值，重视技能培训，忽视对他们的社会主义核心价值观培育，他们也很少进行政治理论、法律制度、传统文化等方面内容的学习。加之受思维模式、行为习惯等方面的影响，河北省新生代农民工虽然生活在城市，但还没有完全融入城市社会生活，社交圈层相对有限，没有完全实现生活方式、行为方式的转变。新生代农民工在长时间的工作之余，业余文化生

活主要是上网、聊天、打牌、睡觉等，网络上充斥的一些恶搞、暴力、色情等低俗内容很容易通过微信、QQ、短视频等渠道对其思想观念造成一定负面影响，使个别人出现精神贫乏、性格孤僻、焦虑暴躁甚至反社会人格等心理疾病，对社会主义核心价值观的养成造成影响，不利于社会主义核心价值观的培育。

（四）人户分离、流动频繁造成的政治参与困境影响河北省新生代农民工社会主义核心价值观的养成

河北省新生代农民工群体庞大、流动性强。一方面，他们长期远离农村居住在城市，无法参与户籍所在地的政治生活，在现行制度条件下，人户分离的农民工只能回到户籍所在地参加社会政治生活，但在回乡的经济成本、时间成本以及相应的政治参与收获综合衡量下，河北省新生代农民工很少回到农村参与社会主义核心价值观培育、村委会选举等活动；另一方面，作为城市的一个边缘化群体，河北省新生代农民工受户籍、工作特殊性等限制，他们也很少参与城市社会政治生活，很难享受到城市居民的应有权利，成为游离于城乡社会政治组织和社会主义核心价值观培育之外的特殊群体。河北省新生代农民工社会主义核心价值观的宣传普及还主要停留在公德宣传层面，缺少系统学习，影响新生代农民工社会主义核心价值观的养成。

（五）教育方法单一、表达不够凝练影响河北省新生代农民工社会主义核心价值观的养成

当前，河北省社会主义核心价值观培育通常采取集中宣讲、上课宣讲等方式进行理论传播，教育者对新生代农民工的生活、思想、关注的问题等了解不够，讲述的内容往往脱离新生代农民工的实际生活。一些教育者对社会主义核心价值观表达不够凝练、理论性太强，教育方式枯燥单一，新生代农民工被动接受，实际效果不佳。作为在信息技术、网络通信影响下的新生一代，河北省新生代农民工思维更加灵活，更容易接受新鲜事物，

仍然采取口号性宣传或者浮于表面的讲解，只能降低社会主义核心价值观在新生代农民工教育中的效果。

三 创新河北省新生代农民工社会主义核心价值观培育的对策建议

（一）加强党的全面领导，充分发挥各级党组织在新生代农民工社会主义核心价值观培育中的核心作用

坚持党在新生代农民工社会主义核心价值观培育中的绝对领导。充分发挥各级党委、政府部门的作用，进一步加强河北省新生代农民工群体党建工作，打破城乡、地域、行业、职业等限制，形成既能满足新生代农民工流动自由，又能保障新生代农民工正常组织生活的党的领导机制。要持续加强流出地党员管理，依托异地党组织、劳务输出机构、企业等建立流动党组织，形成新生代农民工党员管理机制、社会主义核心价值观培育常态化机制。加强农民工流入地的党组织建设，加强农民工党组织社会主义核心价值观培育阵地建设，探索符合新生代农民工党建的工作方式，推动应建尽建，努力做到"哪里有党员，哪里就有党组织"，哪里有农民工哪里就有社会主义核心价值观培育基地。要建立新生代农民工资料信息库，制订新生代农民工社会主义核心价值观培育计划，不断提升新生代农民工的思想素质、职业技能，培育适应社会主义现代化国家建设的合格新市民。

（二）落实主体责任，形成企业、社区、工会、妇联等多方参与的社会主义核心价值观培育体系

加大各级政府引导，发挥企业、社区、工会、妇联等各类组织作用，构建多方参与、全面覆盖的新生代农民工社会主义核心价值观培育体系。一是发挥企业单位在新生代农民工社会主义核心价值观培育中的作用，将社会主义核心价值观培育作为企业文化建设的首要目标和任务，将职业技能培育、企业价值培育与社会主义核心价值观培育相结合，让河北省新生代农民工在提高职业技能、增加收入的同时，获得思想道德素质提升和社会主义核心价值观培育。二是加强社区社会主义核心价值观培育阵地建设，全面摸清社区农民工现状，建立重点企业新生代农民工目录，引导新生代农民工主动参与社区活动，形成新生代农民工参与社区政治、教育、文化等活动的长效机制。加快建立社区新生代农民工关心关爱机制，定期举办法律知识讲座、农民工子女关爱、贫困农民工慰问、社区文化娱乐、社会主义核心价值观养成讲座等系列活动，为新生代农民工提供平等参与公共政治生活的机会，推动新生代农民工全面融入城市生活。三是加强工会、妇联组织建设在新生代农民工就业企业的覆盖水平，因地制宜组织各种工会、妇联活动，维护新生代农民工合法权益，引导新生代农民工走出原有乡村社交网络，扩展城市社交圈层，推动新生代农民工与现代城市融合，成为社会主义核心价值观的自觉践行者。

（三）加强榜样引领，放大示范效应，推动形成新生代农民工社会主义核心价值观培育的核心力量

社会主义核心价值观培育中，党员领导干部的思想觉悟、行为举止对新生代农民工社会主义核心价值观的形成具有重要影响。应加强全省党员特别是领导干部的思想教育，弘扬忠诚老实、公道正派、清正廉洁、积极向上的价值观，推动党员特别是领导干部成为社会主义核心价值观的表率，形成自觉抵制官僚主义、形式主义、奢靡之风、享乐主义的政治风气，形成风清气正、砥砺前行、埋头苦干、创新发展的社会风气。党员干部要用实际行动让群众感受到理想信念的力量，用高尚的人格感召、带动新生代农民工社会主义核心价值观的养成。加强对新生代农民工优秀人才、劳动模范、致富带头人、创业引领者、见义勇为、孝老爱亲等各类模范群体的挖掘和宣传，用身边人、身边事教育和影响新生代农民工社会主义核心价值观的培育、养成和践行，形成见贤思齐、奋发进取的良好氛围。

（四）强化新媒体技术应用，丰富教育形式，不断创新社会主义核心价值观培育的路径方法

新生代农民工作为20世纪80年代、90年代出生的一代人，他们的思维方式、行为模式受网络等新媒体技术影响巨大。对河北省新生代农民工社会主义核心价值观的培育，可在传统的广播电视、报纸杂志等基础上，采用网站、微博、微信、短视频平台等多种方式，延伸拓展社会主义核心价值观宣传路径，丰富社会主义核心价值观培育形式。应大力营造积极向上的网络文化环境，坚持筛选、淘汰网络不良信息，抵制低俗、媚俗、拜金主义、享乐主义对新生代农民工的不良影响。应充分整合现有网络资源，开设新生代农民工社会主义核心价值观培育专栏，开发手机报，拍摄反映新生代农民工生活工作的专题电影、电视剧宣传社会主义核心价值观。加强对河北省新生代农民工社会主义核心价值观培育规律、培育方法的研究，根据新生代农民工的特点确定培育方法，用平等而不是高高在上，贴近生活而不是脱离实际，凝练生动而不是高深晦涩、机械教条的语言宣传社会主义核心价值观，在潜移默化、润物无声中持续放大社会主义核心价值观的培育效果。

（五）深化改革，提升保障，营造有利于新生代农民工社会主义核心价值观养成的政策环境

培育新生代农民工社会主义核心价值观，必须关注新生代农民工的生活现状，帮助解决好新生代农民工在工作、生活中面临的现实问题。应加快破除城乡二元分割造成的制度性障碍，让城市尊重、接纳新生代农民工，让更多新生代农民工得到公平享受城市发展红利的机会。应以深化户籍制度改革为着力点，进一步健全城市居住证制度，取消与户籍相关的教育、医疗、卫生、就业等制度限制，形成城乡统筹、城乡一体的就业、教育、医疗等制度体系。建议重点深化四个方面的改革。一是深化就业制度改革，强化新生代农民工劳动权益保障，全面落实"同工同酬、同工同权"制度，推动新生代农民工与城市居民实现工资报酬、劳动时间、职业发展、职业安全、就业稳定、社会保障等各项权益平等。二是深化城市教育制度改革，建立农民工随迁子女平等享受与迁入地城市居民子女相同的就学保障机制，解决好新生代农民工随迁子女"就学难、就学贵"问题。三是完善城市住房保障体系，扩大住房保障覆盖范围，将新生代农民工纳入城市公租房、廉租房和经济适用房保障范围，将工作满一定年限的新生代农民工作为特殊人才，给予人才公寓、住房补贴，保障新生代农民工的经济权益。四是完善社会保障制度，健全完善社会保障制度转移、接续机制，推动养老、医疗等各项制度异地互认，解除新生代农民工的后顾之忧。要通过改革，让新生代农民工在社会主义核心价值观培养中获得实惠、看到成效，增强社会主义核心价值观的影响力。

参考文献

国家统计局：《2019 年农民工监测调查报告》，国家统计局官网，2020 年 4 月 30 日，http://www.stats.gov.cn/tjsj/zxfb/202004/t20200430_1742724.html。

安雅丽、杨淑娥：《城乡一体化背景下河北新生代农民工教育需求研究》，《继续教育研究》2012 年第 2 期。

单云丽、刘峥、代艳丽：《农民工认同社会主义核心价值观的思考》，《中国劳动关系学院学报》2011 年第 4 期。

王志强：《新生代农民工价值观变迁的趋向、成因及引领策略——基于社会主义核心价值观大众化视角》，《宁波广播电视大学学报》2015 年第 1 期。

吴琼：《河北省新生代农民工职业技能培训探究》，《合作经济与科技》2018 年第 2 期。

杨天华：《从"过客"到"新市民"——关于河北农民工思想政治工作的调查》，《政工研究动态》2007 年第 24 期。

河北省高校社会主义核心价值观的话语体系构建与传播[*]

张蓓蓓　梁　平^{**}

摘　要： 构建高校社会主义核心价值观话语体系，是大学生培育和践行社会主义核心价值观的必然要求。本文通过剖析河北省高校社会主义核心价值观话语体系的建设现状，认为其面临着话语内容吸引力有待加强、话语表达方式有待优化、话语载体融合有待推进等实然困境。新时代背景下，河北省需要建立健全以创新理念为基础、以话语内容为核心、以话语载体和话语方式为支撑的高校社会主义核心价值观话语体系，以便于社会主义核心价值观在大学生中教育传播和引领践行。

关键词： 河北　大学生　社会主义核心价值观　话语体系

党的十八大报告首次提出了"三个倡导"24个字的社会主义核心价值观，并提出要"积极培育和践行社会主义核心价值观"。党的十九大报告旗帜鲜明地做出了"中国特色社会主义进入新时代"的历史判断，并把"坚持社会主义核心价值体系"作为新时代坚持和发展中国特色社会主义的十

---

* 本文系 2019 年度河北省社会科学基金项目"新时代高校大学生思想政治教育话语体系创新研究"的阶段性研究成果。

** 张蓓蓓，华北电力大学党政办公室科员，工程师，主要研究方向为思想政治教育；梁平，华北电力大学法政系主任，教授，主要研究方向为司法治理、教育管理治法化。

四个基本方略之一，要求全面贯彻落实"培育和践行社会主义核心价值观，不断增强意识形态领域主导权和话语权"。① 习近平总书记指出："青年的价值取向决定了未来整个社会的价值取向，而青年又处在价值观形成和确立的时期，抓好这一时期的价值观养成十分重要。"因此，要构建高校社会主义核心价值观话语体系，使社会主义核心价值观在大学生中广泛传播、高度认同，引导大学生将社会主义核心价值观内化于心、外化于行，并身体力行地将其推广到全社会中去。

一 构建高校社会主义核心价值观话语体系的时代意义

法国哲学家福柯（Michel Foucault）认为："话语是由符号构成的，但是，话语所做的，不止是使用这些符号以确指事物。"② 话语究其本质是语言和思想的结合体，"是一个语言符号和价值观念的统一体，即它既是由一定的符号、概念、词句、语音、语法所构成的语言符号，同时又反映了特定的认知、情感、意志"。③ 话语体系是思想理论体系和知识体系外在的表达形式，一定的意识形态内容总是通过相应的话语体系得以表现，任何思想理论的创新都蕴含着话语体系的优化和发展。④ 社会主义核心价值观话语体系，就是将社会主义核心价值观通过话语内容、表达方式和话语载体传播出去，使人们能够理解和认同社会主义核心价值观，并将其自觉内化于心、外化于行的一种话语理论。构建高校社会主义核心价值观话语体系，是社会发展的必然要求，是高校宣传思想工作的客观需要，也是引领青年学生成长成才的重要任务。

---

① 习近平：《决胜全面建成小康社会 夺取新时代中国特色社会主义伟大胜利——在中国共产党第十九次全国代表大会上的报告》，共产党员网，2017 年 10 月 18 日，http://www.12371.cn/2017/10/27/ARTI1509103656574313.shtml。

② 福柯：《知识考古学》，谢强、马月译，生活·读书·新知三联书店，2003，第 53 页。

③ 陈锡喜：《马克思主义：意识形态和话语体系》，华东师范大学出版社，2011，第 35 页。

④ 李龙强、侯德锋：《社会主义核心价值观话语体系建设的话语创新》，《广西社会科学》2016 年第 3 期，第 6 页。

（一）构建高校社会主义核心价值观话语体系，是社会发展的必然要求

话语体系是一定时代经济社会发展状态、时代特征和文化传统的表达范式，不仅是话语权的有效载体，也是社会发展道路的外在折射。从社会存在和社会意识的辩证关系原理出发，话语体系作为反映一定社会存在的由特定概念、范畴、表述所构成的思想表达，必然会随着社会的变迁而变化和发展，既要受到经济发展阶段、社会进步水平的制约，也要受到具体国情、时代精神、民族传统的制约。

经过40多年改革开放的伟大实践，我国社会主义现代化建设取得了举世瞩目的伟大成就，中国特色的社会主义展示了强大的生命力和广阔的发展前景，中国特色的发展道路、发展经验和发展模式引起了世界关注。社会主义核心价值观话语反映的是中国共产党在长期执政实践中积累的宝贵经验与深刻教训，是中国共产党立足世情、国情、党情、民情，用中国特色、中国风格、中国气派的理论研究和话语体系解读中国实践、中国道路，概括形成的理论联系实际、科学、开放、融通的新概念、新范畴、新表述。党的十九大报告指出："当前，国内外形势正在发生深刻复杂变化，我国发展仍处于重要战略机遇期，前景十分光明，挑战也十分严峻。"发展才是硬道理，社会发展水平决定话语的影响力和感召力。面对新形势新挑战，高校社会主义核心价值观话语体系必须立足时代前沿，顺应时代发展，紧扣时代脉搏，把握时代主题，遵循时代规律，解答时代课题，应对时代挑战，不断丰富和发展社会主义核心价值观的实践特色、理论特色和时代特色。

（二）构建高校社会主义核心价值观话语体系，是高校宣传思想工作的客观需要

高校作为意识形态前沿和重要思想文化阵地，是加强青年学生思想引领和思想政治教育的重要战场。高校社会主义核心价值观教育，关乎中国特色社会主义大学的性质、目标定位与办学方向。从某种意义上讲，各种思想文化交流、交融、交锋，本质上就是在争夺话语权，是各种话语体系之间的一种较量。[①] 因此，加强和改进新形势下高校宣传思想工作，必须把培育和践行社会主义核心价值观融入高校教育教学的全过程和各方面。

高校宣传思想工作是以一定的话语体系作为支撑的，不同的话语体系承担着不同的育人功能。高校社会主义核心价值观话语体系以青年学生为主要对象，通过易于被青年学生接受和认同的形式和载体，植入青年学生的价值体系，引导青年学生准确理解和把握社会主义核心价值观的科学内涵、精神实质和实践要求，积极培育和践行社会主义核心价值观。当前，随着时代的变革、社会形势的变化，思想文化呈现交流、交融、交锋的新态势，思想意识呈现多元、多样、多变的新特点，各种新现象、新问题层出不穷，高校宣传思想工作面临着更加复杂的形势和更加繁重的任务。做好新时代高校宣传思想工作，既要明确对象，突出主题，抓好青年学生价值观教育养成的目标任务，也要贴近受众，创新形式，探索出更加符合青年需要、青年特点和青年工作规律的话语体系。

（三）构建高校社会主义核心价值观话语体系，是引领青年学生成长成才的重要任务

培养什么人、遵循什么样的价值观培养人，是青年成长成才教育的重大课题。孔子曰："少成若天性，习惯如自然。"大学生正处于世界观、价值观和人生观形成和发展的关键时期，引导青年学生树立和践行社会主义核心价值观，既是增强青年学生思想政治教育实效性和针对性的现实要求，更是把青年学生培养成中国特色社会主义合格建设者和可靠接班人的重要任务。

党的十九大报告指出："把社会主义核心价值观融入社会发展各方面，

---

① 时立荣、田丽娜：《试论社会主义核心价值观的话语体系构建》，《人民论坛》2013 年第 14 期，第 182 页。

转化为人们的情感认同和行为习惯。"① 大学生培育和践行社会主义核心价值观，不仅需要形成全面、深刻、系统的科学理论体系，还需要构建起高校社会主义核心价值观话语体系，以青年话语反映全国各族人民共同认同的"价值观最大公约数"，将社会主义核心价值观的内容更好地总结、归纳和表达出来，确保社会主义核心价值观"接地气""入人心"，更易于被青年学生所接受、理解和认同，最大限度地吸引和凝聚广大青年学生，引导和帮助他们"扣好人生的第一粒扣子"，努力成长为勇于担当民族复兴大任的时代新人。

二　河北省高校社会主义核心价值观话语体系构建的现实境遇

中共中央办公厅印发的《关于培育和践行社会主义核心价值观的意见》指出，把培育和践行社会主义核心价值观融入国民教育全过程，要从学校抓起。社会主义核心价值观话语体系建设是培育和践行社会主义核心价值观的重要基础性工程。本文以河北省高校社会主义核心价值观话语体系构建为主题，通过调查问卷分析、LDA 主题模型分析、实地走访调查等方式，全面了解河北省高校社会主义核心价值观话语体系构建现状，探索话语体系自身存在的问题，并有针对性地进行归因分析，以便为构建高校社会主义核心价值观话语体系提出合理的意见建议。其中，调查问卷分析方式面向河北省部分高校的 2200 名学生发放了调查问卷，收回问卷 2105 份，其中有效问卷 2088 份，有效收回率为 94.91%，并使用 SPSS 软件对调查问卷进行了系统分析。LDA 主题模型分析方式是一种以计算机运算为基础的数字化的大数据文本分析技术，本文选取了河北省 42 所高校的官方微信公众号作为数据来源，其中本科院校 25 所、专业院校 17 所，抓取了其中 747 篇以"社会主义核心价值观"为主题的推送文本作为分析对象，建立语料库，借

---

① 习近平：《决胜全面建成小康社会　夺取新时代中国特色社会主义伟大胜利——在中国共产党第十九次全国代表大会上的报告》，共产党员网，2017 年 10 月 18 日，http://www.12371.cn/2017/10/27/ARTI1509103656574313.shtml。

助 LDA 主题模型的技术支持，计算文本内涵主题的概率分布，并自动提取文本数据中的主题、主题词和词频。

（一）河北省高校社会主义核心价值观话语体系构建现状

党的十八大以来，河北省高校高度重视社会主义核心价值观教育，纷纷出台了《关于培育和践行社会主义核心价值观的实施意见》《社会主义核心价值观宣传教育工作方案》等文件，不断加强社会主义核心价值观话语体系构建，通过创新表达方式、拓展传播路径、健全体制机制等，讲好中国故事，传播好中国声音，阐释好中国特色，进一步提升社会主义核心价值观在青年学生中的影响力、渗透力和感染力，引领青年学生对社会主义主流意识形态的认知认同，并融入制度建设和青年学生的日常行为习惯中。

1. 高校社会主义核心价值观的话语内容阐发

社会主义核心价值观的话语内容，是回答"说什么"的基本问题。党的十八大以"三个倡导"24 个字对社会主义核心价值观进行了概括解读，社会主义核心价值观话语内涵丰富、意蕴深刻、博大精深。本文结合时代话语、高校特色对选取的 42 所河北省高校进行了深入阐述与解读，经过文本分析，通过 LDA 主题模型反复操作，确定输出的 3 个主题词表和词频分析为相对最优结果（见表 1）。

表 1　河北省高校社会主义核心价值观话语内容 LDA 主题词

主题	主题词	权重
Topic 1	青年、奋斗、中华民族、社会主义、习近平、爱国、核心价值观、师生、爱国主义、责任感、自强、励志、美德、共同体、小康、真知、成才、共产主义、深化改革	0.21135
Topic 2	社会主义、文化建设、政治建设、全面发展、诚信、敬业、爱国、家风、青年、奋斗、团队、工匠精神、爱心、自强、美德、友善、中华民族、无私、爱国主义	0.37605
Topic 3	习近平、中华民族、马克思主义、师生、奋斗、信仰、立德、爱国主义、小康、一带一路、法律、社会发展、内化于心、品德、爱心、友善、公正、传统文化、节约	0.21135

从国家层面来看，社会主义核心价值观倡导富强、民主、文明、和谐。河北省高校聚焦国家层面社会主义核心价值观的话语内容阐发，紧扣时代发展脉搏，顺应时代发展潮流，将"五位一体"总体布局、"四个全面"战略布局、新发展理念、人类命运共同体、"一带一路"倡议等思想融入话语内容之中，体现了社会进步和人类发展的规律，丰富了国家层面话语内容的"词汇库"，并通过加强顶层设计、健全体制机制等予以落地、落实。

从社会层面来看，社会主义核心价值观倡导自由、平等、公正、法治。河北省高校聚焦社会层面核心价值观的话语内容阐发，坚持马克思主义价值观理论，吸收借鉴人类优秀文明成果，有机融入学生守则、居民公约、村规民约、文明城市建设等制度规范要求，反映了建成什么样的社会的价值指向，彰显了中国特色社会主义核心价值观话语的本质属性和文化自信。

从个人层面来看，社会主义核心价值观倡导爱国、敬业、诚信、友善。河北省高校聚焦个人层面核心价值观的话语内容阐发，结合新时代中国青年的使命担当，融入新时代公民道德规范的重点任务，体现了新时代青年成长成才的价值准则，实现了中华民族优秀传统文化的创新性转换和创造性发展。

2. 高校社会主义核心价值观的话语表达方式

社会主义核心价值观的话语表达方式，是解决"如何说"的问题。马克思指出："理论只要说服人，就能掌握群众；而理论只要彻底，就能说服人。所谓彻底，就是抓住事物的根本。而人的根本就是人本身。"[①] 河北省高校结合不同的叙事方式和话语情景，从话语释义方式、话语转化方式、话语践行方式等进行创新创作，为社会主义核心价值观话语的贴近性、接地气、走出去提供了有益的探索和尝试。

从话语释义方式来看，河北省高校运用生动有趣的话语，融入各校的文化底蕴和实际需要，增加了话语的渲染力与感知力，拉近了社会主义核心价值观与大学生学习生活的距离，使其真听、真懂、真信。例如，河北

---

① 《马克思恩格斯选集》第1卷，人民出版社，2012，第9-10页。

农业大学依托学校特色和教育实践形成的"太行山道路""李保国精神"，承载着社会主义核心价值观的教育信息，是社会主义核心价值观落地生根的有效途径，汇聚起大学生奋发向上的强大正能量。保定学院结合自身的文化底蕴和独特的育人模式形成的"西部支教精神"，蕴含着社会主义核心价值观的价值理念，引领保定学院学生前赴后继地到西部扎根、教书育人。

从话语转化方式来看，河北省高校注重从宣教式话语向传播式话语转化，将社会主义核心价值观融入课堂教育、日常生活和实践活动中，采用案例教学法、故事分析法、实践感悟法、环境熏陶法等，以求达到进教材、进课堂、进大脑的良好效果。例如，河北师范大学创新思想政治教育的方式方法，除了理论宣讲外，重在体验，重在氛围，重在榜样引领，开展"邓颖超班"创建、无人监考诚信班创建、自立自强大学生评选活动，把社会主义核心价值观形象化、具体化。河北工程大学坚持社会主义核心价值观的主线，依托统编教材，以行为养成为目标，追求德育课程实效，开展形势政策专题讲座，邀请德高望重、政治功底好的老教授给青年教师辅导，做学生社团顾问，提高和丰富了教育效果。①

从话语践行方式来看，河北省高校运用榜样示范、道德实践等实践话语养成方法，将大学生对社会主义核心价值观的内心信念转化为外在行为，固化为行为模式，养成为行为习惯。例如，华北电力大学举办"明德大讲堂""责任之思"报告会，充分发挥先进模范人物在践行社会主义核心价值观中的示范引领作用，教育大学生提高思想认识、规范自身言行、养成良好品行。河北医科大学开展"入学誓词"教育，凝聚起培育社会主义核心价值观的共识和力量，引导新生牢记从事医务、医学工作所必须坚守的责任和担当。

3. 高校社会主义核心价值观的话语载体

社会主义核心价值观的话语载体，是解决"在哪说"的问题。根据传

---

① 河北省关心下一代工作委员会：《社会主义核心价值观"进校园、进课堂进头脑"情况调研报告》，中国关心下一代工作委员会官网，2014 年 12 月 29 日，http://www.zgggw.gov. cn/gongzuoziliao/canyuejian/2734. html。

播学相关理论，人类传播的历史与发展可以划分为口语传播时代、文字传播时代、印刷传播时代、电子传播时代等四个阶段。在全媒体时代的今天，河北省高校综合运用传统媒体、新兴媒体作为社会主义核心价值观的话语载体，并将社会主义核心价值观融入校园文化活动和文化产品中，全力打造全方位、全过程、全员、全面传播，进一步提高话语的覆盖面和传播力，扩大社会主义核心价值观的影响力（见表2）。

表2　河北省高校社会主义核心价值观话语载体 LDA 主题词

主题	主题词	权重
Topic 1	基层、典礼、就业、视频、宣讲、微信、法典、线上、青年、团队、新媒体、技能、分享、直播、思政课、协同、讲解、法律、座谈会、微博、效果、竞赛、软件	0.32688
Topic 2	教师、思政课、高校、师德、马克思主义、青年、协同、团队、立德、义务、效果、竞赛、线上、演讲、氛围、师生、教材、海报、传单、技能、团委、载体、报告	0.27605
Topic 3	思政课、信仰、家风、法律、认同、青年、广播、活动、内化于心、外化于行、教材、立德、视频、奋斗、传递、新媒体、品德、比赛、载体、纪律、讲解	0.21535

在运用传统媒体方面，河北省高校一方面以静态文字媒体作为话语载体，在校园中的宣传橱窗、大型电子屏、文字标示处等宣传社会主义核心价值观，使社会主义核心价值观基本内容处处可见、人人知晓；另一方面以文学艺术作品、校园文体活动作为话语载体，创作讴歌主旋律、传播正能量的文学艺术作品，举办主题党日、团日、班会、报告会、座谈会、研讨会、知识竞赛、征文比赛等丰富多彩的文体活动，以鲜活的形式阐释和宣传社会主义核心价值观，让大学生更好地感悟社会主义核心价值观的真谛和要义。

在运用新兴媒体方面，随着新兴媒体强势来袭，河北省高校顺势而为，纷纷搭建门户网站，入驻微博、微信、B 站、抖音等新媒体平台，运用 H5、微视频、微动画、微电影等新兴技术的优势，进一步提升社会主义核心价值观话语的网络传播力和引领力。比如，河北大学思政课教师组织学生拍摄微电影，鼓励学生运用年轻人喜闻乐见的方式拍摄思政教育的艺术作品，有利于增强思政教育教学的亲和力与吸引力，调动学生思政学习的主动性和创造性。华北电力大学充分发挥各类课程的育人功能，与人民网联合打造线上思政课程系列直播公开课，深度融入社会主义核心价值观教育、理想信念教育内容，帮助学生进一步树立正确的世界观、人生观和价值观。

（二）河北省高校社会主义核心价值观话语体系构建的实然困境

在新的时代背景下，青年学生的话语体系发生着深刻的变化，呈现出鲜明的个性化、自主化和创造性等时代特征。河北省高校社会主义核心价值观宣传思想工作的环境、对象、范围、方式也发生了很大变化，使其在表达方式、话语载体、传播路径等方面面临着许多前所未有的新情况、新问题、新挑战。

1. 高校社会主义核心价值观话语内容吸引力有待增强

教育系统中所涉及的理论、政策及实践等问题在本质上属于伦理性、政治性的问题，[①] 大学生社会主义核心价值观培育就是按党和国家要求，传播中国特色社会主义意识形态，宣传中国特色社会主义价值观念。当前高校正不断丰富和拓展社会主义核心价值观的培育维度和领域，但话语内容没有从根本上突破旧有的思维框架，仍然存在语词模式化、话语程式化、话语语境滞后等问题。

调查发现，有75.9%的大学生表示知道并了解社会主义核心价值观的内涵，62.9%的大学生对高校社会主义核心价值观话语内容具有较高的认同感和信服度，但仅有43.2%的大学生认为话语内容对自己的学习和生活产生了较大的影响（见图1）。由此可见，高校社会主义核心价值观话语内容的生产和创新能力不足，在一定程度上忽视了当代青年的需求和变化，致使社会主义核心价值观在青年学生中的认同度和影响力还不够。如何找到

---

① 麦克尔·阿普尔：《意识形态与课程》，黄忠敬译，华东师范大学出版社，2001，第12页。

既紧密围绕党政中心工作，又能达到青年成长进步的目标，增强自身凝聚力和吸引力的有机结合点，是高校培育和践行社会主义核心价值观面临的新课题和新任务。

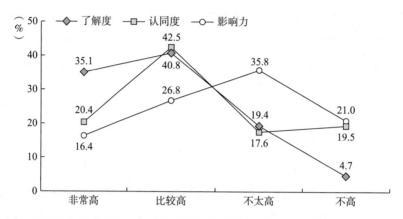

图1 河北省大学生对社会主义核心价值观话语内容的了解度、认同度和影响力

2. 高校社会主义核心价值观话语表达方式有待优化

根据马克思关于语言的观点，语言是振动着的空气层、声音，是基于他人交往的迫切需要。① 语言承载着主体间特殊意识形态、价值观念、知识信息等，喜闻乐见、富有意义、生动有趣等话语表达，夸张、比拟、典故等话语修辞，更能增加话语的渲染力与感知力，更有助于宣传教育工作的开展。高校开展社会主义核心价值观宣传教育工作面对的主要对象是"90后""00后"的大学生，他们思路开阔、思维敏捷、主体意识强，形成了青年群体的独特话语体系和呈现方式，但不可避免地会与目前高校社会主义核心价值观宣教方式出现话语冲突。

调查结果显示，近三成的大学生偏向轻松活泼的话语方式，不习惯严肃庄重的话语风格，平时偏好的表达方式以直白、亲切为主，语言表达方式不够严谨。针对河北省高校社会主义核心价值观的宣教、沟通方式，有七成多的大学生认为宣传沟通话语呈现简洁明快、轻松活泼的风格，但有

_____

① 《马克思恩格斯选集》第1卷，人民出版社，2012，第161页。

近三成的大学生认为宣传沟通话语存在空洞说教、严肃刻板、照搬照抄等现象，理解沟通起来比较晦涩和枯燥，对他们的感染力、吸引力和影响力有待加强（见表3）。

表3 河北省高校社会主义核心价值观宣传沟通的话语风格

单位：%

	数据项目	频率	百分比	有效百分比	累积百分比
有效	A. 空洞说教	181	8.67	8.67	8.67
	B. 严肃刻板	266	12.74	12.74	21.41
	C. 轻松活泼	625	29.93	29.93	51.34
	D. 简洁明快	840	40.23	40.23	91.57
	E. 照搬照抄	176	8.43	8.43	100.0
	合计	2088	100.0	100.0	

3.高校社会主义核心价值观话语载体融合有待推进

随着新媒体技术的迅猛发展，各类新媒体平台日新月异，已成为社会意识形态建设的重要阵地和载体，利用新媒体开展社会主义核心价值观话语传播也已经成为普遍共识，但河北省各高校新媒体平台的服务功能参差不齐，建设相对滞后，而且对社会主义核心价值观的宣传多采用宣教话语，致使对青年学生的吸引力不足。

调研结果显示，大学生普遍认为，新媒体在培育社会主义核心价值观中优于传统媒体，其中，微信更是以超过八成的认可度居于首位，但学生对其关注度、经常使用率以及作用发挥情况相差较大（见图2）。在调查中，还发现一些不容忽视的问题：有的高校仍固守于传统媒体的使用，对新媒体的认知存在偏差；有的高校只会运用"两微一端"宣传平台，话语载体建设弹性不强，力度不够；有的高校忽略了以青年为主题、回归其主人翁身份，灵活性和敏锐性不够，不能满足青年学生对个性和话语权的需求，导致众多"僵尸平台"的出现；有的高校对新媒体的监管和运用不够，过于注重形式的包装，割裂形式与内容的内在联系，过度关心信息传播的点击率，话语传播的实际育人效果并不理想。

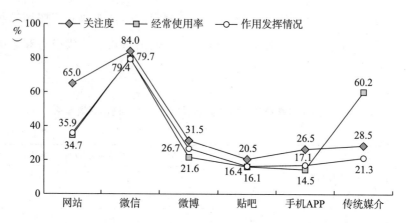

图 2 河北省高校社会主义核心价值观话语载体的关注度、
经常使用率和作用发挥情况

三 新时代河北省高校社会主义核心价值观
话语体系构建的路径

新时代背景下的高校社会主义核心价值观话语体系不是凝固不变的，它是一个不断发展的体系。随着新媒体的兴起和快速发展，青年学生的思想观念、价值取向和社会行为发生了重大变化，河北省高校社会主义核心价值观话语体系必须追踪这些变化，创新宣传教育的话语理念、话语内容、话语形式和话语载体等，实现新时代河北省高校社会主义核心价值观话语体系的转型构建和有效传播。

（一）创新河北省高校社会主义核心价值观话语理念

理念是行动的先导，一定的实践都是由一定的理念来引领的。新时代背景下，创新社会主义核心价值观的话语体系，要立足于中国特色社会主义的新发展阶段，牢牢把握时代特色和青年学生话语特征，在社会主义核心价值体系的基础上进一步筛选凝练、丰富创新，让青年学生愿意听、听得懂、听得进，使社会主义核心价值观在青年学生中得到广泛教育传播和深入引领践行。

第一，河北省高校要坚持以习近平新时代中国特色社会主义思想为指导，切实做好社会主义核心价值观话语体系的构建与传播。习近平新时代中国特色社会主义思想，贯穿着马克思主义立场观点方法，具有鲜明的时代性、科学性、指导性，是全党全国各族人民思想的精神旗帜和行动纲领。构建社会主义核心价值观话语体系，要深入认识习近平新时代中国特色社会主义思想的精神实质和丰富内涵，深刻把握其本质特征和理论品格，用习近平新时代中国特色社会主义思想强化理论武装，指导工作实践。

第二，河北省高校要牢牢把握社会主义核心价值观的话语权和解释权。当前，各种思想文化的交流、交融、交锋更加明显，高校作为意识形态工作前沿阵地，要深化社会主义核心价值观的理论研究，努力抢占价值体系的制高点，主动把握社会主义核心价值观的话语权和解释权，切实掌握青年学生思想教育工作的主动权，进一步筑牢青年学生的思想防线，提升青年学生的主流价值认同。

第三，河北省高校开展社会主义核心价值观宣传教育要充分尊重学生的主体地位，构建出既符合主流价值需要又符合青年学生思想特点的话语体系。青年学生既是高校思想政治教育的客体也是教育的主体，高校要摒弃传统宣传教育话语绝对权威的理念，先做倾听者，再做摆渡人，主动关注青年学生的思想动态，准确掌握青年学生话语体系的时代特点，充分发挥青年学生的主动性和创造性，用符合青年特点的话语来宣传普及社会主义核心价值观。

（二）丰富河北省高校社会主义核心价值观话语内容

社会主义核心价值观话语内容是构建话语体系的核心与基础，它关乎话语体系的有效度、认同度和辐射度。新时代背景下，创新社会主义核心价值观的话语体系，要深层次解构社会主义核心价值观话语的逻辑结构，立足于改革开放和社会主义现代化建设的实践丰富话语内涵，积极打造具有现实生命力与感召力的话语内容。

第一，河北省高校要深层次解构社会主义核心价值观话语的逻辑结构和衍生脉络。高校要坚持社会主义核心价值观的学术视阈、中国视角和国际视野的多维统一，要巩固马克思主义在高校意识形态领域的指导地位，结合不同历史时期的理论创新成果加深对社会主义核心价值观的学术理解；要传承与转化中国优秀传统文化的本源内容，结合时代要求对其思想精华和道德精髓进行创造性转化与创新性发展；要充分吸收和借鉴世界文明的外延内容，利用其积极成分进行话语体系创新。

第二，河北省高校要立足中国实践去丰富社会主义核心价值观的话语内涵。社会主义核心价值观是在改革开放和社会主义现代化建设历程中逐渐形成和不断发展起来的，在不同历史阶段呈现不同的话语内容与话语特点，是中国国情的现实写照和主流价值观的集中表达。因此，高校社会主义核心价值观的话语内容要立足于中国经济社会发展的历史与现实，结合改革开放和社会主义现代化建设的实践和经验来准确把握，结合发现和解决不同发展境遇中的问题来切实践行，凝聚起社会主义核心价值观的话语共识，推动高校社会主义核心价值观话语内容的创新性发展。

（三）转变河北省高校社会主义核心价值观话语表达方式

谁掌握和控制了有效的言说方式、技巧和策略，谁就拥有了支配性的话语优势，合理的言说方式是构建当代中国主流价值观不可或缺的环节。① 新时代背景下，创新社会主义核心价值观的话语体系，要改变单一的"灌输式"话语表达方式，要顾及青年学生的话语模式和可接受性，针对不同的话语语境、不同的传播场域，采取不同的话语表达方式，让青年学生更易于理解和接受。

第一，河北省高校要促进政治话语、学术话语和青年话语的良性互动与有机融合。政治话语是社会主义核心价值观话语体系的出发点和落脚点，

---

① 吴永刚：《论当代中国主流价值观话权建构》，《宁夏社会科学》2016 年第 1 期，第 7 页。

学术话语、青年话语是话语体系中的承载者和诠释者，要坚持政治性、学理性与亲和性相统一，用学术话语为政治话语提供理论支撑和智力支持，用青年话语为政治话语注入鲜活能量和青春活力，通过学术话语、青年话语的阐释和传递，更好地为政治话语服务，更好地致力于社会主义核心价值观的宣传和教育。

第二，河北省高校要理顺宏大叙事与平民叙事的联结、转换和融合。宏大叙事是社会主义核心价值观话语体系的内涵和表征，平民叙事是青年学生常用的主导叙事方式，要坚持话语的价值性、知识性和经验性相统一，既要保有社会主义核心价值观的内涵表达和价值陈述，也要根植于平民叙事的话语策略和表达方式，采用青年学生喜闻乐见、易于接受的方式，进行平等对话交流互动，将"高大上"的理论内容与"接地气"的叙事方式结合起来，便于实现青年学生对社会主义核心价值观的解读、接受与传播。

（四）优化河北省高校社会主义核心价值观话语载体平台

在互联网广泛普及与快速发展的背景下，传播格局、传播方式发生了深刻变革，新媒体逐渐成为河北省高校社会主义核心价值观宣传教育的载体平台。新时代背景下，创新社会主义核心价值观的话语体系，话语载体要向图像、音频、视频、超链接等多模态延伸，话语平台要向微信、微博、B站、抖音、快手等新媒体拓展，使社会主义核心价值观以积极有效的形式传播和辐射。

第一，河北省高校要积极推动多模态话语的协同创新。模态是涵盖语言、技术、图像、声音等符号的交流渠道和媒介，多模态话语实质即是人类在交流过程中综合应用视觉、听觉等感知的结果。[①] 文字作为最常用的模态话语，表意受限于场景、情景、平台等因素，需要其他模态话语的补充和优化。因此，高校社会主义核心价值观的模态话语，要顺应时代发展的趋势，紧扣青年学生的喜好倾向，善用图像、音频、视频、超链接等的独

---

① 朱永生：《多模态话语分析的理论基础与研究方法》，《外语学刊》2007年第5期。

特优势，充分发挥多模态话语的协同作用，使社会主义核心价值观更加真切立体、深入人心。

第二，河北省高校要加快推进传统媒体和新兴媒体的互动融合。为了适应新时代的潮流和新青年的特点，传统媒体与新兴媒体的融合成为社会主义核心价值观教育宣传的必然趋势。高校要牢牢掌握教育宣传阵地，加强传统媒体和新兴媒体的深度融合，充分发挥传统媒体在品牌、内容、渠道等方面的优势，充分利用新媒体海量性、互动性、个性化等特点，多角度、多渠道、全方位构建话语传播阵地，保障社会主义核心价值观的声音更加具有穿透力和影响力。

参考文献

习近平：《决胜全面建成小康社会　夺取新时代中国特色社会主义伟大胜利——在中国共产党第十九次全国代表大会上的报告》，共产党员网，2017 年 10 月 18 日，ht-tp://www. 12371. cn/2017/10/27/ARTI1509103656574313. shtml。

河北省关心下一代工作委员会：《社会主义核心价值观"进校园、进课堂进头脑"情况调研报告》，中国关心下一代工作委员会官网，2014 年 12 月 29 日，http://www. zgggw. gov. cn/gongzuoziliao/canyuejian/2734. html。

李龙强、侯德锋：《社会主义核心价值观话语体系建设的话语创新》，《广西社会科学》2016 年第 3 期。

聂筱谕：《西方的控制操纵与中国的突围破局——基于全媒体时代意识形态话语权争夺的审视》，《世界经济与政治论坛》2014 年第 3 期。

时立荣、田丽娜：《试论社会主义核心价值观的话语体系构建》，《人民论坛》2013 年第 14 期。

吴永刚：《论当代中国主流价值观话权建构》，《宁夏社会科学》2016 年第 1 期。

朱永生：《多模态话语分析的理论基础与研究方法》，《外语学刊》2007 年第 5 期。

《马克思恩格斯选集》第 1 卷，人民出版社，2012。

陈锡喜：《马克思主义：意识形态和话语体系》，华东师范大学出版社，2011。

福柯：《知识考古学》，谢强、马月译，生活·读书·新知三联书店，2003。

麦克尔·阿普尔：《意识形态与课程》，黄忠敬译，华东师范大学出版社，2001。

河北医护人员学习白求恩精神 践行社会主义核心价值观创新研究

刘书越*

摘　要： 白求恩精神是河北省医疗卫生界开展社会主义核心价值观教育的宝贵财富，具有全国独特的优越条件。河北省高度重视医护人员社会主义核心价值观的教育和实践活动，坚持历史唯物主义基本原理，以现实改变促观念更新，更加关爱医护人员，不断推进社会主义核心价值观教育实践往深里做、往实里做，实现思想政治教育的创新发展。

关键词： 白求恩精神　医护人员　河北

医者仁心，它既关乎社会民生福祉，也影响其他群体行为规范的形成发展。笔者在此结合自己的长期思考与近来的观察抛出一孔之见，希望引起各界关注与指正，以推动医护人员社会主义核心价值观培育登上新台阶、取得新进展，促进我国社会经济各项事业的持续健康高质量发展。

一　白求恩精神是新时代医护人员的宝贵财富

新中国成立以来，特别是改革开放以来，河北省始终高度重视医护人

---

* 刘书越，河北省社会科学院邓小平理论、"三个代表"重要思想和科学发展观研究所（精神文明建设研究中心）研究员，主要研究方向为精神文明建设和生态文明建设理论实践。

员职业道德建设，立足白求恩精神发祥地这一地利优势，采取多种措施教育激励广大医护人员在治病救人这一神圣岗位上做贡献。医护人员为新时代河北经济社会发展做出了巨大而独特的贡献，无愧于"白衣天使"的光荣称号，成为加强社会主义核心价值观教育的典范，为其他行业践行社会主义核心价值观树立了学习标杆。

（一）燕赵自古多名医

河北是中华文化重要发祥地，可谓人杰地灵。绵延数千年的燕赵文明，为人类社会发展进步做出了重大贡献，涌现了各式各样影响深远的杰出人才，其中就有杰出的医学人才。扁鹊是中国传统医学的开山鼻祖，据史书记载，扁鹊是春秋战国时期的名医，生于公元前 407 年，卒于公元前 310 年。扁鹊是勃海郡郑（今河北任丘）人①。在司马迁的《史记》及先秦的一些典籍中可以看到扁鹊既真实又带有传奇色彩的一生。由于医术高超，扁鹊被世人尊为神医。扁鹊善于运用"望、闻、问、切"四诊看病，特别是擅长脉诊和望诊。他精于内、外、妇、儿、五官等科，应用砭刺、针灸、按摩、汤液、热熨等法治疗疾病，奠定了中医临床诊断和治疗方法的基础，开启了中医学的先河，被后人尊为"医祖"。相传中医名典《难经》即为扁鹊所著，对中医学的发展有着特殊的贡献。《汉书·艺文志》载，扁鹊著有《内经》和《外经》。另据《博野县志》记载，扁鹊墓在博野芦村，"大跃进"期间被毁。

（二）白求恩是医务工作者的榜样

诺尔曼·白求恩（1890—1939 年），加拿大安大略省格雷文赫斯特镇人，1916 年毕业于多伦多大学医学院，是医师、博士、胸外科著名专家。1935 年 11 月，白求恩加入加拿大共产党。1937 年底，白求恩受加拿大共产党和美国共产党的派遣，不远万里来到中国。毛泽东在延安亲切接见了白

---

① 一说其为齐国卢邑（今山东长清）人。

求恩及其同行者。

白求恩为减少伤员的痛苦和死亡，把手术台设在离前线最近的地方，曾两昼夜连续做了71次手术。1939年2月，白求恩率18人的"东征医疗队"到冀中前线救治伤员，不顾日军炮火威胁，连续工作69小时，给115名伤员做了手术。有一次，当一位伤员急需输血时，他主动献血300毫升。他还倡议成立并参加了志愿输血队。有些伤员分散在游击区居民家里，他和医疗队冒着危险去为他们做手术。在4个月的时间里，白求恩行程1500余里，做手术315次，建立手术室和包扎所13处，救治伤员1000多名。1939年11月12日，白求恩因病医治无效在河北省唐县黄石口村不幸逝世，年仅49岁。

白求恩对医术精益求精、对病人认真耐心；他的牺牲精神、工作热忱、责任心均称模范。他的事迹受到中国人民的广泛赞扬，为了悼念白求恩，毛泽东专门写了《纪念白求恩》一文，在1939年12月21日发表。毛泽东在这一名篇中指出，"一个外国人，毫无利己的动机，把中国人民的解放事业当作他自己的事业，这是什么精神？这是国际主义的精神，这是共产主义的精神"，"白求恩同志毫不利己专门利人的精神，表现在他对工作的极端的负责任，对同志对人民的极端的热忱"，"白求恩同志是个医生，他以医疗为职业，对技术精益求精；在整个八路军医务系统中，他的医术是很高明的"。[①]

白求恩"毫不利己专门利人"的精神成为一座不朽的丰碑，鼓舞中国人民不断取得胜利，走向辉煌；同时他也成为广大医务工作者心中的一座精神丰碑、学习榜样。这极大提高了白求恩的知名度，使之成了家喻户晓的名人，提升了白求恩精神的影响力。白求恩至今在医学领域都是标杆式的榜样人物，许多激励医护人员的行为做法和先进人物都被打上了白求恩的符号。1998年，白求恩被纳入"加拿大医学名人纪念堂"；2004年，加

---

① 《纪念白求恩》，《毛泽东选集》第2卷，人民出版社，1991，第659－660页。毛泽东的这篇文章和其同时期的《为人民服务》《愚公移山》曾被当成需要背诵的"老三篇"。

拿大广播公司评选"最伟大的加拿大人"，白求恩被评选为第 26 位伟人。据白求恩纪念馆的讲解员介绍，白求恩之所以赢得加拿大人的崇敬主要有两个原因，一是钦佩他在征服"死亡"过程中的坚强毅力；二是钦佩他处处为他人服务，为医疗社会化不懈奋争的崇高精神。

为了纪念白求恩的感人事迹，1940 年 4 月河北唐县军城南关建立了白求恩墓。晋察冀军区决定将军区卫生学校和模范医院分别命名为白求恩卫生学校和白求恩国际和平医院。1952 年，白求恩的灵柩迁入石家庄华北军区烈士陵园，他是第一位被中国政府竖立雕像的外国人。白求恩墓坐落于华北军区烈士陵园西侧，墓基为花岗石，墓顶为半圆形，墓前有汉白玉墓碑，上刻"白求恩大夫之墓"，两侧长廊有其革命活动的照片，墓前广场有其全身塑像。为纪念白求恩的崇高精神，白求恩国际和平医院（位于河北石家庄市）和白求恩医科大学（2000 年并入吉林大学，改名为白求恩医学院/科部）先后成立。加拿大约克大学以他命名了白求恩医学院。

（三）柯棣华的事迹同样值得我们学习

柯棣华是与白求恩同时代的著名国际主义医生，被称为"从印度来的第二个'白求恩'"。他 1910 年生于印度孟买，1938 年随同印度援华医疗队到中国协助抗日，先后在延安和华北抗日根据地服务，任八路军医院外科主治医生、白求恩国际和平医院第一任院长。1942 年 12 月 9 日，柯棣华因病在河北省唐县逝世，年仅 32 岁。他的工作热情及献身精神、国际主义精神，同样发挥着激励人们前进的作用。毛泽东在其追悼会上说道："印度友人柯棣华大夫远道来华，援助抗日，在延安华北工作五年之久，医治伤员，积劳病逝，全军失一臂助，民族失一友人。柯棣华大夫的国际主义精神，是我们永远不应该忘记的。"[1] 此后，全国各根据地广大医务工作者掀起了"学习柯棣华作风"的运动。他的陵墓和雕像同白求恩的陵墓和雕像一起被

---

[1] 《生死朋友永不忘——记曾支持过中国革命的国际友人》，中华人民共和国中央人民政府官网，2011 年 6 月 28 日，http://www.gov.cn/jrzg/2011-06/28/content_1895054.htm。

安置在了华北军区烈士陵园，供后人瞻仰。1976 年，唐县建立了柯棣华纪念馆。1992 年是柯棣华大夫逝世 50 周年，为了永远纪念这位为中国民族解放事业而献身的国际友人，石家庄柯棣华医士学校成立（后改为石家庄柯棣华职业专修学院），这是一所以培养护士为主的特色院校。

二　河北高度重视加强医护人员社会主义核心价值观教育引导工作

新中国成立后特别是改革开放以来，河北省委、省政府重视人民健康事业，在资金投入、人员培养、基础设施建设等方面做了很多工作，全省城乡医疗卫生条件大为改善，彻底告别了旧社会缺医少药、健康水平差、预期寿命低的状况。广大医护人员的精神风貌也发生了翻天覆地的变化，医生的社会地位、技术水平、敬业精神得到了空前的提高，进入了历史上难得的发展时期。与此同时，继承弘扬扁鹊等河北历史名医身上的优秀传统、把白求恩精神发扬光大也成为全省医护人员的自觉行动，白求恩成为每一个医护人员的学习榜样、行动标杆。

（一）始终重视医护人员医德医风建设

河北省通过加强医疗单位党的建设，让广大共产党员充分发挥先锋模范作用，在医德医风中做表率、当先锋，带动整体医护队伍职业道德水平的提高。大多数医院的党政主要领导关键时刻都能够发挥先锋模范作用，遇到艰巨任务时都能够发挥"守土有责、守土担责、守土尽责"作用。比如，近几年，邢台市人民医院的党委书记陈树波、院长李永才始终保持着高度的政治敏锐性和政治责任感，坚持紧急动员、主动作为，彰显了领导力、凝聚力、战斗力，保证了重点工作有力、有序、有效的开展。只要专门门诊、隔离病房、重症救治病房有需要，哪里最危险，这两位党政主要领导都会出现，带头坚守岗位、昼夜值守、靠前指挥，有时他们甚至连续20 多天无法好好休息，每天巡查重点岗位、重点部门，切实发挥主要领导的引领作用。

同时，河北省注意落实党的全面领导，提高基层党组织战斗堡垒作用，通过积极开展日常宣传、警示教育、参观学习、法制学习等活动，推进社会主义核心价值观进病房、进诊室、进头脑，不断提高广大医护人员职业道德素养，为河北省医务工作者整体思想道德素质提高提供了强大动力。进入21世纪，特别是中国特色社会主义进入新时代以来，经过持续不断的社会主义核心价值教育实践活动，河北省医护人员的精神风貌大为改善，成为社会主义核心价值观的积极实践者和社会各阶层道德实践的楷模。遇到重大困难时，他们通过召开支部书记会议专题传达习近平总书记重要指示和中央、省市有关精神要求，下发"'众志成城，共克时艰'倡议书"，向本单位医护人员发出倡议书，在职党支部则向单位党委递交请战书，医护人员坚定站在医疗第一线，充分发挥了"白衣战士"的"主力军"作用，展示了他们不惧生死的奉献精神。

（二）选树"中国好医生、中国好护士"等先进人物

常言道，榜样的力量是无穷的。无论是先进个人，还是先进集体，对其他个人或集体都具有强烈的示范带动作用。多年来，为了组织好医生和护士这两个群体的社会主义核心价值观教育活动，河北省文明办、河北省卫健委等部门一直积极参与中央文明办、国家卫健委共同组织的"中国好医生、中国好护士"网上推荐评议活动。经过群众推荐、集中展示、点赞评议等环节，河北省医疗单位已有一大批医务工作者当选"中国好医生、中国好护士"。2020年11月，河北省共有10位优秀医务人员入选月度人物，包括河北医科大学第二医院大内科主任医师袁雅冬等人。2020年10月23日，由中央文明办、国家卫健委联合主办的"中国好医生、中国好护士"特别人物发布活动中，河北省人民医院党懿、河北医科大学第二医院阎锡新、河北医科大学第三医院王飞、河北省保定市第二医院于红莲、河北省张家口市第一医院王晓芳、河北省衡水市人民医院童莉等医护人员当选，其中后四位医护人员中有三名护理工作者和一名具体工作人员。这些人的

当选和之后的宣传，在很大程度上起到了教育引导作用，既是对他们事迹的一种肯定激励，也是对其他人的教育引导，促进了社会主义核心价值观的入脑入心践行。

（三）利用白求恩事迹开展医风医德教育

河北省很早就成立了河北省白求恩精神研究会，积极评选"河北省白求恩式医药卫生工作者"，开展河北省白求恩式模范医院创建活动。白求恩精神研究会和中国医师协会还联合举办了"白求恩式好医生"大型公益活动。2017 年，河北张家口市妇幼保健院儿科主任、主任医师王淑芳和邯郸市妇幼保健院儿童康复科主任、主任医师顾秀玲等人荣获全国首届"白求恩式好医生"光荣称号，乔建勇等 11 名在河北各地工作的医务工作者获首届"白求恩式好医生提名奖"。此后，该活动每年评选一次，历年都有河北医生当选。这些当选医生不忘初心、全心全意服务百姓健康的感人故事，教育激励了更多的医务工作者献身卫生事业。如 2018 年第二届"白求恩式好医生"获得者、山西医科大学第二医院主任医师梁炳生曾说，白求恩虽已牺牲了 79 年，但他的事迹得到了中国、加拿大乃至世界人民的一致认可和尊重。作为新时代的中国医务工作者，更要身体力行，全心全意为人民健康服务，争做白求恩式的好医生。

为了让白求恩精神长留人间，2018 年 9 月，中国"白求恩式好医生"纪念林建设在河北顺平启动。纪念林位于河北保定西部太行山区顺平县白银坨景区，① 2018 年第二届"白求恩式好医生"和"白求恩式好医生提名

---

① 顺平县是抗日战争时期冀中军区的后方基地，也是白求恩在中国期间工作和战斗时间最长的地方。直到现在，白求恩救死扶伤的事迹仍在当地广为传颂。河北省白银坨景区是抗战时期白求恩学校 140 多名学子的牺牲地，目前，该地建有白求恩和八路军战士骑马巡诊大型雕像、白求恩学校学子遇难遗址纪念广场、中加友好枫树林等。为学习白求恩事迹、传承白求恩精神，中国医师协会、白求恩精神研究会和河北省白银坨景区管委会共同启动了此次中国"白求恩式好医生"纪念林活动。此后评选出的"白求恩式好医生"代表都将来此参观学习、参加植树活动，要让"白求恩式好医生"纪念林成为全国医师队伍学习白求恩精神的品牌。

奖"部分获奖医师代表，以及来自保定市、顺平县的部分医务工作者等100余人，共同在现场栽植了300多棵加拿大枫树。

（四）加强人才队伍和激励机制建设

"以医疗为职业，对技术精益求精"的白求恩精神，要求我们要高度重视医护人才培养。经过多年的建设，河北省已经建起以河北医科大学等为龙头，河北中医学院和河北大学、河北工程大学、华北理工大学、北方学院等高校的医学部，以及邢台、沧州等地的医学专科学校（含职业、民办院校）为梯队的多层次医护人才培养体系，这在全国都是不多见的。其中，河北医科大学培养的医护人员一直是河北省医护战线的主力军，成为河北省守护人民健康、实践白求恩精神的中坚力量。河北省在评选"白求恩式好医生"的同时，还开展了创建"河北省白求恩式模范医院"的活动，并将石家庄白求恩医学中等专业学校评选为"河北省白求恩式模范学校"。这些都对提高河北省医护人员精神道德素质发挥了重要作用。

（五）利用"国际护士节"和"中国医师节"等重大节日开展教育

护理工作是医疗卫生事业的重要组成部分，广大护士在防病治病、抢救生命、促进康复和减轻痛苦等方面担负着重要责任，在构建和谐医患关系中发挥着重要作用。"5·12"国际护士节是为纪念现代护理学科的创始人——弗劳伦斯·南丁格尔于1912年设立的，其宗旨是倡导、继承和弘扬南丁格尔不畏艰险、甘于奉献、救死扶伤、勇于献身的人道主义精神。从南丁格尔创立护理专业之日起，护理工作便与人道主义精神和体贴患者、关爱生命的职业道德密切联系在一起。一百多年来，每逢这一天，我国卫生界都要举行纪念活动，重温南丁格尔"忠贞职守，尽力提高护理专业标准，勿为有损之事"的誓言，激励广大护理工作者秉承优良传统，竭尽全力帮助患者恢复健康，减轻病痛，为增进人类和谐、和睦而尽心尽力、尽职尽责。我国至今已有几十名护士获得红十字国际委员会颁发的国际护理界最高荣誉奖——南丁格尔奖章，他们是我国护理界的杰出代表，是践行南丁格尔精神的模范。

我国高度重视医疗卫生事业的发展。为了激励广大医务工作者爱岗敬业、践行社会主义核心价值观，2017 年 11 月 3 日，国务院通过了卫计委（今卫健委）设立"中国医师节"的申请，同意自 2018 年起，将每年的 8 月 19 日设立为"中国医师节"。2018 年 8 月 17 日，在首个"中国医师节"来临之际，习近平总书记做出重要指示，强调要弘扬救死扶伤的人道主义精神，不断为增进人民健康做出新贡献。"中国医师节"的设立，起到了激励教育医护人员的作用。

在新时代，我国加强医护人员社会主义核心价值观教育还采取了许多新举措，包括深化医院管理体系改革，提高报销比例，深化医护人员分配与晋升体制，加强医风医德建设与监管等，取得了很大成就。在此只论述了河北特色明显之处，其他内容则限于篇幅，不再赘述。

三　医护人员社会主义核心价值观教育依然任重道远

改革开放以来，我国大力弘扬白求恩精神，医护人员职业道德得到进一步提升。然而，在市场经济大潮的冲击下，广大医务工作者的道德修养也发生了历史上少有的变化。我们要进一步巩固提高社会主义核心价值观教育成果，实现满足全国人民对美好医疗健康生活的需求仍面临不少难题，值得我们认真研究探讨。笔者经过综合分析，认为医护人员社会主义核心价值观培育之所以出现诸多问题，至少有以下三个方面的原因。

（一）工作紧张，劳动强度大

不了解医院情况的人，可能对医院看病难、看病贵充满怨言，对白衣天使充满不理解。但是如果让有意见的人或者其子女去考医学院，将来当医生或护士，往往得到否定的回答。从大学报考志愿中可以发现，许多分数比较高的学子都不选择医学类专业，金融、电子、财经等专业是热门，医学、师范和农业类院校和专业往往在各省录取中处于下游甚至垫底录取档次。这是一个很多年变化不大的现象。究其原因就是医学类的培养耗时太久，一个医生起码需要经过 8 年（本科 5 年加研究生 3 年）学习，有的还要经过几年医院的"规培"才能就业。工作后，医护人员经常夜班、白班地倒，很是辛苦。护士虽说学历要求相对较低，但劳动强度往往更大。

（二）医院经费紧张，待遇低

经过多年事业单位改革，很多医院都成了自收自支单位，医护人员和行政辅助科室人员的工资、养老、福利等一应开支，都要通过给患者看病、体检或保健解决，财政拨款很少，造成很多医院存在投入不足、创收压力大、个人待遇保障差等问题。

（三）社会不够理解，医患关系紧张

以往在报刊、网络上，医生收红包、护士出差错等负面内容时有所闻，媒体对他们妖魔化甚至污名化，负面形象多，表扬的少。在负面新闻的影响下，辱医、伤医、打骂护士的事件时有发生，而一些医院为了维护医疗市场利益，往往要求医护人员"打不还手、骂不还口"。医疗单位的这种要求，更加助长了个别患者或家属的气焰，往往成为他们逃费，甚至借机发不义之财的理由。医患、护患关系紧张，互不信任、互相提防，使得医生在诊断与治疗时小心谨慎。这些社会现实的存在，无疑成为当前开展社会主义核心价值观教育、加强医德医风建设的拦路虎。

四　进一步加强医护人员社会主义核心价值观教育的对策建议

医疗卫生事业事关全体人民身体健康，是重大民生工程，在全面建成小康社会、开启中国特色社会主义新征程的新时代，只能加强，不能削弱。这就要求我们必须搞好医护人员的社会主义核心价值观教育，不断提高推进这一重大民生工程的精神动力和智力支持。

（一）要坚持正确的指导思想和基本思路

搞好新时代医护人员社会主义核心价值观教育实践活动，要坚持历史唯物主义基本原理，以深化医疗体制改革，促进现实变革为主攻方向，通过改变现实医疗环境、医疗条件、医疗体制，加强激励约束机制建设，夯实医护人员思想道德水平提高的现实基础。这就要求加强医疗单位财政和医保类的资金投入，确保医疗卫生事业发展和医护人员待遇，增强发展动力和技术物质支撑，增强广大医护人员的获得感、荣誉感。同时，要完善人事薪酬制度，放开医院编制，严格落实"同工同酬"制度，在收入分配上要切实向一线人员倾斜，彻底解决一些医院领导和辅助、管理层待遇高过病房一线人员、挫伤一线医生护士积极性的问题。另外，还要强化监督，整治商业贿赂，紧盯关键少数，发现一起处理一起，严惩不贷，决不姑息。

（二）要进一步关心爱护医务工作者

要扭转一些地方对医疗单位及其人员的片面宣传，搞好形象设计与宣传，增进全社会对医护人员的理解、关心和爱护，给他们以正向的激励与引导。心理暗示有时很重要，一个人经常受到激励、表扬，就会形成正向心理暗示，进一步严格要求自己、珍视荣誉和褒奖，从而实现人格的进一步升华。笔者发现，河北银行在 2021 年的毕业生招聘启事中就对一线医护人员子女予以倾斜照顾，并同步开展一线医护人员子女专项招聘。这些措施起到了积极作用，暖了医护人员的心，促进了整个社会正能量的增加，成为深化社会主义核心价值观教育的积极探索。笔者认为，在中高考等录取工作中，对做出重大贡献的军人、警察等都已经有了具体规定，而对医疗界的类似行为的褒奖，似乎也不应缺位。

（三）要创新医护人员宣传教育方法途径

要增强社会主义核心价值观培育对医务工作者的针对性和实效性。没有调查研究，就没有发言权，也就没有教育权。要组织专家深入医疗单位开展调研，总结各单位开展社会主义核心价值观培育的经验与体会，对于可推广、复制的方法，要研究推广，早日在全省、全国开花结果；要了解医护人员的辛苦与劳动，走进他们的心灵，倾听他们的呼声，解决他们的问题。同时，要利用现代科技手段，创作反映医护人员实际和先进事迹的微视频、电影、电视剧、小说、相声等群众喜闻乐见的作品，弘扬白求恩精神、鞭策不良行为，增强宣传教育载体的吸引力、影响力。

案 例 报 告

Reports of Case Studies

小康路上一个都不能少

——河北省涞源县西团堡村脱贫帮扶的实践与启示

谢 强*

摘　要： 涞源县西团堡村曾是河北省 206 个深度贫困村之一，存在贫困人口脱贫能力弱，贫困面广，贫困程度深，脱贫开发难度大以及扶贫投入不足等问题。为改变贫困面貌，落实习近平总书记"在扶贫的路上，不能落下一个贫困家庭，丢下一个贫困群众"的重要指示，西团堡村创新脱贫攻坚体制、机制模式，调整脱贫攻坚战略、措施和政策。2019 年底，该村整体脱贫。西团堡村取得脱贫攻坚的显著成效，是习近平新时代中国特色社会主义思想的成功实践，是让农业变成有奔头的产业、让昔日贫困落后的农村变成安居乐业的美丽家园的成功案例。

---

* 谢强，河北省社会科学院行政处处长、河北省涞源县西团堡村驻村第一书记，主要研究方向为农村扶贫问题。

关键词： 西团堡村 脱贫攻坚 内生动力

习近平总书记指出："在扶贫的路上，不能落下一个贫困家庭，丢下一个贫困群众。"这是庄严的承诺，更是嘹亮的号角。面对脱贫攻坚这样复杂艰巨的系统工程，必须坚持以习近平新时代中国特色社会主义思想为指导，充分发挥各类主体的积极性、主动性和创造性，引导社会力量广泛参与，聚焦激发贫困人口的内生动力才能决战决胜。党的十九届五中全会审议通过《中共中央关于制定国民经济和社会发展第十四个五年规划和二〇三五年远景目标的建议》，为全党全国各族人民再接再厉、一鼓作气，打赢脱贫攻坚战，如期建成全面小康社会、实现第一个百年奋斗目标注入了信心和动力。习近平总书记指出："小康不小康，关键看老乡，关键看脱贫攻坚工作做得怎么样。全面小康路上一个也不能少。"以涞源县西团堡村为例，2014 年全村识别纳入建档立卡贫困户有 250 户 805 人，贫困发生率为 63.1%，经过几年不懈的努力，2019 年整村脱贫出列，2020 年 10 月西团堡村最后剩余的 3 户 12 人贫困人口也已脱贫出列，贫困发生率降为 0，实现了全村全部脱贫，成为"全面小康路上一个也不能少"的生动写照。

一 西团堡村背景概况

涞源县是国家级深度贫困县，西团堡村地处涞源县东北方向 35 公里处，与蔚县、涞水交界，地处深山区，贫困发生率高，是全省 206 个深度贫困村之一。西团堡村全村总人口 433 户 1275 人，以前村民主要收入来源为外出打工及务农，全村 1940 亩耕地全部是旱地，一年仅有种植一季玉米的收入，村民农闲了就出去打工，农忙了就回来务农。2018 年全村外出务工人员 400 多人，村里常住人口 680 余人，大多是老幼病残。2014 年西团堡村人均纯收入为 1950 元，仅为当年全省农民人均纯收入的 18.59%；2017 年建档立卡贫困人口人均纯收入为 1700 元，仅为当年全省农民人均纯收入

（12880.94 元）的 13.2%。经过近四年的努力，2020 年西团堡村建档立卡贫困人口人均纯收入达 6000 元以上，纯收入全部超过 5000 元。

开始新农村建设以来，西团堡村在基础设施方面虽然先后实施了乡道、自来水管网维修改造等基础设施建设，但由于该村地处偏远，自然条件差，基础薄弱，村内基础设施仍然很不完善：村内道路都是土路，唯一经过村的乡道也是坑坑洼洼，一下雨"黄汤"漫街；村内的自来水管网是 1977 年建成的，在当时是比较早的，虽然此后有过维修改造，但近几年很多农户家中只有水管没有水；村内房屋 80% 以上是土坯房，危房更是达到全村的近三分之一；村内绝大多数围墙都是石头堆砌的，残垣断壁多；村内垃圾随意倾倒，排水沟成了垃圾沟，街道污水横流、杂草丛生……而且，西团堡村没有村级集体产业，村级集体经济几乎为零。

1989 年 10 月，团中央、中国青少年发展基金会决定把希望工程的"第一块砖"放在涞源县东团堡乡桃木疙瘩小学。东团堡乡是希望工程的发源地之一，西团堡村就是东团堡乡下辖的行政村，村民受教育程度较低，村里 20 世纪 70 年代以前出生的人大多数是文盲或者半文盲，在村里填报表格时，多数人只能按手印代替签名，因为没有文化，村民出去务工大多是下煤窑和在建筑工地做小工。

西团堡村和大多数贫困村一样，虽然一直有着国家扶贫政策支持，但是"年年扶贫年年贫"，由于没有有效激发村民的内生动力，发展"外向型"产业，村民收入增长有限，与外界差距越来越大，贫困程度持续加深。同时，西团堡村常年戴着"贫困帽"，"等靠要"思想也有所蔓延。

二 西团堡村脱贫帮扶实践举措

（一）强化党的领导，指明脱贫方向

按照省委统一部署，受院党组委派，河北省社会科学院派出工作队自 2017 年开始在涞源县西团堡村开展驻村帮扶工作。

为了能够发挥基层党组织在脱贫攻坚中的作用，工作队驻村伊始就紧紧牵住强化基层党组织的战斗堡垒作用这个"牛鼻子"，把村"两委"班子建设和基层党组织建设作为首要任务。工作队到岗以后多次召开党支部会议，抓重点抓关键，分析清楚了当时的脱贫攻坚严峻形势、阐明利害关系，让党支部在脱贫攻坚中发挥引领和带动作用。工作队从整治村容村貌入手，组织党员活动日活动，逐一走访慰问了老党员和老村干部，就产业发展、村里亟须解决的问题召开"问计会"，举行主题党日活动，驻村第一书记带领大家重温入党誓词、以"脱贫攻坚党旗红""不忘初心 牢记使命"等主题定期讲党课，广泛宣传党的十九大精神、乡村振兴战略、精准扶贫政策。在相关理论政策学习方面，组织工作队员每月开展一次理论学习，以习近平新时代中国特色社会主义思想为指引，增强"四个意识"、坚定"四个自信"、做到"两个维护"，认真学习贯彻习近平总书记关于扶贫开发系列重要讲话精神，认真学习领会各级党委、政府脱贫攻坚工作的文件精神，坚持以学习促提升、以制度促管理、以团结促发展、以创新促脱贫。为打造基层党建先进村，工作队多次赶赴其他县市学习"网格化管理""三力三治"等经验，并根据每户具体情况制定帮扶措施，绘制出《西团堡村脱贫攻坚示意图》，并将其展示在新启用的村民活动中心，脱贫举措和成效一目了然。

通过谈心谈话、示范引领、参观学习等一系列活动，西团堡村增强了村"两委"班子和基层党员的凝聚力和战斗力，基层党组织健全，工作开展顺利，在脱贫攻坚中发挥了突出作用。2018年底，西团堡村成立了以村"两委"干部为主的涞源县思明种养殖合作社，党员成了脱贫攻坚和带领致富的主力军，村党支部成了脱贫攻坚战的战斗堡垒，让党旗在脱贫攻坚中更加鲜红。此外，西团堡村通过基层党组织建设带动村精神文明建设，举办形式多样的文化活动，让孝文化、勤劳节俭等中华民族的传统文化和美德走进老百姓的内心。

（二）坚持因地制宜，发展脱贫产业

产业扶贫是关键，产业问题解决了，后续问题就有了解决的基础和前

提条件。西团堡村海拔较高，地理位置特殊，农业资源具有优势，因此因地制宜地发展了光伏、种植、养殖等新能源与传统农业相结合的特色产业之路。工作队进驻后就按照院党组指导要求，明确产业发展思路，积极谋划符合当地实际情况的产业项目。目前共有总投资 1700 多万元的七大产业项目，包括 630kW 村级光伏电站、玖兴养鸡、宝迪养猪、入股首奥光伏、入股六旺川养鸡合作社、中草药种植和土豆种植等。630kW 村级光伏电站于 2019 年初投入使用，现已满负荷运行；玖兴养鸡 36 万只规模鸡场和宝迪养猪年出栏 4000 头规模猪场在 2019 年 7 月迎来了第一批鸡苗和猪崽；首奥光伏和六旺川养鸡合作社两项入股，每年分红近 20 万元，覆盖全村所有建档立卡贫困户。这五项产业具有收入稳定、发展可持续性强等特点，有了这五个全覆盖的产业做基础，村里贫困户的收入就有了着落，目前这五项产业运行良好。

在谋划稳定性强、全覆盖产业项目的同时，工作队也谋划适合一家一户做的产业。在了解到本地有中药材种植传统后，驻村工作队邀请国家及省中草药种植专家前来指导，在专家指导下发展中草药种植，资金不足跑资金，技术不行请专家。"人穷，胆子小，想致富没门路；驻村工作队来了，就不一样了，他们带着我们趟路子，上门支着想办法，没有理由不好好干！"村里中草药种植致富能手张福俐说，"2018 年省社科院驻西团堡村第一书记谢强书记驻村后，听说我种植过药材，主动找到我，经过 6 个夜晚的深夜畅谈，我的信心不仅恢复了还比以前更足了。在畅谈的第 6 个夜晚，已经到了深夜，我们伙伴三人听谢书记说得越来越有信心，当谢书记问我们有没有信心脱贫致富时，我们大声喊着'有！'，眼里含着激动的泪水，我们同谢书记八只手紧紧地握在了一起……为了带领乡亲们脱贫致富，我们一定把试验田种好。""永远忘不了党和国家的好政策，忘不了驻村工作队的全力帮扶。"目前有十多户乡亲跟着张福俐一起种植中药材，在致富能手的示范作用下，村里的中药材种植行业将带动更多的贫困户实现稳定脱贫，带动更多的乡亲致富奔小康。为了支持中草药种植，工作队积极对接县金融办，为几户贫困户争取贷款支持，县农行为村里种植中草药的 5 户贫困户发放了全县第一笔扶贫小额信用贷款，中草药种植户拿到贷款后，工作队马上帮助他们联系购买了大型种植机械和专用设备。2018 年，全村中草药种植产业已经实现盈利，并实现了 1000 多人次的就业。2019 年以来，根据种植情况和市场行情，每年调整种植品种，2019 年种植板蓝根 100 余亩，丹参、黑柴胡、天南星等 100 余亩，其中有高收益品种试验田 30 余亩，天南星喜获丰收，15 亩天南星亩产值在近万元。随着种植技术和经验的累积，2020 年天南星的种植规模又扩大了一倍。工作队鉴于扶贫小额信用贷款购置的大型拖拉机在农闲时就闲置的情况，在 2019 年又帮这几个种植户联系了安国中草药合作社和涞源农业农村局，利用涞源同其他地区的种植时间差让机械不闲置，农忙时自己使用，其他时间去其他地区做耕种，实现最大的经济效益。

土豆也是当地的传统作物，一般是作为蔬菜和主食的补充，但种植规模很小，只满足自给自足。工作队在充分调研后，联系了张家口土豆所，把专家请过来，得到了气候和土壤都适合种植新品种土豆的结论后，从 2019 年开始，在村里试种了 15 亩"冀张薯 8 号"土豆原种，去年实现亩产 3000 斤，亩产值达到 2400 元，到 2020 年土豆种植面积已经扩大到近 100 亩。

（三）持续加大投入，汇聚资金支持

习近平总书记强调："扶贫攻坚，资金投入是保障。必须坚持发挥政府投入主体和主导作用……吸引社会资金广泛参与脱贫攻坚，形成脱贫攻坚资金多渠道、多样化投入。"在西团堡村帮扶的近四年间，工作队多方筹措，汇集资金总计近 5000 万元。目前西团堡村基础设施和公共服务基本具备。

工作队驻村伊始就发现村民安全饮水问题是西团堡村的大问题，村里有三分之一的农户要靠人力挑水、拉水才能吃上水，已通自来水的农户也存在水压不足、水时有时无的情况，天气大旱或冬季时全村 80% 以上的农户吃不上自来水。出现饮水问题的主要原因是新打机井未投入使用、管道

老旧，即使增加升压设备，原有管道也承受不住水压。经过考察分析，工作队认为若要从根本上解决饮水问题，需要重新设计并深挖重铺管道，还需要增加一个蓄水池、改造三个蓄水池，将山泉水水源地与新打机井并网使用。此次重铺管道需要将原有硬化路面破开，这就需要在重铺管道后再硬化路面，需要资金技术支持。工作队多次同县政府及县水利局等部门会商，协调资金300余万元，2019年饮用水管网改造工程竣工，彻底解决了困扰老百姓多年的吃水难题，赢得了广大群众的赞誉。

此外，省农业专家在赴村勘察时指出，发展种植业必须要有灌溉设施，而西团堡村的灌溉设施基本是一片空白。不管是中草药种植，还是农产品种植，都需要农业灌溉。工作队先后与省水利厅、市县水利局进行了联系，并邀请省水利厅大清河河务管理处的专家到村进行了实地勘察。初步设计项目覆盖400—600亩农田，打三眼机井并配套滴灌管网，项目总预算235万元。但由于当年灌溉机井的审批权限统一收归省级审批，工作推进遇到了政策问题，工作队坚持为民宗旨，坚定发展产业的目标不变，多方联系，最后利用中央专项资金对全村有改造条件的1700亩耕地全部做了高标准农田改造，彻底改变了西团堡村只能靠天吃饭的旱地耕种模式。

截至2020年底，河北省社科院在西团堡村帮扶的近四年间，在基础设施方面总计投入3000多万元，建设实施了176米的排涝暗渠、近百米的深水机井、208盏太阳能路灯的安装、能抗8级地震的村小学校舍、2900平方米的文化健身广场、200平方米的村民服务中心、文化长廊、近500米的防洪堤坝、60平方米的标准卫生室、120套危房改造和90套暖心房改造、村内残垣断壁修缮、村内绿化、3000米的入户路硬化、150米的排涝暗渠扩路硬化、道路排水管道、变电器增容、近万米的饮水管网改造等20多项工程。

（四）激发内生动力，扶智扶志相结合

习近平总书记指出："脱贫致富终究要靠贫困群众用自己的辛勤劳动来实现。"贫困群众既是脱贫攻坚的扶贫对象，更是脱贫致富的主体力量。打赢脱贫攻坚战，必须激发贫困群众的内生动力，不断释放贫困群众努力奋

斗的潜在能量，形成外部多元扶贫和内部自我脱贫的良性互动机制，凝聚脱贫攻坚的强大合力，实现可持续稳固脱贫。有钱出钱，有力出力，没钱没力就出主意。在驻村扶贫期间，河北省社科院的帮扶责任人情系西团堡，将这里的发展当作自己家乡的事来谋划，也把西团堡村民当作自己家人。帮扶责任人每两个月来村一次，给帮扶的贫困群众带来所需的生活用品并同帮扶户拉家常、讲政策、送技术、问困难等，帮助贫困群众树立自力更生的意识和观念，鼓励贫困群众树立战胜贫困的信念与信心。67 岁的任会文曾是村里的建档立卡贫困户，在工作队的带动下学会了中草药种植技术，他主动要求尝试种植了 2 亩多板蓝根，村里还为他提供了公益岗位，加上村集体发展的养鸡、养猪和光伏产业分红，2019 年，任会文的种植收入、务工工资加上村里的分红总计超过 1 万元。

工作队从扶智扶志上给贫困户以引导，注重培养贫困户的感恩意识，要感谢党和政府的好政策，感谢各级政府的支持与帮助。工作队坚持把扶贫与扶智扶志相结合，着力激发贫困群众发展生产、脱贫致富的主动性，使脱贫具有可持续的内生动力。在脱贫攻坚战中，工作队充分尊重贫困群众的主体地位和首创精神，不断改进包办代替和简单发钱发物的帮扶方式，开展实用有效的技术培训、指导，实施契合实际的产业帮扶、就业帮扶等措施，切实增强了贫困群众的自我"造血"功能。

三 西团堡村脱贫帮扶经验启示

坚持把脱贫攻坚作为最大的政治任务、最大的民生工程、最大的发展机遇，西团堡村在困境中思变、在攻坚中破难，坚持目标导向，实现了由贫困走向振兴的蝶变。

（一）充分发挥党的领导核心作用

农村富不富，关键在支部。在脱贫攻坚中，以习近平同志为核心的党中央始终总揽全局、协调各方，始终发挥谋大局、定政策、把方向的领导作用。我们党始终是脱贫攻坚的组织者、领导者和推动者，加强党的领导，脱贫攻坚才有强有力的组织保障和政治保障。只有加强党的集中统一领导，不断发挥党的战略谋划能力、社会动员能力和组织协调能力，才能啃下脱贫攻坚最后的"硬骨头"，为决战脱贫攻坚提供根本保证。一要加强基层党组织建设。让基层党组织成为助推脱贫攻坚稳步向前的有力抓手。基层党组织作为脱贫攻坚的"一线指挥部"，始终发挥着战斗堡垒的作用，扮演着强化带头的角色。要强化基层党组织的治理能力，搭建一个好班子，铸造一支好队伍，扎实做好党建工作，为脱贫攻坚的冲刺插上"硬翅膀"。二要健全选贤任能制度。让优秀党员干部成为脱贫攻坚的"主力军"。要善于挖掘人才，让政治素质好、工作能力强、有责任、敢担当、善创新的干部做群众的"领路人"。此外，党员干部也要自觉发挥先锋模范的带头作用，要做好脱贫攻坚、干事创业的表率，坚持冲锋在前，担当作为，全面提高自身素质和治理能力，为脱贫攻坚冲刺贡献力量。

（二）践行以人民为中心的发展思想

坚持为人民服务的根本宗旨，真正做到为人民造福，打赢脱贫攻坚战就是实现共同富裕的重要阶段性标志。一是要树立脱贫攻坚的主体意识，发扬自力更生精神，要用真心、动真情，设身处地为贫困户着想，确保全面小康路上一个都不少。习近平总书记深入阐释了"人民立场"的内涵："我们要始终把人民立场作为根本立场，把为人民谋幸福作为根本使命，坚持全心全意为人民服务的根本宗旨，贯彻群众路线，尊重人民主体地位和首创精神，始终保持同人民群众的血肉联系，凝聚起众志成城的磅礴力量，团结带领人民共同创造历史伟业。"打赢脱贫攻坚战，必须充分发挥群众的主体作用，确保各项扶贫政策精准落地，精准攻克每个贫困堡垒。二是要把握脱贫攻坚的主体对象。习近平总书记指出，贫困群众既是脱贫攻坚的对象，更是脱贫致富的主体。要充分发挥贫困群众的主体作用，宣传群众、组织群众、带领群众，不断增强群众自我发展的动力与能力，让贫困群众用自己的辛勤劳动实现脱贫致富。要解决好贫困群众为何贫、怎么扶、如何退的问题，要对症下药、精准滴灌、靶向治疗，把扶贫扶到老百姓的点上、扶到根上。驻村以来，工作队严格执行省委要求，每个月走访一遍贫困户，两个月对全村进行一次覆盖式走访。在走访中对特别困难的户（低保五保户、残疾户、大病户、独居老人户、无劳动能力户、危房户等）重点关注，作为"两不愁三保障"突出问题的重点隐患户，一个月要去好几次。对于有隐患或者有问题的户会同村"两委"制定解决方案，限时解决"两不愁三保障"突出问题；对于当时能解决的实际问题，立即同有关部门联系协调解决；对于急需解决的实际困难，向乡里申请民政救助资金，向省红十字会和帮扶联系单位申请救助、资金，联系就医等；对于五保户和困难户等重点家庭还在重要节日送关爱，春节送去饺子、端午拿去粽子、中秋送去月饼，让大家感受到党的温暖。

（三）激发脱贫攻坚的内生动力

扶贫不是慈善救济，而是要激发内生动力，建立内生性可持续的扶贫长效机制。解决贫困问题不仅要靠政府和社会提供的外力帮扶，更要发挥贫困群众的主体作用、激发贫困群众的内生动力，脱贫致富归根结底要通过贫困群众自己的辛勤劳动来实现，从而构建稳定脱贫长效机制。习近平总书记指出："扶贫既要扶智，又要扶志，一个是智慧，一个是志气，不光是输血，还要建立造血机制，脱贫后生活还要不断芝麻开花节节高。"扶贫干部要做好贫困群众的教育、宣传、培训、组织工作，培育他们自力更生的意识和观念，从内心产生脱贫动力，实现从"要我脱贫"到"我要脱贫"的转变。要凸显贫困群体自我能力建设和精神扶贫支持，增强贫困群众的"造血"能力，引导所有能劳动的人自力更生、就业创业。重视发挥广大基层干部的首创精神，培养、锻炼一批对乡村有感情、懂农村的治理人才，积极探索脱贫发展新模式。在推进贫困地区产业扶贫时，要将培育新型经营主体和贫困户参与生产经营紧密结合在一起，注重构建贫困户和新型经营主体的利益联结机制，形成新型经营主体带领贫困户一起生产、共谋发展的良好局面。

（四）多元化资金投入助力脱贫攻坚

推进脱贫攻坚，无论是修建基础设施、完善公共服务体系，还是改善贫困群众生产生活条件，都需要资金投入。2019 年，河北省在脱贫攻坚工作中加大了资金投入，投入省级专项扶贫资金 55 亿元。随着乡村振兴战略的实施，要发挥多元化资金投入的重要作用，汇聚各行各业资金和社会扶贫资金投入，为脱贫攻坚提供强有力的资金保障。引入商业性、政策性、开发性、合作性等各类金融机构创新金融扶贫产品和服务，投向脱贫攻坚。广泛倡导社会资金投入脱贫攻坚，推动农业产业化龙头企业、农民专业合作社和贫困户结成利益共同体，引导行业协会、龙头企业积极参与扶贫开发，有效带动贫困地区和贫困户发展致富。同时要扩大农业对外开放，调动各方力量投身乡村振兴和脱贫攻坚。

（五）鼓励社会力量共同参与脱贫攻坚

一是企业加入扶贫事业中，实施村企联合，在实现企业发展的同时带领农民脱贫致富。工作队与北京东颐食品有限公司对接，在收购农产品、用工、捐赠和提供公益岗位等方面初步达成意向；还与高碑店光为绿色新能源、涿州飞达贡米公司、浙江义乌小商品城等民营企业对接，设立专题研究探索。二是要充分运用电商平台助力脱贫攻坚，如阿里巴巴推出的"千县万村"计划，目前已经覆盖全国 30 个省级行政区域，有 1038 个合作县（市、区）和 3 万多个天猫优品服务站，入驻商家接近 100 万家，商品数量超过 5 亿件。借助互联网电商平台，农民不仅满足了消费升级的需求，也让农村的土特产卖到全国，用互联网手段解决了县域经济发展新动能的转换。三是动员组织社会力量积极参与脱贫攻坚。社会组织是社会主义现代化建设的重要力量，是联系爱心企业、爱心人士等社会帮扶资源与贫困人口的重要纽带，是构建专项扶贫、行业扶贫、社会扶贫"三位一体"大扶贫格局的重要组成部分。众多社会组织结合自身专长、优势和活动地域，在贫困地区积极参与扶贫攻坚战。社会组织机制灵活、工作方式细致，能够准确瞄准需要帮助的人群，有效地传递资源，简化中间环节，创新扶贫方式，成为政府扶贫助困工作的有力补充。在扶贫工作进入攻坚阶段后，社会组织以专业技术强、灵活程度高的特点，发挥示范带头作用，为脱贫攻坚做出了贡献。社会组织在扶贫工作中的优势显而易见，它们来自群众，比政府有更高的扶贫发现率和瞄准率，社会参与度高，效果较为显著，是政府力量的有力补充。

当前，我国脱贫攻坚战取得了全面胜利，创造了又一个彪炳史册的人间奇迹。脱贫攻坚的伟大斗争，锻造形成了"上下同心、尽锐出战、精准务实、开拓创新、攻坚克难、不负人民"的脱贫攻坚精神。我们要用脱贫攻坚精神砥砺初心，不断巩固提升脱贫成果，为实现"两个一百年"奋斗目标、实现中华民族伟大复兴的"中国梦"做出新的更大贡献。

真抓实干育新人

——河北省衡水职业技术学院"三全育人"工作实践探索

李增军*

摘　要： 党的十九大以来，河北省衡水职业技术学院围绕立德树人根本任务，立足学生全面发展，遵循教书育人规律、学生成长规律和思想政治工作规律，以理想信念教育为核心，以社会主义核心价值观为引领，积极构建高等职业技术教育"全员全过程全方位"育人长效机制，确立"双修双创型金蓝领"人才培养目标，搭建大思政工作创新平台，实现思政课程和课程思政同频共振，将以文化人落实到每个细节，建设高素质政工干部和教师队伍，形成了以学院育人为主、学生家长与合作企业紧密配合、相互衔接、全面覆盖的"三全育人"格局，积累了高等职业技术教育全员育人、全过程育人、全方位育人有特色的丰富经验。

关键词： "三全育人"　长效机制　全面发展　建设者

衡水职业技术学院（以下简称"学院"）认真贯彻党的教育方针，全面落实党的十九大和全国、全省高校思想政治工作会议精神，围绕立德树人根本任务，立足学生全面发展，遵循教书育人规律、学生成长规律和思想

---

* 李增军，衡水职业技术学院党委书记，研究方向为学校思想政治教育。

政治工作规律，以理想信念教育为核心，以社会主义核心价值观为引领，以全面提高人才培养能力为关键，积极构建"全员全过程全方位"育人的长效机制。正确把握"培养什么人""如何培养人"重大命题，确立"双修双创型金蓝领"人才培养目标；加强组织领导，建立健全党委统一领导、党政群团齐抓共管、专兼职队伍结合、各部门相互协作的领导体制和工作机制；成立"两院三中心"，搭建大思政工作创新平台；坚持"课堂五分钟"，实现思政课程和课程思政同频共振；实施"浸润工程"，将以文化人落实到每个细节；开展"三学三提"主题读书活动，建设高素质政工干部和教师队伍；落实党建主体责任，增强思想政治工作引领力和凝聚力等，形成了以学院育人为主、学生家长与合作企业紧密配合、时间上相互衔接、空间上全面覆盖的"三全育人"格局。2017 年，学院荣获"河北省学校思想政治教育先进集体"称号。

一 以知促行，提高站位，切实增强"三全育人"工作的政治自觉、思想自觉和行动自觉

学院立足新时代新起点，以立德树人为己任，始终坚持学习好领会好落实好习近平总书记在全国高校思想政治工作会议和全国教育大会上的讲话精神及有关教育工作的一系列重要论述，统一思想，凝聚共识，形成了"三全育人"的优良传统和深厚基础。

（一）加强理论学习，深化落实立德树人根本任务的政治共识

1. 深刻学习领会习近平总书记"培养什么人，是教育的首要问题"重要思想

习近平总书记在全国教育大会上的讲话中提出了关于教育的"首要问题"和我国教育的"根本任务"的重要论断。他指出，"培养什么人，是教育的首要问题"。这一论述为我们深刻理解新时代中国特色社会主义教育理论体系，坚持中国特色社会主义教育发展道路指明了方向。学院站在助推中国特色社会主义事业发展的战略高度，坚持把"培养什么人"作为教育

教学工作的聚焦点抓牢抓实，牢牢把握德智体美劳全面发展的育人目标，坚决破除"唯技为重""技能至上"的观念桎梏。按照党的十九大提出的"建设知识型、技能型、创新型劳动者大军"的要求，以"价值养成"和"思维方式塑造"为关键，积极吸纳社会主义核心价值观、新时代工匠精神等思想文化元素，确立了"双修双创型金蓝领"人才培养目标的定位。该目标以"德的灵魂、职的基因、技的精髓、匠的品质"为内涵，实现了精准对接"双创"新时代高职教育培养德才兼备、全面发展人才的新要求。

2. 牢记使命培养合格建设者，永葆社会主义大学的最鲜亮底色

马克思主义是我们立党立国的根本指导思想，也是中国大学最鲜亮的底色。因此，学院高度重视抓好马克思主义理论教育，引导学生不断深化对马克思主义历史必然性和科学真理性、理论意义和现实意义的认识，教育他们学会运用马克思主义的立场、观点、方法观察世界、分析世情，认清中国和世界发展大势。在此过程中，让学生深刻感悟马克思主义真理力量，为他们成长成才打下科学的思想基础。坚持不懈地把培育和弘扬社会主义核心价值观作为重中之重，引导广大师生做社会主义核心价值观的坚定信仰者、积极传播者、模范践行者。积极开展"青年马克思主义者培养工程"，针对大学生骨干的成长规律和实际需求，侧重从增强政治素质、提升思想境界、优化能力结构、锤炼作风品格等方面着手，用马克思主义中国化最新成果和中国特色社会主义道路理论武装青年学生，培养他们逐步成长为坚定的马克思主义者。

3. 坚持以"为党育人、为国育才"为办学治校的根本出发点和落脚点

学院牢牢坚持党的领导，为落实"为党育人、为国育才"筑牢根本政治保证。院党委积极担当，发挥政治核心作用，完善党委领导下院长负责制。全面加强思想政治工作，健全和完善"三全育人"工作体系。以诊改为动力，持续深化教育教学改革，推进产教融合、校企合作，提升专业水平、师资水平、管理水平，高质量推进内涵建设。立足衡水，主动服务京津冀协同发展和雄安新区建设，把学院的特色和优势有效转化为培养社会主义建设者和接班人的能力，着力培养区域经济社会，特别是重点产业发

展急需的"双创"型技能人才，整体办学实力、产业转型发展服务能力和对区域经济社会发展的贡献度实现大幅提升。

（二）坚持根本遵循，升华以《关于加强和改进新形势下高校思想政治工作的意见》精神为价值准绳的思想共识

1.树立大思政理念，深入贯彻全国高校思想政治工作会议精神

按照习总书记提出的"做好高校思想政治工作，要因事而化、因时而进、因势而新"的要求，学院深入学习贯彻全国高校思想政治工作会议精神，坚持"党委领导、全面加强、全员参与、全方位推进、全过程渗透"的思政工作理念，探索构建大思政格局，推进大思政教育工程，落实立德树人根本任务。

发挥课堂教学主渠道作用，形成从思政课程到课程思政全覆盖。以打造院级优质课程为目标，完善思政课建设机制，统筹协调思政课教学资源，不断提升思政课建设水平。党委书记、院长带头上好"示范课"，并将教师的课程思政教育纳入各系部年度工作考评体系。各专业课程将思想政治教育纳入人才培养方案，与思政课保持同频同向。建立"课堂五分钟"育人制度，开展灵活多样的思想政治教育。将社会主义核心价值观培育有机融入专业体系、课程体系、话语体系和教材体系建设各方面，贯穿教学全过程。

加强第二课堂建设，形成与思政课协同育人。以加强第二课堂建设为重要抓手，创新和改进工作举措，强化育人功能。重视社会调查、志愿者服务、社团活动、教育实习的组织管理，将其有机纳入德育体系。设立实践学分，将实践育人融入学生党建、专业教学、社团活动、社会服务、就业指导等各个环节，实现延伸主渠道、拓展主阵地。打造社团活动品牌，成立习近平新时代中国特色社会主义思想艺绘社，推进习近平新时代中国特色社会主义思想进农村。组织"通语明智"推普脱贫社会实践小分队，开展"推普脱贫攻坚"宣传，受到教育部和团中央的肯定和表扬。

用好互联网第三课堂，形成与思政课同频共振。针对学生群体的具体

特点，积极推动思想政治工作联网上线，着力构筑新媒体教育阵地。加强网络话语表达体系建设，建立"衡职大思政"官方微信平台，开设微党课、微语专题、校园文化品牌展示等栏目，实现理论话语和学生生活话语对接，重大事件和重要节点联动宣传，课堂内外和线上线下同频共振，形成更加生动活泼、更接地气、更适应学生群体的网络教育生态。

加强创新创业教育，形成与思政课相得益彰。坚持将"双创"教育和"双创"实践纳入大思政格局、纳入人才培养方案、融入学分体系，与专业教育拧成"一股绳"。强化学生的"德（思想品德）、能（技术技能）、信（自信诚信）、创（创新创业）"综合素质能力的养成教育。积极打造"双创"实践平台，建优建强省级"大学生创业孵化示范园"、省级"科技企业孵化器"、省级"双创示范基地"和国家级"众创空间"，为大学生成长成才提供坚实的支撑平台。

重视提升疫情防控期间思想政治工作质量。新冠肺炎疫情暴发后，学院迅即成立了疫情防控工作领导小组和指挥部，积极谋划制定严密的疫情防控预案。运用新媒体、新技术，架起"空中课堂"，聚焦大学生在疫情面前可能存在的思想和心理问题，加强政治关怀和人文关怀，有针对性地开展思想政治教育工作。主动回应学生关切，帮助学生答疑解惑、舒缓心理焦虑，减轻思想压力和精神负担，引导他们在参与本地疫情防控阻击战的过程中，得到思想淬炼、政治历练和实践磨炼。

2. 协同融合，将生命红线贯通专业体系、教学体系和管理体系

习近平总书记指出，"人才培养体系涉及学科体系、教学体系、教材体系、管理体系等，而贯通其中的是思想政治工作体系。加强党的领导和党的建设，加强思想政治工作体系建设，是形成高水平人才培养体系的重要内容"。院党委深刻理解和把握这一重要论述，加强顶层设计、统一协调，调动各部门的积极性，努力建构教书育人、科研育人、实践育人、管理育人、服务育人、文化育人、组织育人的大思政工作格局，将育人贯穿在教育教学工作的各个环节。

学院紧紧抓住思想政治工作这一生命线，注重"融、挖"结合，一方

面潜移默化地将思政元素融入教学、科研、管理、服务等工作之中，使各项工作与思政课保持同向同行、同频共振；另一方面充分利用各个学科、校园内外的育人资源，挖掘其中蕴含的思政元素，为学生打造全方位、立体式的育人环境，形成素质修炼的"大熔炉"。着力在坚定理想信念、厚植爱国主义情怀、加强品德修养、增长知识见识、培养奋斗精神、增强综合素质上下功夫，教育引导学生争做"爱国、励志、求真、力行"的时代新人。

学院党委在全院大张旗鼓地组织开展了"三学三提"主题读书活动，搭建学时政以提升政治素质、学经典以提升人文素养、学业务以提升工作能力的思政平台。全院干部教师自觉地把参与读书活动作为一种价值追求、责任担当和工作态度，坚持把自我提升摆进去、把育人职责摆进去、把做好工作摆进去，形成了在阅读中汲取新知、把握规律、掌握并正确运用科学的教书育人方式方法的良好风气。已累计编发《经典选读》14期，选学经典文章56篇，举行读书分享会100余次，组织经典诵读竞赛活动15场，撰写读书心得文章68篇。通过阅读的牵引与涵养，学院促进了师德师风建设，营造了教书育人探索新知的浓厚氛围，涵养了专心向学钻研业务的优良学风。

3. 成立"两院三中心"，打造全面提升育人工作实效的支撑平台

学院积极探索和创新思政教育机制，构建形成了"两院三中心"大思政工作格局。所谓"两院"，即"马克思主义学院"和"创新创业学院"，前者着眼于加强推进思政课程与课程思政的改革创新，后者着眼于开发和构建"双创"特色课程体系，搭建以"大学生创业孵化基地""衡智众创空间""校企协同创新中心"为支撑点的"双创"实践平台，着力于学生创新思维能力的科学训练和创新创业精神与能力的培养。"两院"通过协同搭建思政教育、教学科研和"双创"实践平台，打造形成了思政课程与课程思政相统一，思政教育与"双创"教育相贯通，价值养成与创新思维培养相契合、教书育人与实践育人相协调的"四位一体"思政教育生态体系。

"三中心"分别是马克思主义学院下设的"马克思主义知识点研究中

心""中华文化自信研究中心"和创新创业学院下设的"河北职教双创研究中心"。三者形成鼎足之势，从不同方位围绕大学生思政教育改革创新开展理论研究，为构建大思政格局提供智力支撑。马克思主义知识点研究中心组织力量对党的十九大精神进行了细致梳理、解读，编辑了 8 万余字的《十九大报告知识点》，实现了党的十九大精神进教材、进课堂、进头脑；中华文化自信研究中心与河北省文联《当代人》杂志社等 10 余个单位合作，牵头成立了"河北省红色冀文化暨优秀传统文化双创联盟"，并立足实际，扎实开展红色校史文化研究；河北职教双创研究中心则瞄准"双创"教育模式创新，开展理论探索，其中《以创新创业教育实践提升人才培养质量的研究》荣获 2017 年度河北省教育教学成果一等奖。

"两院三中心"大思政工作格局的形成，有效整合了学院思政教育资源，凝聚了思政工作合力，在学生价值养成、专业素质培养、创新思维和创业能力引导上实现了持续升级增效。

（三）突出鲜明导向，凝聚以知促行的"三全育人"行动共识

1. 紧扣重要思想，让省级优质校园建设有方向有灵魂

学院认真践行习近平新时代中国特色社会主义思想，紧跟高职教育的主导价值取向和主流理念，高举促进学生全面发展的旗帜，注重内涵转型和精细化发展，注重提升人才培养的效率与效益，始终坚持把立德树人、学生中心、多元发展等作为创新发展的根本目标和核心任务，向学生精准供给优质教学资源和教学服务，彰显培养优秀"双创"技能人才的价值追求。

健全校企协同育人机制。在推动课程育人协同与育人主体协同的同时，学院持续推动校企育人协同。积极拓展"双课堂"教学平台，扎实推进现代学徒制，不断强化创新创业教育，建立健全企业多元参与、学生个性发展的培养机制。校企联合制定人才培养方案、开发课程资源、共建实训基地、互聘人员师资、共评培养质量，形成校企全员、全过程、全方位协同育人机制。

持续深化教育教学改革。认真贯彻落实《国家职业教育改革实施方案》，以"双高计划"为引领，以精准实施专业设置与产业需求、课程内容与职业标准、教学过程与生产过程"三个对接"为切入点，持续深化"产教融合，协同育人"人才培养模式改革，推进专业链、人才链融入企业产品链、价值链，校企联合开展现代学徒制试点、"1＋X"证书制度试点、订单培养、顶岗实习、联合承接生产性实习实训项目，强化学生的专业技能训练和职业素质提升。

构建德技并修育人模式。坚持育人为本，德育为先，把培育践行社会主义核心价值观融入教育教学全过程，实现育人与育才有机统一；依据区域经济发展现状和产业转型升级对人才类型和素养的新要求，探索以"工匠精神"为重心，融合企业文化、校园文化、中华优秀传统文化、革命文化、社会主义先进文化的文化育人模式，形成常态化、长效化的职业精神培育机制。

2. 紧扣使命责任，奋力书写立德树人的新时代答卷

"大学之道，在明明德，在亲民，在止于至善"，学院紧紧围绕立德树人这条主线，把育人成效作为检验一切工作的根本标准，培养德智体美劳全面发展的社会主义建设者和接班人，真正做到以树人为核心，以立德为根本，全面提高人才培养质量。

学院深入学习贯彻习近平总书记系列重要讲话精神和治国理政新理念新思想新战略，全面贯彻党的教育方针，坚持社会主义办学方向，立足地方经济建设，面向京津冀协同发展办学，以立德树人为根本，以理想信念教育为核心，以社会主义核心价值观为引领，切实抓好各方面基础性建设和基础性工作，切实加强和改善学院党的领导能力，全面提升思想政治工作水平，牢固树立政治意识、大局意识、核心意识、看齐意识，坚定不移维护党中央权威和党中央集中统一领导，为实现建设经济强市、美丽衡水培养又红又专、德才兼备、全面发展的高素质人才。

3. 紧扣学院实际，大力营造"三全育人"浓厚氛围

习近平总书记指出，加强高校思想政治工作，"要注重文化浸润、感

染、熏陶，既要重视显性教育，也要重视潜移默化的隐性教育，实现入芝兰之室久而自芳的效果"。以此为指导，学院党委从实际出发，提出并扎实实施"浸润工程"，大力营造以文化人、以文育人的氛围，将中华传统优秀文化、革命文化、社会主义先进文化、优秀企业文化和高职校园文化等思想文化资源有机融入立德树人的实践。学院借助中华文化自信研究中心这一文化教育、传承和创新平台，扎实开展校园文化建设和研究工作，推动文化类课程建设与创新，培养理论骨干队伍，不断推出理论研究的新成果，引领和助推校园文化建设，持续实现更高水平、更具特色的文化育人。

坚持把载体创新作为提升文化育人质量的重要推手。将中华传统优秀文化纳入课堂教学，开设选修课，举办经典讲座。利用全国第一个农村党支部纪念馆（安平县台城特别支部纪念馆）、阜城革命历史纪念馆等衡水市爱国主义教育基地，深化革命文化教育，提升革命传统教育质量。利用我国改革发展的伟大成就、重大事件、重大活动等，组织开展主题教育，引导学生树立和践行以爱国主义为核心的民族精神和以改革创新为核心的时代精神。邀请冀派内画、武强年画等非物质文化遗产传承人、艺术大师进校园，举办专题讲座，培养学生的工匠精神。

坚持传承弘扬学院近百年办学积淀的红色文化基因。发掘研究红色文化，传承发扬红色基因，引导师生从红色校史文化中汲取正能量，将校史红色基因与新时代思想元素相结合，实现"衡职精神"的时代重塑。推进"爱衡职、做贡献"主题教育党建品牌建设，强化爱校教育。定期举行年度先进典型评选表彰和集中展示活动，让师生学有榜样、做有标杆，塑造向上向善的校园新风。广泛开展文明校园创建，建设美丽校园，大力推进展（主题文化展）、馆（校史馆）、廊（校园文化长廊）、墙（校园文化主题墙）建设，切实增强师生的文化认同与文化自信，筑牢师生共同的精神家园。

坚持组织开展实践活动以彰显文化育人的鲜活时代特征。组织开展"三学三提大讲堂""创业讲堂""高雅艺术进校园""校园读书月""社团文化艺术节"等文化建设活动。学院外语系师生成立"通语明智"推普脱贫社会实践小分队，开展推普脱贫专项活动；艺术系师生成立习近平新时代中国特色社会主义思想艺绘社，疫情期间用画笔为中国加油，与疫情作战，制作出一幅幅感人的作品，彰显时代新人的责任与担当。

"浸润工程"凝聚了文化育人的巨大合力，引领师生从丰厚的思想文化资源中汲取精神力量，提升自我，释放正能量，为推动学院建设奋力迈向高质量、高水平注入了强大动力。

二 以行践知，担当作为，积极构筑"三全育人"工作的坚强高地

（一）构建"三全育人"体系，实施铸魂育人工程

1. 加强顶层设计，制定"三全育人"工作实施方案

根据教育部《"三全育人"综合改革试点工作建设要求和管理办法（试行）》，学院制定出台《衡水职业技术学院"三全育人"综合改革实施方案》，进一步推动全国高校思想政治工作会议和《关于加强和改进新形势下高校思想政治工作的意见》精神落地生根，推动《高校思想政治工作质量提升工程实施纲要》落实落小，将"三全育人"要求全面融入规章制度体系建设，成为各方面工作的价值准绳和基本遵循。

2. 优化内容供给，积极实施"三全育人"十大工程

按照教育部《高校思想政治工作质量提升工程实施纲要》的部署，学院抓住人才培养体系建设这个关键，把思想政治工作贯穿到立德树人全过程、教育教学各方面和学生成长成才各环节，调动一切力量和资源服务育人工作。

统筹推进课程育人，深入推动习近平新时代中国特色社会主义思想进教材，建立并完善课程标准审核和教案评价制度。坚持用好课堂教学主渠道，充分挖掘和运用各学科各门课程蕴含的思想政治教育资源，使各类课程守好一段渠、种好责任田，与思想政治理论课形成同向同行的协同效应。

着力加强科研育人，深化科教协同和产学研协同育人，加强创新创业平台建设，培养师生的科学精神和创新意识，引导师生积极参与科技创新团队和科研训练，及时掌握科技前沿动态，培养集体攻关、联合攻坚的团队精神和协作意识。

扎实推动实践育人，坚持知行合一，推动学院教育同生产劳动和专业实践相结合，推动理论学习、创新思维与社会实践相统一，搭建实践育人平台，培育实践育人品牌，健全实践育人机制，增强实践育人实效。

深入开展文化育人，注重以文化人、以文育人，深入开展中华优秀传统文化、革命文化、社会主义先进文化教育，充分发挥校园文化的浸润、感染、熏陶作用，坚定文化自信，推动中国特色社会主义文化繁荣兴盛。

创新推动网络育人，加强校园网络文化建设与管理，推动思想政治工作传统优势与信息技术实现高度融合，守护好网络精神家园。整合网上教育教学资源，建设集课堂支撑、教学互动、自主学习、学生教育于一体的网络新媒体，努力打造指尖上的思想政治教育平台。

注重发挥心理育人，坚持育心与育德相结合，加强人文关怀和心理疏导，深入构建教育教学、实践活动、咨询服务、预防干预、平台保障"五位一体"的心理健康教育工作格局，着力培育学生理性平和、积极向上的健康心态，促进学生心理健康素质与思想道德素质、科学文化素质协调发展。

切实强化管理育人，把规范管理的严格要求和春风化雨、润物无声的教育方式结合起来，促进教育治理能力和治理体系现代化，强化科学管理对道德涵育的保障功能，大力营造治理有方、管理到位、风清气正的育人环境。

不断深化服务育人，把解决实际问题与解决思想问题结合起来，围绕师生、关照师生、服务师生，把握师生成长发展需要，提供靶向服务，增强供给能力，积极帮助解决师生工作学习中的合理诉求，在关心人、帮助人、服务人中教育人、引导人。

全面推进资助育人，加强资助工作顶层设计，建立资助管理规范，完善勤工助学管理办法，构建资助对象、资助标准、资金分配、资金发放协调联动的精准资助工作体系。把"扶困"与"扶智""扶志"结合起来，培养学生自立自强、诚实守信、知恩感恩、勇于担当的良好品质。

积极优化组织育人，健全和完善党委领导下的院长负责制，推动学院基层党组织自觉担负起管党治党、办学治校、育人育才的主体责任。把组织建设与教育引领结合起来，强化各类组织的育人职责，充分发挥育人功能，形成多方育人合力。在"十大育人"每一个板块中切实强调优化内容供给、改进工作方法、创新工作载体，营造育人新生态。

3.创新工作载体，打造有特色见亮点的育人工作品牌

创新"四个融合"育人模式。扎实推进"思政教育与学生管理教育相融合、综合素质教育与专业教育相融合、课堂教育与活动教育相结合、网上与网下思想引领相结合"。实施"四个融合"，把"以人为本、德育为先、能力为重、全面发展"的理念贯穿到学生从入学到毕业的全过程，渗透于课堂教学、教研科研、实验实训、德育教育、党建团建、社团活动、社会实践、毕业实习、创业就业的全过程，着力培养学生文明的行为习惯、高雅的文化品位、良好的职业素养、过硬的职业技能。

构建"知行合一"育人机制。健全实践育人制度，推动学院教育与生产劳动和专业实践相结合，推动理论学习、创新思维与社会实践相统一，打造实践育人品牌。搭建实践育人平台，发挥实验室、实训室、大师工作室、大学生创业孵化基地和校外实训、实习基地等人才培养重要载体的作用，加大平台面向学生的开放力度，切实提升学生实践能力，增强实践育人实效。

整合校内外志愿服务资源，培育实践育人品牌。深入开展大学生暑期"三下乡""志愿服务西部计划"等传统经典项目；对接社会服务热点，搭建志愿服务高端平台，招募、选拔、培训志愿者参与衡水国际马拉松、文明城市创建等活动；广泛开展主题志愿服务活动，创新实施脱贫攻坚、乡村振兴、生态文明、敬老爱老、爱少助残、校园文明、赛事服务、网络文明等专项品牌活动，形成一批常态长效、规范运行、广泛参与的志愿服务

品牌活动和项目；科学设置校内勤工俭学岗位，引导学生毕业后到农村基层从事支教、支农和扶贫工作。

（二）健全完善运行机制，汇聚协同育人合力

全面统筹办学治校各领域、教育教学各环节、人才培养各方面的育人资源和育人力量，实现育人工作的协同协作、同向同行、互联互通；围绕"十大育人"成立工作小组，分别制定落实举措清单、实施路线图和完成时间表，形成工作联席会议制度、工作简报制度等部门联动协作机制。

1. 围绕强化组织推动，构建党委统一领导、党政齐抓共管、宣传部牵头协调、部门协作落实、全员协同参与的工作机制

院党委始终牢牢把握正确办学方向，保证学院始终是培养社会主义事业建设者和接班人的坚强阵地。各级党组织坚持把思想政治工作摆在重要位置，加强领导和指导，形成党委统一领导、各部门各方面齐抓共管的工作格局。紧紧围绕立德树人根本任务，积极探索全方位育人工作机制，通过加强政策宣讲、开展专题大讨论等，引导全院教职工落实立德树人根本任务和"三全育人"具体任务的思想共识和行动自觉。其中，以"六个纳入"（将政策理论学习纳入思政课教学、纳入两级中心组学习、纳入教职工理论学习、纳入师生党支部学习、纳入学生主题班团会、纳入各类师生培训）和"四学机制"（自学、导学、辩学、践学）为主要模式的全校师生集中理论学习制度，已成为师生全员教育培训的重要载体和长效机制。

2. 围绕"十大育人"工程，精心构建以《落实举措清单》、《实施路线图》和《完成时间表》为抓手的目标任务体系

根据教育部"三全育人"建设标准和要求，学院紧密联系实际，研究制定了《衡水职业技术学院"三全育人"落实指标体系及测评细则》（以下简称《测评细则》），进一步细化建设标准和指标任务，将其作为检验工作成效的依据和标尺。《测评细则》包括"任务清单"、"实施路线"和"完成时间"三部分，按照三级指标设置，每项指标细化到测评点、测评标准和测评方式，便于对标执行。《测评细则》注重自我评价、师生评价、专家

评价相结合，突出教师和学生的满意度测评，成为学院常态化推进"三全育人"工作的重要标准。

3.围绕完善实施保障，将"三全育人"各项要求内嵌于制度创新，形成全院有效资源向育人环节聚集的常态化局面

学院将"三全育人"工作要求融入学院章程、事业发展规划和人才培养方案等制度体系，使之成为学院各方面工作的价值准绳和基本遵循。制定学院层面和各部门"三全育人"工作职责，进一步明确各级、各单位"三全育人"责任；与各二级单位签订任期目标责任书，将"三全育人"工作作为单位和干部履职的重要内容。同时，结合新一轮岗位聘任重新梳理各类岗位工作职责，使育人职责更加明确，落实更有保障。抓细抓实"三全育人"基础保障工作，通过建立健全常规工作、专项议事、项目监督、项目评价、风险预警、档案管理等制度，推动各项工作常态化、制度化、规范化。注重做好工作经验和业绩成果总结提炼工作。大力培育教学团队和研究团队，建立与"三全育人"相适应的教师队伍，设置"三全育人"科研项目，并将项目作为学院重点教改课题，为专项工作开展提供理论支撑。

（三）坚持问题导向原则，打通工作盲点断点

学院在探索"三全育人"的工作实践中，坚持问题导向，针对当前高校思政工作中普遍存在的"协同不到位""融入不到位""评价不到位"等问题，大力实施"协同攻坚""融入攻坚""评价攻坚"行动计划，通过体制机制创新，引导干部教师牢固树立育人为本的教育评价观、教师职业观和共同育人观，着力营造有效资源向育人环节聚集、政策导向向育人环节倾斜、教师精力向育人环节汇聚的生动局面。

1.研究制定《思想政治工作质量提升工程实施方案》，建立体系科学、运行高效的"三全育人"流程体系

一是切实坚持思想政治工作质量提升工程的目标原则。坚持育人导向，突出价值引领；坚持遵循规律，勇于改革创新；坚持问题导向，注重精准

施策；坚持协同联动，强化责任落实。一体化构建内容完善、标准健全、运行科学、保障有力、成效显著的思想政治工作质量体系，形成全员全过程全方位育人格局，切实提高工作亲和力和针对性，着力培养德智体美劳全面发展的社会主义建设者和接班人，着力培养担当民族复兴大任的时代新人。二是准确把握思想政治工作质量提升工程的基本任务。充分发挥课程、科研、实践、文化、网络、心理、管理、服务、资助、组织等方面工作的育人功能，挖掘育人要素，完善育人机制，优化评价激励，强化实施保障，切实构建"十大"育人体系。三是扎实落实思想政治工作质量提升工程的主要内容。统筹推进课程育人、着力加强科研育人、扎实推动实践育人、深入推进文化育人、创新推动网络育人、大力促进心理育人、切实强化管理育人、不断深化服务育人、全面推进资助育人、积极优化组织育人，全面提升思想政治工作质量。四是着力完善思想政治工作质量提升工程的领导与保障机制。全面落实党委统筹领导、强化改革驱动、搭建工作平台、建强工作队伍、强化组织保障，不断将思想政治工作质量提升工程引向深入，为办学治校育人各项工作高质量发展奠定坚实的思想政治基础。

2. 全面实施《课程思政体系建设实施方案》，将理想信念、思想道德教育融入各专业人才培养方案和教育教学各环节

在思政教育"课堂五分钟"教学改革的基础上，学院制定了《课程思政体系建设实施方案》，明确把思政育人的相关规定和要求纳入各专业人才培养方案和评价体系。一是加大宣传力度，树立立德树人为本的教育教学理念。充分利用学院校报、校刊、广播、宣传栏、校园网、微信公众号等平台，及时反映课程思政教学工作的经验做法，为推进课程思政教育教学建设营造良好的舆论氛围。教务处和社科部每年联合举办课程思政建设专题研讨和经验交流活动，引导教师牢固树立立德树人为本、教书育人为责的教学理念。二是注重整体布局，构建"三位一体"课程思政教学体系。通过修订课程标准、设计教学内容、创新教学方式方法、完善考核评价等方式，将价值引领贯穿人才培养方案、授课计划、教案、备课授课、教学质量评价等教育教学全过程，形成以思政理论课为核心、以综合素质课为

支撑、专业教育课全辐射的"三位一体"育人机制。三是加强教学改革和教学资源建设。鼓励教师开展课程思政课题研究，为实践探索、质量提升和经验推广提供理论支撑。各课程建设负责人在原有网络开放课程建设基础上，融合课程思政建设理念，优化提升课程建设资源。搭建课程思政建设经验交流平台，建立课程思政教学资源库；各系部加强对各门课程思政课件、案例、微课等教学资源的收集整理，每学期末上传课程思政建设资料，为全院各门课程思政资源的共享共建提供保障。四是加强师资队伍建设。加强专业教师思政教育意识和能力培养，建设一支具有自觉"育德意识"和较强"育德能力"的专兼职教师队伍，让思政元素融入专业课程各个环节，实现从"专人"向"人人"的转变。

3. 修订完善《师德师风机制建设实施办法》，严格实行师德问题"一票否决"

一是建立健全师德师风建设责任制，形成师德师风建设协同效应。学院和处室系部各级责任主体坚持把师德师风建设摆上重要日程，贯穿于教学、管理、服务工作全过程；基层党组织、党员干部充分发挥政治核心和先锋模范作用；教代会和群团组织紧密配合，形成加强和推进师德师风建设的合力。二是建立健全教育培训机制，增强师德师风建设的针对性。将师德师风教育贯穿于教职工成长全过程，把师德师风建设融入党建工作、思想政治教育、职业道德教育、法纪教育、课堂纪律管理等各个方面和各个环节，引导教职工恪尽职守，自觉担当立德树人的神圣使命。以每年9月集中开展的以立德树人、教书育人为核心的"师德建设主题教育月"活动为推手，设立专题网站进行宣传工作，广泛开展师生恳谈会、主题教育、师德讲座、师德标兵评选、先进事迹报告会等系列活动，在全院范围内形成立师德、铸师魂、修师品的良好风尚。三是建立健全考核激励机制，提高师德师风建设成效。修订《师德师风考核办法》，建立教职工自评、学生评价、教师集体评议、学院师德考核小组综合评定相结合的师德考评机制。建立师德档案，全面记录教职工接受职业道德教育、表彰、奖惩等情况，作为奖励、晋级、晋职、聘任、交流、教师资格定期注册等的重要依据。

四是建立健全约束监督机制，确保师德师风建设落到实处。建立《师德承诺书》制度，设立师德师风投诉电话、投诉信箱，接受学生、家长、新闻媒体和社会舆论对师德师风的监督。

（四）健全考核评价体系，强化正向引导激励

学院不断完善教师分类考核评价机制，努力构建以育人为导向的师生荣誉体系；探索重塑"知识＋能力＋道德"的学生综合素质评价体系，深化"第二课堂成绩单"制度，完善学生素质教育协同育人机制；完善"科教协同"评价体系，校准科研评价的导航仪，努力形成科研成果进教材、进课堂、进实验、进创业工作机制，让广大教师安心从教、静心育人。同时，组建专门力量深入开展工作研究，不断完善"三全育人"工作评价标准和指标体系，努力把"软指标"变成"硬杠杠"，确保综合改革工作落地见效。

1. 坚持以德智体美劳全面发展为学生评价的最高要求，优化学生综合素质标准体系和测评办法

学院从实际出发，围绕人才培养新要求，健全完善"三全育人"工作评价标准，构建德智体美劳全面培养的指标体系。将"三全育人"理念与"德智体美劳"五个育人内涵、育人目标、指标体系、培养路径相融合，围绕大学生各个年级的成长需要和侧重点，形成课内课外、校内校外、线上线下的全方位培养方案。同时，探索"第二课堂成绩单"制度，将"第二课堂成绩单"作为学生在校期间综合素质测评、评奖评优、推优入党等的重要参考，为社会用人单位选人、用人提供具有规范性、公信力的科学参考依据，形成学生、学校、社会的有效衔接。

2. 坚持以师德师风为教师评价的第一标准，引导教师践行"四个统一"，争做"四有"好教师

学院采取切实措施加强师德师风建设，严把选聘考核晋升思想政治素质关，将师德师风作为评价教师素质的第一标准，打造有理想信念、有道德情操、有扎实学识、有仁爱之心的教师队伍，构筑师德师风高地。完善

教师评聘和考核机制，把政治标准放在首位，严格教师资格和准入制度。在教师教学评价、职务（职称）评聘、评优奖励等工作中，把思想政治表现和育人功能发挥列为首要指标，引导广大教师以德立身、以德立学、以德施教，认真践行教书和育人相统一、言传和身教相统一、潜心问道和关注社会相统一、学术自由和学术规范相统一，将更多精力投入教书育人工作，自觉担当塑造灵魂、塑造生命、塑造新人的时代重任。

3. 坚持以管理育人与服务育人为各级干部的首要责任，推动各项工作目标和重心落在育人实效上

根据"十大育人"质量提升工程的建设内容，学院坚持定性分析和定量分析相结合、工作评价和效果评价相结合，按照可考核可测量的要求，健全评价体系，设计育人主体测评指标，把"软指标"变成"硬杠杠"，以此衡量和评价教学单位、管理部门、后勤教辅部门及各育人主体在育人任务、职责、措施和效果等方面的成效，推动建设方案落地落细落小。

三　党建引领，政治统率，为不断创新"三全育人"工作提供根本保证

（一）突出政治建设，打造忠诚担当育人使命的坚强领导班子

1. 坚定政治领导力，坚决执行党委领导下的院长负责制

学院党委严格履行管党治党、办学治校政治责任，确保党的路线方针政策及上级党组织决议决定的贯彻执行。坚持党管干部、党管人才，建立有利于优秀人才成长和脱颖而出的选拔培养机制。认真落实"三重一大"决策制度，重要干部任免、重要人才使用、重要阵地建设、重大发展规划、重大项目安排、重大资金使用、重大评价评奖活动等坚持经党委集体研究决定。健全完善党委领导下的院长负责制，明确分工安排和任务职责。建立健全协同育人工作机制及工作规范，全面贯彻落实中央和省市的部署要求。制定党建和思想政治工作队伍建设系列制度文件，把加强和改进思想

政治工作纳入主题教育、整改落实、诊改试点、股份制混合所有制改革试点建设等重项工作，并列为各级党组织和党员干部工作考核的重要内容。

2. 提高思想引领力，始终坚持马克思主义的指导地位

坚持马克思主义的指导地位，事关落实立德树人的根本任务。青年大学生正处在世界观、人生观、价值观形成的关键时期，思想活跃而敏感，但缺少足够的理论辨析能力和独立思考能力，容易受到外界特别是一些错误思潮的影响。基于此，学院以实施"青马工程"为推手，培养骨干，覆盖全体，多措并举加强学生的马克思主义教育，引导学生不断深化对马克思主义历史必然性和科学真理性、理论意义和现实意义的认识，帮助他们学会运用辩证唯物主义和历史唯物主义的立场、观点和方法观察世界、分析世情，坚定马克思主义的信仰和信念，努力做马克思主义的忠诚信奉者和坚定实践者。

3. 增强工作组织力，牢牢掌握意识形态工作的主导权

一是压紧压实责任制。院党委积极担当，把责任扛在肩上，明确党委书记为第一责任人；按照"党政同责"原则，各级行政负责人负重要责任；按照"一岗双责"要求，其他班子成员抓好分管领域的意识形态工作，形成各单位、系部各负其责、齐抓共管的生动局面。二是精心进行工作布局。坚持主渠道和广覆盖并重，保证深嵌入、深融合落实。开好思政课，推进教改创新，使之成为学生真心喜爱、终身受益的重要课程。在开展各类校园文化活动时，将社会主义核心价值观融入其中，通过实施"浸润工程"，引导学生主动参与、喜欢参与，实现春风化雨、润物无声的教育效果。三是巩固阵地建设。守好主阵地，建强主战场，特别是针对信息时代特点，坚持把网络作为意识形态阵地的重中之重，运用现代网络技术，借力各类媒体平台、渠道和载体，做强做实线上正面宣传，牢牢掌握工作主动权。

（二）突出政治功能，建强落实立德树人根本任务的战斗堡垒

1. 将立德树人根本任务融入支部建设

学院建立了院级领导联系系部制度，班子成员、党委委员和系部党总

支（党支部）结成对子，定期参加支部生活，宣讲党的理论和路线方针政策，指导支部开展工作。严格落实党政联席会议制度和党支部书记抓基层党建述职评议制度，夯实党支部的育人主体责任，探索"多元分层式"党建工作团队建设，突出"组织功能"。以开展"不忘初心、牢记使命"主题教育为契机，持续推动基层服务型党组织创建活动，不断增强服务意识，突出问题导向，精准把握学生的思想困惑和实际困难，做到思想政治工作的难点在哪里，党建工作就跟进到哪里。以优质服务把师生凝聚在党组织周围，形成了基层支部的组织资源转化为思想政治工作资源、组织优势转化为思想政治工作优势、组织活力转化为思想政治工作活力的生动局面。

2. 抓住"关键少数"，强化"头雁效应"，突出价值引领和示范带动

领导班子以身作则，充分发挥"领头雁"的政治核心作用。学院实施教师党支部书记"双带头人"培育工程，选优培强"一把手"，打造既干事又干净、既能管党务又善于做政工、既有群众威信又能激发团队活力的带头人群体，发挥党支部书记的"领头雁"作用。着力建设一批先进基层党组织，培养选树一批优秀共产党员、优秀党务工作者，发挥先进组织和先进个人的模范带头作用。

3. 以"党员示范岗"促进全员育人生态

学院创新发挥党员先锋模范作用的活动载体，在全院设立"党员示范岗"，彰显党建示范带动作用，全力营造"一个党员一面旗帜，一个岗位一块样板田"的浓厚氛围，促使每一名党员不断提升在党意识、自律意识，牢固树立真抓实干的奋斗精神，在各自岗位上充分发挥先锋模范作用，实现以党建引领全员育人工作的顺利开展。

（三）压实政治责任，推进"三全育人"工作持续高质量发展

1. 精准部署，将育人任务落实到每个部门

学院着眼于构建大思政工作格局，坚持问题导向，推进工作创新，改革传统思政工作"铁路巡警，各管一段"式的"两张皮"管理方式，将分

散在党委宣传部、学生处、团委、网络中心、各系负责的辅导员以及思政理论课教研室的职能统一起来，实行党委统一领导，统筹部署，凝聚合力、协同推进，实现了全院部门思政工作职能相融合、思政教育与教学体系相融合、思政主题教育与团学文化活动相融合、思政理论课专业教师与辅导员队伍建设相融合、思想政治工作与意识形态工作相融合、"互联网＋"思想教育与传统思政工作相融合的育人新生态。

2. 精细操作，将育人责任细化到每个岗位

学院以"十大育人"体系为基础，系统梳理归纳各个群体、各个岗位的育人元素，扎实推动学院思想政治工作制度化、规范化。建立述职评议制度，加强院、系（部）党组织书记抓思想政治工作和党的建设述职评议考核管理，并纳入执行党纪监督检查范围。严格落实意识形态责任制，加强校园各类思想文化阵地的规范管理和校园网络安全管理，健全重大活动与热点问题、突发事件的处置和校园舆情引导机制。

3. 精严要求，将育人标准量化到每个环节

学院研究制定了内容全面、指标合理、方法科学的评价体系。挖掘各环节的育人元素，将其作为职责要求和考核内容，有机融入整体制度设计和具体操作环节，着力打通学院思想政治工作存在的盲区、断点，真正把各项工作的重心和目标落在育人效果上，使教育教学更有温度、思想引领更有力度、立德树人更有效度。开展"三全育人"先进集体和"三全育人"标兵年度评选和表彰活动，激励教职工切实将立德树人工作贯穿于教育教学全过程和学生成长成才各环节，把育人工作落到实处，培养德智体美劳全面发展的社会主义建设者和接班人。

集聚国企正能量

——以华北制药集团为例

杨俊谊　娄　婧*

摘　要： 作为国有企业，华北制药集团不仅承担着重要的政治、经济、社会责任，也扮演着发展社会主义先进文化先行者的角色。党的十八大以来，华北制药集团结合医药企业自身特点，找准社会主义核心价值观和企业"品质文化"交集点，以守正为行为核心，以诚信建设为着力点，搭建学习平台培育"正"，提升企业品质实践"正"，勇担国企责任履行"正"，选树先进典型坚守"正"，形成制度体系固化"正"，将社会主义核心价值观与企业文化深度融合，探索出国有企业践行社会主义核心价值观的路径。

关键词： 国有企业　社会主义核心价值观　企业文化

国有企业是全面建成小康社会的重要力量，承担着重要的政治、经济、社会责任，也扮演着发展社会主义先进文化先行者的角色。如何用社会主义核心价值观引领企业文化建设和创新？如何将社会主义核心价值观的践行和企业文化落地有机结合，真正融入职工的工作生活和精神世界？华北制药集团（以下简称"华药"）结合医药企业自身特点，找准社会主义核心

---

* 杨俊谊，华北制药集团党委宣传部主任政工师，研究方向为国有企业思想政治工作；娄婧，华北制药集团党委宣传部思想理论室主管，研究方向为国有企业思想政治工作。

价值观和企业"品质文化"交集点，以守正为行为核心，以诚信建设为着力点，积极探索社会主义核心价值观践行路径的企业版，发挥了国有企业的示范和引领作用。

一 企业培育践行社会主义核心价值观存在的
主要问题及解决思路

（一）企业培育践行社会主义核心价值观存在的主要问题

"问题是时代的声音。"树立问题意识的第一要求，就是要敢于正视问题。当前，企业培育践行社会主义核心价值观主要存在以下几个方面的问题。

一是上热下冷，距离高远。党的十九大对加强社会主义核心价值体系建设做了具体部署，并且在新修订的党章中，第一次把"加强社会主义核心价值体系建设"纳入总纲之中。但是，在实施推进中，基层党组织对社会主义核心价值观的重视程度不同，有的仅停留在纸上、停留在嘴上，使职工感觉社会主义核心价值观是"高大上"的事情，距离他们过于遥远。

二是重点不清，一片茫然。社会主义核心价值观分为国家、社会、个人三个层面，但是对于部分职工来说，他们难以分清三个层面的关系，不能很好把握着力点和重点，阻碍了社会主义核心价值观的培育践行。

三是硬性灌输，强迫入轨。培育社会主义核心价值观离不开生动的生产生活和浓厚的氛围。但是，部分基层党组织存在培育践行社会主义核心价值观和生产经营、职工文化生活"两张皮"现象，或是组织一些表面热闹，但缺乏针对性和精准性的宣贯活动，职工仅仅是"看客"，参与性不高，甚至产生厌烦情绪。

（二）华药党委解决问题的主要措施

基于以上问题，华药党委提出了"国企践行社会主义核心价值观路径研究"课题，明确指出了三项措施。

一是寻找交集点。要弱化距离感，将社会主义核心价值观践行和企业文化的落地结合起来。华药"品质文化"的核心元素是"正、精、搏、和"，其中"正"是四大文化元素之首，是"品质文化"的根基。"正"既符合社会主义核心价值观的践行方向，也是华药企业文化的导向；既是社会主义现代化的价值目标，也是华药企业红色文化的生动体现；既是中华儿女辈辈承袭的文化"家规"，也是华药职工代代传承的行为规范。因此要把华药"品质文化"和社会主义核心价值观的切合点定位在"正"上。

二是确定着力点。社会主义核心价值观涉及国家、社会、个人三个层面，如果多点发力，必然导致分散，经过对国家、行业政策进行分析，结合企业实际，华药将个人层面的"诚信"作为社会主义核心价值观建设的发力点。2014年，国务院印发了《社会信用体系建设规划纲要（2014—2020年)》，诚信开始备受社会关注，信用体系建设被提升到显要位置。作为医药企业，诚信可以说是华药的命脉。经过60多年的发展，华药结合自己的实践和文化感悟，认为诚信就是"内诚于心，修正品；外信于人，行正道"。修正品，品正则心诚；行正道，道正则企兴；出正品，品优则共赢。以诚信为根基，才能筑牢企业版社会主义核心价值观的"金字塔"，这也是内修外行诚信之道的具体要求。

三是瞄准突破点。企业版社会主义核心价值观的培育践行只有突出企业版特性，紧密结合生产经营实际，才能避免"两张皮"现象；只有把文化活动和社会主义核心价值观的宣贯有机融为一体，才能吸引更多的职工参与。做到这两点，才能破除社会主义核心价值观和企业生产经营及职工生活的"游离"。

二 培育践行社会主义核心价值观企业版的实践

（一）搭建学习平台，培育"正"，练诚信内功，社会主义核心价值观在职工素养上彰显

一是培育"正"念。使"正"成为每个华药人的思维、行为方式和一

切工作的出发点。"正"念，就是以讲政治的高度带头推进习近平新时代中国特色社会主义思想落地，积极探索新路径、新方法，用适合广大职工的方式进行宣讲，增强"四个意识"、坚定"四个自信"、做到"两个维护"，推动习近平新时代中国特色社会主义思想入脑入心、落地生根，切实找到企业发展的引领和方向。华药党委搭建了"三大学习平台"，即每月召开一次"中心组学习会"、每月举办一次"华药大讲堂"、每半年举办一次"中青年干部班"。"中心组学习会"把学理论和战略发展结合，实现了知行合一；"华药大讲堂"把问题破解和知识传递结合，实现了素质提升；"中青年干部班"把外部形势和内部工作结合，持续9年的学习，实现了思想统一。"三大学习平台"多角度完善学习体系，实现了解决实际问题、把牢政治方向、修炼诚信内功的预设目标。

二是传承"正"品。讲好华药建设和发展的历史故事，是传承华药精神的重要内容。首先是寻找老故事。利用企业建成投产60周年等重大历史节点和纪念日，华药党委宣传部奔赴北京、广州、西安等地，采访多位创业期的老华药人，包括"菌中皇后"陶静芝、"医药奇人"齐谋甲、"手绘华药设计图"的刘太元、百亿商标设计人杜增业等。在寻找老故事的过程中，华药精神得以进一步彰显，不仅在企业内部影响深远，也为医药工业历史的讲述积累了有益素材。其次是讲好老故事。为更好地传播红色故事，华药内部全媒体联动，通过报刊、网络、微信等手机APP平台开展了形式多样、各具特色的故事讲述，同时举办了"践行品质文化，讲好华药故事"大型主题活动，让新一代华药人从他们身上了解历史，涵养行为，积蓄前进的精神力量。

三是培育"正"行。遵德守法是企业常青的根本保障，华药在发展过程中，始终坚守"依法经营是'正'的底线，依德经营是'正'的上线"的行为准则和道德追求，引领企业不断创新发展。正是有这样的自觉，华药在市场经济面前做到了对价值观的坚守，对高质量的坚持，对消费者的诚信。在利益和质量面前，华药永远选择质量；在法律和法规的模糊地带，华药永远秉承"人类健康至上，质量永远第一"的企业宗旨，选择道德。

比如，在前些年的"毒胶囊"事件中，华药没有出现任何问题，从根本上讲，这是因为华药形成了"正"的根基，始终坚持"质量源于设计"的理念。华药新工业园区在建设之初就采购了一台胶囊检测设备，这样的设备当时只有河北省药检所有一台，"毒胶囊"事件发生后，华药受河北省药检所委托，对多家单位的胶囊进行了检测。

（二）提升企业品质，实践"正"，创诚信品牌，社会主义核心价值观在企业运营上彰显

华药始终将用户、终端、职工、百姓、社会等的满意放在重要位置，通过实践"正"，构建诚信企业。

一是打造质量优势，让用户满意。作为医药行业首家荣获"国家质量管理奖"的企业，华药将 60 多年来对质量的"一往情深"演绎为独特的质量文化。QC 小组活动是华药"质量文化"的一面旗帜。自 1980 年开展群众性 QC 小组活动以来，华药已不懈坚持了 40 年，从未间断。每年 9 月的"质量月"活动，从 1978 年开始，至今已连续开展了 42 次，"质量月"、重大节日华药都举行升旗仪式，进行质量宣誓。此外，为持续提升改善产品技术指标和质量，华药每年开展劳动竞赛、技术改造、质量攻关等活动，生产的注射用氨苄西林钠获批高于国家药典标准的独家标准，环孢素软胶囊、头孢氨苄胶囊等 6 个品种 9 个规格获批通过仿制药一致性评价。环孢素软胶囊、维生素 B12、头孢拉定等 8 个品种获评河北省名牌产品。截至目前，华药所有子分公司全部通过国家 GMP 认证，获得 COS 认证证书 15 张，FDA 认证证书 5 张。

从 20 世纪五六十年代"好药治病，劣药致命"的朴素质量观，到 80 年代"以金牌的工作质量，生产金牌的产品"，再到今天的"人类健康至上，质量永远第一"的企业宗旨，华药的文化虽然在不断演变，但"质量第一"的精髓始终如一，并深深根植在职工心中。心中有信念，肩上有责任，为人民提供安全、有效的药品就是华药人的郑重承诺。

二是打造学术品牌，让终端满意。反对商业贿赂是市场诚信的体现，特别是葛兰素史克事件后，随着国家相关政策的出台和市场对药品本身的价值需要，学术营销正慢慢成为中国新药营销模式的主流。多年前，华药的万迅、两性霉素、环孢素、翁沥通已经在进行学术营销的实践。通过多年的探索，华药实现了企业和医生学术知识的互促，实现了互信、共赢。例如，翁沥通在上市之初主要针对前列腺增生患者，但随着大量临床应用后发现，该品种对前列腺炎、男性精囊炎、精囊潮湿同样具有很好的疗效，同时对女性尿失禁病症亦有明显效果。通过诚挚的沟通，华药不仅使老产品找到了新市场，而且提升了"华北"牌在专家、临床医生之中的影响力。武汉协和医院儿科主任、武汉儿科协会主任委员金润铭教授就表示，非常愿意与华药这样品牌、质量信得过的大企业进行学术合作，共同推进中国医药事业的发展，使中国百姓受益。企业营销回归学术本质，这也是有责任的医药企业回报社会的一种方式。

三是打造科普品牌，让百姓满意。华药以关爱百姓健康为己任，以党的十九大提出的健康中国战略为目标，积极开展市民健康科普，提升百姓健康生活理念。自2014年启动面向中小学生和市民的"品质文化之旅"活动后，华药坚持每季度邀请中小学生和石家庄市民走进华药，同时华药也走进幼儿园、中小学、大学进行合理用药及乙肝预防的宣传，借助企业资源优势进行消防安全宣传等。目前，这项活动已经成为品牌活动，产生了一定的社会影响力，华药已经成为石家庄市教育局挂牌的全市中小学生研学基地。

（三）勇担国企责任，履行"正"，建诚信企业，社会主义核心价值观在社会价值上彰显

一是打造暖心工程，让职工满意。真心换真心，企业对职工的诚信将换来职工对企业的无私付出，华药努力打造"三大暖心工程"，激发职工的内生动力，提升企业运营品质。首先是在生活关爱方面，通过走访慰问，进职工门，知职工情，解职工难，暖职工心，建立了两级慰问帮扶体系，持续开展"金秋助学、扶困育才"活动，工会代为每名会员参与一日捐，

每年为职工体检投入 200 余万元，做到疾病早检查、早发现、早防治，让职工能够以健康的体魄参与到工作中。其次是在发展关爱方面，变"相马"为"赛马"，让管理人员、技术人员和一线工人都"有奔头"。总部机关、产业链和生产车间相继开展管理岗位竞聘工作，一批有思想、有实力的年轻人走上了管理岗位。在科研人员中推行"项目负责人制"，以项目完成情况进行职业生涯发展考评。在子公司试点，建立了"普通工人—工人技师—高级技师—首席工人技师"的一线工人职业发展通道，首席工人技师能够享受到子公司中层干部的待遇。最后是在技能关爱方面，依托企业自己的培训中心，通过"职工进课堂、老师下车间"的形式对职工进行专业技术培训、转岗技能培训，让职工掌握更多技术知识。在工种密集的岗位，先后设立了电仪分会、消毒、包装、质检等职工技术协会，把职工组织起来开展同工种技术攻关和技术提升活动。通过在协会的探讨交流和实战操作，职工们的技术突飞猛进。

二是打造和谐环境，让社会满意。华药发展到今天，始终不忘履行社会责任，坚持前门造福、后门避害，打造绿色制药与环境的融合并进。早在 20 世纪 80 年代，华药就引进国外技术治理生产废水，并于 1990 年成立了专门研究制药工业污染控制技术的环保研究所，经过 30 多年的发展，先后成功研发了 22 项专有技术，其中 2 项获得国家发明专利，1 项获得实用新型专利。在新工业园区建设中，华药遵循循环经济理念，在项目组合、工艺选择、设施布置、设备造型等各方面均以节能降耗为先。走进华药新工业园区，映入眼帘的是绿地、假山、凉亭，而在这些花园式厂房的地下，则是配套设计的污水处理厂。近年来，华药在环保设施上的投入超过 7 亿元，两家企业获评国家级绿色工厂，一家获评省级绿色工厂。

三是打造责任先锋，让国家满意。国有企业是确保中国特色社会主义现代化建设事业健康发展的重要物质基础和政治基础，是我们党执政兴国的重要支柱和依靠力量。国企姓"国"，作为国家"一五"重点建设项目，华药自建成之日起就承担着满足人民用药的巨大责任。而今，无论是在国家发生重大自然灾害还是扶贫攻坚中，华药都当先锋、做表率。在扶贫攻坚中，华药彰显国企力量，先后派出 50 余名扶贫干部，帮助对口扶贫村实现整体搬迁，引入山羊养殖、苜蓿种植等项目，2018 年底，华药集团本轮帮扶的阳原县揣骨疃镇闫家窑、窑儿沟 2 个村实现整村脱贫摘帽，建档立卡贫困户 85 户 166 人实现脱贫，截至目前无一户一人返贫。

（四）选树先进典型，坚守"正"，扬诚信精神，社会主义核心价值观在文化代言人上彰显

先进典型代表的是方向、是希望、是力量。他们身上传递出的珍贵品质，是中华文化传承与企业文化积淀共同作用的产物，具有鲜明的社会性和企业性，他们是"正"的代言人。

一是开展主题宣传活动，把形象代言人"树"起来。华药十分重视先进典型作用的发挥，积极探索用文化为典型铸魂，让典型为文化代言的建设模式。每年华药都会通过主题宣传活动和品质华药道德模范评选活动，培树在职业道德、社会公德、家庭美德、个人品德方面的先进典型，通过宣传扩大影响力，借鉴生物制药"基因工程"的技术原理，激活、重组、克隆"正、精、搏、和"四大文化元素，把优秀文化基因植入先进典型，使先进典型成为优秀企业文化的承载者、传播人，在企业内营造"正"气，释放"正"能量，影响、带动广大干部职工见贤思齐，择善而从。同时，一批先进典型脱颖而出，成为广大职工身边的可见、可感、可学的典范。20 年来勤学不辍、创新不止，拥有 200 多项创新成果，创造经济效益 2800 多万元的工人齐名和舍车救人的赵志强、受到市长赞誉的拾重金不昧的张莉、举债为岳母治病的好女婿张晓超等，都成为华药表彰的"品质华药"道德模范，他们获得了公司级乃至省市级、国家级荣誉，成为广大员工学习的榜样。比如，齐名先后被授予"全国最美职工""全国五一劳动奖章""全国劳模""全国优秀共产党员"等荣誉称号，受到习近平总书记接见，并代表产业工人党员站在了新中国成立 70 周年大会的"不忘初心"花车上。这些典型彰显了华药人对质量的郑重承诺和不懈追求，以及他们诚信做人、真心做事的本色。齐名获得全国大奖之后，华药开展了"寻找齐名们"活动，公司党委 2020 年召开专题会议讨论"新时代齐名精神"的内涵，将齐名精神归纳为"不忘初心、坚守信仰的政治品格；竭力钻研、创新不止的进取精神；忠诚企业、恪尽职守的道德操守；心怀感恩、回馈社会的崇高境界"。华药总结提炼了齐名作为新时代产业工人所具有的特质，不仅在华药开展"学习齐名精神，做最美华药人"活动，而且推动河北省医药行业下发了《关于在河北医药行业开展向齐名同志学习活动的通知》。

华药以"寻找齐名们"活动和"学习齐名精神、做最美华药人"活动为载体，挖掘、选树了一批省市级、公司级先进典型，他们身上折射出的学习美、创新美、忠诚美、担当美、奉献美的宝贵品格深深扎根在了企业改革发展的实践中，成为建设美丽新华药征程中最重要的精神力量，同时为企业产品研发、技术改进、产品质量提升做出了重要贡献。在开鲁新建项目中，党组织弘扬齐名精神，在项目建设遇到巨大困难的当口，党支部连续两次召开党员干部大会，不仅给大家讲形势任务，更是科学论证工程量，详细制定工作进度，关键时刻统一了大家的思想、提振了敢打必胜的信心，仅用 70 天就完成了原定 5 个半月建设工期的任务，诠释了华药精神，创造了华药速度。在社会，自 2014 年始，齐名作为客座教授坚持每周为河北省劳动关系学院的学生授课，提升了在校大学生的专业技能，他所指导的学生多次获得河北省电子信息技能大赛团体一等奖和个人一等奖、二等奖、三等奖。齐名不仅是华药的一面旗帜，也是河北省医药产业工人的一面旗帜，成为社会主义核心价值观的践行者、传播者和引领者。

二是选树亲和化典型，让形象代言人"近"起来。为丰富典型群体的普适性，各级子公司结合自身发展和生产经营重点、难点，分月度、季度、年度以及项目性工作推进选树典型，让典型身边化、亲切化，形成了典型群体，每个子公司都有自身的特色，如莱欣公司的"每月'欣'星"，先泰公司的"首席操作手"命名表彰，北元分厂的复转军人群体等。子公司发现表彰典型的同时，集团融媒体平台常年开办"先锋榜样"栏目，使各类典型能够及时得到报道、传播。日常典型的及时发现和表彰宣传，一方面给职工及时的肯定和褒奖，另一方面让职工感觉到典型亲切可学、可赶，激发了大家见贤思齐的热情和信心，形成了正能量循环。

（五）形成制度体系，固化"正"，让诚信永驻，社会主义核心价值观在规则上彰显

在管理探索中创新制度，在制度执行中完善制度，注重掌控好制度与企业文化的匹配性是华药始终坚持的理念。在 60 多年的发展历程中，华药人通过思考、实践形成了完整的制度管理体系。这一体系涵盖了理念、文化、操作制度、管理制度、工艺技术制度等一系列内部规章制度，其中许多制度成为兄弟单位的范本。

华药坚持凡是企业文化理念提倡的内容，在制度中都有解码、有体现；凡是与企业文化理念相违背的内容，则修正或废弃，防止现有的制度对企业文化理念的抵触和侵蚀。根据组织机构、生产结构、发展方式不断调整优化的实际，公司对企业决策、经营管理等 291 项规章制度进行了全面系统的梳理、修订和完善，且每一项制度均有奖罚或责任追究条款。此外，华药将社会主义核心价值观践行作为文明单位创建的重要内容，落实到各单位《意识形态工作考评体系》，每季度对各单位社会主义核心价值观的宣传践行情况进行考核，将考核结果纳入单位绩效考核，和单位奖金挂钩，推动了物质文明和精神文明的同步提升。2019 年，共有集团机关、金坦公司、爱诺公司、北元分厂四家单位获得"国资委系统文明单位"称号；2020 年，集团本部通过了河北省文明单位考核。

三 培育践行社会主义核心价值观企业版的效果

培育"正"，实践"正"，坚守"正"，固化"正"，打造了一个诚信的华药。正是追求和践行"正"，让华药成为被社会、投资者、客户、患者、职工信赖的企业；正是追求和践行"正"，让华药在国际市场竞争中占有了

一席之地；正是追求和践行"正"，让华药担负起了国有企业的社会责任，在两个文明建设中发挥了重要作用，取得了三个方面的成绩。

一是理想信念根基进一步夯实。社会主义核心价值观的践行，进一步增强了广大干部职工的"四个意识"，坚定了"四个自信"，提升了党性，为企业改革发展奠定了坚实基础，有效推动了习近平新时代中国特色社会主义思想在国企的落实落地落细。

二是企业创新创造意识进一步增强。研发创新方面，国家一类新药抗狂犬抗体完成三期临床试验并进入国家局优先审评，有望于2021年底前上市；MG011、MG021E、长效EPO、白蛋白等多个重磅新品处在临床试验报批阶段；7个品种10个品规通过一致性评价；所属新药公司入围国务院"科改示范企业"。2019年华药荣获国家科技进步二等奖1项，河北省科技进步一、二、三等奖各1项，取得近年来科技成果奖励的最好成绩。群众性创新方面，公司评选、命名了一批"职工创新工作室"，如王亚然创新工作室、兰欢平创新工作室等，通过搭建职工创新工作室平台，技能人才围绕本单位生产经营工作中的重点、难点问题，有针对性地开展了各种创新，个人技能和企业效益得到同步提升。

三是推动企业步入高质量发展快车道。华药依托国有企业组织优势，通过矩阵式网格化管理实现了"纵向到底，横向到边"党政工团齐抓共管、协同工作的宣传思想工作管理网络，构建了稳定、高效、灵活的网格化宣传思想工作通路，为社会主义核心价值观宣贯、落地创造了条件，有效增强了社会主义核心价值观的覆盖面、引导力和影响力。2018年华药营业收入同比增长32%，利润同比增长129%；2019年营业收入同比增长15.1%，利润同比增长38.3%。2019年企业资产总额达到258.15亿元。2020年"中国500最具价值品牌"中，华药品牌价值264.85亿元，比2019年品牌价值增长了28.91亿元，在医药行业排名第7位，企业走上了高质量发展的良性轨道。

四 华药培育践行社会主义核心价值观的启示及思考

（一）将社会主义核心价值观与企业文化深度融合，才能凸显企业特色

社会主义核心价值观统领企业价值观，企业价值观是社会主义核心价值观的组成部分，将"爱国、敬业、诚信、友善"的社会主义核心价值观与企业核心价值观融为一体，有利于社会主义核心价值观具象化，使之深植于职工心中，变为职工自觉的职业行为。从华药的实践效果看，在学习教育和制度约束中，将二者密切联系在一起，同学习、同检查、同考核、同奖惩，增强了实际效果。

（二）将社会主义核心价值观与生产经营深度融合，才能增强实践性和说服力

只有通过经营管理制度、机制、流程与各项竞赛和文化活动，将社会主义核心价值观深度融入经营管理的全过程，才能使职工立足岗位，将"爱国、敬业、诚信、友善"的价值理念落实到质量保障、工艺技术、产品营销、基础管理、文化建设等日常工作中，落实到实际行动中，并逐步转化为理想信念和职业道德准则，避免"两张皮"现象。

（三）将社会主义核心价值观与社会生活深度融合，才能变他律为自觉

企业职工既是企业的主人，也是社会人，只有职工能够将在企业的约束化为一种文化自觉，社会主义核心价值观践行才算真正达到目的。"企业版"的打造最终要实现的是职工内部的文化自觉和外部的价值自觉相统一，所以，必须要通过道德模范评选、企业捐赠等社会活动的引导，让职工不仅做优秀的企业人，而且做优秀的社会人。

讲好河北故事

——以《燕赵传奇·行走的博物馆》为例

包来军　赵晓艳*

摘　要： 新时代，历史人文纪录片成为社会主义核心价值观柔性传播的重要影视载体，承担着培育大众价值观念、文化修养和民族自信的重要使命。历史人文纪录片《燕赵传奇·行走的博物馆》作为 2020 年河北纪录片传播社会主义核心价值观的优秀影视佳作，唤起了受众对于作为中华优秀传统文化重要组成部分之一的燕赵优秀传统文化光辉历史的回忆，激发了对其现实传承的认知与思考。本文以《燕赵传奇·行走的博物馆》为案例，论述了这部纪录片中燕赵优秀传统文化中社会主义核心价值观元素的呈现方式、传播价值和传播魅力。

关键词： 纪录片　博物馆　社会主义核心价值观

河北广播电视台 2020 年摄制完成的历史人文纪录片《燕赵传奇·行走的博物馆》，是河北省传播社会主义核心价值观的优秀影视佳作。该片以文物为起点和焦点，运用艺术化的视听手法，在古今与中外、历史与文化、学术与艺术之间"行走"，将社会主义核心价值观的传播寓教于乐，将优秀传统文化中的一些价值观念，如文明、和谐、敬业等以纪录片影视化的方

---

* 包来军，河北省社会科学院语言文学研究所副研究员，研究方向为纪录片文化；赵晓艳，河北省石家庄市第一中学高级教师，研究方向为历史文化传播。

式进行呈现和传播。燕赵大地上的优秀传统文化，也获得了新的生命力和传播力。

历史人文纪录片，特别是地域化的题材通常具有更鲜明的文化内涵和价值表达。如《五大道》就呈现了近代天津的对外开放史。《行走的博物馆》作为《燕赵传奇》系列纪录片的一个子系列，呈现了河北优秀传统文化，是当代社会主义核心价值观挖掘、表达和传播的一部优秀作品。

《行走的博物馆》是由刘正其任总导演，王玉倩、张雪燕、张才、杜静、王静婵、刘芳、赵梅娇、孙雅琪任分集导演，河北广播电视台摄制的系列历史人文纪录片。该片包括《心乐箪瓢同鼎食》《温润以泽君子风》《但愿世间人无病》《会挽雕弓如满月》《无限江山一凭栏》《玉枕通灵胜玳珊》《竞夜百戏妙趣生》《自将磨洗认前尘》《野蛮体魄长精神》《古币长存不计春》等 15 集，形象而生动地呈现和讲述了燕赵大地上的鼎、玉、本草医药、弓弩、青铜器、刀剑、瓷枕、百戏、古币等文物和文化，展示了燕赵优秀传统文化的辉煌历史和当代新生。

《行走的博物馆》以当代人的视野、理解和传承，活化了枯燥的历史知识、抽象的价值观念和沉睡的中华文明基因。近年来，河北纪录片在挖掘优秀传统文化、记录现实生活上有了明显而可喜的进步。相比与经典文物纪录片如《我在故宫修文物》《如果国宝会说话》《国宝档案》《国家宝藏》等，《行走的博物馆》在古今百姓日常生活中衣食住行乐的发现、保护传承和地域文化传播上，体现了自身的优点。

一　中华优秀历史文化通过纪录片的影视艺术化传播魅力

文物是历史的证据、精粹和物化。文物纪录片是影视艺术对历史的情感化、形象化和时代化的呈现。"纪录片通过真实记录的影像展示国家的历史文化、社会发展成就、民族的精神品格。"其中的核心是价值观的传播。历史的核心价值是价值观，历史的传播需要借助文化的拓展、时代化的联系和影像化的呈现，历史人文纪录片就是纪录片传递价值观的经典类型和方式。

（一）历史人文纪录片对核心价值观的柔性传播

历史人文纪录片和政论纪录片一样，承担着主流意识形态和价值观念传播的使命。不同的是，历史人文纪录片以文物、历史故事、历史人物的呈现、再现和讲述为中心，观点和评论含蓄地体现于解说词和很少的评论总结性语句之中；政论纪录片则以观念和观点的阐释为中心，带有"主题先行"的特点，更加直接、凝练，理论性强，解说词的议论性鲜明。如《玉枕通灵胜玳珊》以古代瓷枕引出枕头文化，讲述了黄粱一梦、孩儿枕、司马光警枕等传说和故事，进而和今人的夜生活与失眠形成对比，最终突出了睡眠养生的价值；《会挽雕弓如满月》讲述了秦弩在统一天下中发挥的重要作用及秦王朝短命的悲剧之后，点评说，"秦军用强弓劲弩打下天下，但秦王或许并没有真正参透弓箭中蕴含的中国传统哲学，一张一弛，文武之道"，指出了治理天下不同于打天下，需要让百姓休养生息，发展经济文化。

文化自觉意识的觉醒，特别是地域文化自觉的复苏，使得21世纪的中国纪录片具有了更多优秀传统文化审美精神的根基和精气神。历史文化在传承中也渗透了核心价值观因素。地域的、民族融合的理念通过文物、历史和现实人物的传承将价值观巧妙地浸入和根植于观者心中。燕赵文化也在慷慨豪壮和自信满怀的纪录片影视语言中，得到了时代的新生。

历史人文纪录片的观念表达，或者隐含于故事的讲述中，或者直白于总结性的画龙点睛式解说词中。语言评判的或潜或隐都是意识形态的表达。如《野蛮体魄长精神》对秦武王因举鼎而不幸身故，用了"惋惜"一词，潜含着对秦国统一大业推迟的惋惜、对"大一统"政治理想和价值观念的颂扬以及对秦武王的同情。《竞夜百戏妙趣生》中彩绘散乐浮雕众乐女神态沉静专注，"内心的惆怅与落寞"和"幽怨与无奈"的点评，渲染了她们和时代的离乱与不幸。《温润以泽君子风》中以玉成器离不开"切磋琢磨"作为结尾，强调了人生成材离不开自信磨砺，观者明白了"切磋琢磨"的价值，也就明白了自我拼搏与战胜自身缺点的意义。

（二）历史人文纪录片对价值观念的形象化呈现

历史人文纪录片的形象化注重细节和视觉化表现。文物的特写是最常见的手法，理想化的拍摄效果要求视角的独特、光线的合适、远近移动的动感，以及转台等辅助道具的配合。精彩的文物呈现，是一场舒缓而细腻的视觉欣赏盛宴，观者能随着镜头的变化充分领会历史、人文与艺术的魅力。光效的艺术、动静的相宜、意境的化现，优秀的文物纪录片的视觉呈现是唯美风格与人心融合的优雅与感动。文物特写镜头在于展现文物的个性魅力、文化品位和情感意蕴。《温润以泽君子风》就通过镜头呈现了玉器或古朴，或通透，或细腻，或温情，或纯净的质感和文化温度。文物是故事的起点和核心，文物镜头的水平在某种程度上决定着纪录片视觉化和审美的水准。

形象化的历史人文纪录片解说词，语言风格生动、幽默而文雅。富有文采的解说词使得纪录片的文化性、人文性和哲理性都得到了充分呈现。《照亮千年的光》中将有着"中华第一灯"之称的长信宫灯放在西汉初年波澜壮阔的历史中讲述，小宫女"神态恬淡谦恭，优雅自如中透露出灵动之美"，其"深邃的眼眸里，看到的又是怎样的过往呢？"语句中自然地将观者带入历史的想象和真实中，慨叹着阳信长公主、窦太后和中山靖王王妃窦绾的命运。"小宫女的眼中满是悲悯"，点出了历史情感中的"悲"情，即使享尽世间荣华之人，终究也逃不过时间的长河。

历史人文纪录片的形象化注重神话、传说、民间故事的补充。人文关怀渗透下的价值观，更容易接地气，被人所认可、理解和接受，通过古今人物，特别是普通人的故事，充分发挥榜样和典型的力量。纪录片中讲述的故事，其韵律、节奏和情感，都会增强文化的感染力和渗透力。《会挽雕弓如满月》中"天下张姓出清河"中制造弓箭的官员被称为"弓长"的故事，道出了弓箭在古代社会的重要性。《玉枕通灵胜玳瑁》中司马光尿床的故事，使观者在一笑之余，更体会到了学童的上进之心。

（三）历史人文纪录片对价值观念的历史化呈现

历史人文纪录片对价值观念的阐释，通常会放在特定的时空中去表达，不论是影像还是解说词，都在呈现价值观念等抽象概念的丰富和发展变化。从整体考虑概念内涵和内容的时空性、发展性和思辨性，如"大一统"的价值观念，是国家富强和中国文明的重要意识形态；鼎从食器到礼器的演变，从九鼎到九州，是中国古代王朝富强的标志。"大一统"的政治文化理想，最终成为中国古代生生不息的思想信仰。

一个抽象的价值观念，虽然其核心本质相同或接近，但在不同的历史时期，会有一些细微而不同的含义。历史人文纪录片则可以在时间的长河中，为观者呈现一个丰富、生动、变化的价值观念内涵。如《玉枕通灵胜玳珊》中的孩儿枕（宋代妇女专用枕式）和绘有男童蹴鞠图案的瓷枕（宋代白釉黑彩孩儿蹴鞠纹枕）是对中国古代社会重男轻女这一生育观念的生动诠释：多子多福是农业社会的现实需要和家庭理想。

《玉枕通灵胜玳珊》中解说词对黄粱一梦引出的《枕中记》"宠辱之道、穷达之运、得丧之礼、死生之情，尽知之矣"一句评论道："人非人，梦非梦，你是我，我是我，一方小小的瓷枕，恩宠与屈辱、困窘与通达、得到与失去、死亡与生存，都在一梦之中寄托无限的追求和透彻。"纪录片的文本语言点出了现实与梦境中的"舍与得"，而瓷枕则是一座古人跨越"人生如梦"的"桥梁"。枕与梦的因缘际会，似乎也是现实与梦想的相辅相成。

纪录片中文物诞生、演进和技艺传承的故事，是物质文明发展的一部影像史。精美而悠久的文物，承载了中华文明的独特内涵，是极具价值的文化标志。

二 《行走的博物馆》对河北优秀传统文化中社会主义核心价值观元素的呈现

《行走的博物馆》对文明、和谐和敬业的价值观念进行了影视化的呈现。

（一）在日常生活中呈现"文明"的价值内涵

历史人文纪录片对"文明"的呈现，更多地在于注视百姓生活，民俗风情和民生百态是其重点，而非传统政治史的帝王将相。古人的衣食住行眠、柴米油盐酱醋茶和娱乐等日常生活是当代纪录片和观者共同关注的内容。《行走的博物馆》展现了河北古代文明的绚丽多彩，特别是通过服饰文化、茶文化、中医药文化和玉文化等生动地将其表现了出来。

服饰文化是人类生活的标志之一。《壁上朱颜见古风》通过古代壁画呈现了曾经的时代崇尚。服饰是人类文明的外在表现之一，"有服章之美，谓之华；有礼仪之大，谓之夏"。"华夏"一词本身的服饰之美含义，就是古代中华文明的最直接体现。服饰是文明在社会生活中最直接的表现形式之一。人类对美的追求在燕赵大地上以华美的服装得以表现，如东魏茹茹公主墓中侍女的巾帼和襦裙等。通过对古代燕赵服饰之美的发现和再现，纪录片展现了华夏文明鲜活的审美历程。

茶文化是中华文明独具内涵的内容之一。《看得见的古人时尚》通过《侯汤图》展现了宋元时期的点茶。张家口作为"万里茶路"中重要的一环，更是成为中国茶文化走向世界的桥梁。当代茶人也演示了宋徽宗《大观茶论》中的"炙碾罗侯点斗品"的点茶八步，中国茶文化的历史之美、汤色之美、文化之美、礼仪之美和健康之美鲜活而直观地由影像传递了出来。

中医药文化从古代的"中医治未病"到今天的"以健康为中心"的健康生活方式的提倡，贡献了最重要的价值观念。望闻问切、膏丹散丸、辨证施治、扶正祛邪，"但愿世间人无病，何妨架上药生尘"体现了大医精诚的"医者父母心"。中医药文化通过对错金铜博山炉的焚香怯病、金银九针、医工铜盆、扁鹊传说和名医李杲及今天的安国药都的讲述，展现了河北中医药文化的源远流长和生生不息。中医药文化是华夏文明健康和养生的核心。文物物化了中医药的传承和价值，是燕赵文明对中华文明和人类文明的杰出贡献。

玉文化是古人君子修养的象征之一。"玉有五德，仁义智勇洁"，玉是美好事物和纯洁品质的标志。《温润以泽君子风》以红山文化的玉猪龙、和氏璧和金缕玉衣的文物特写和故事，通过古人对玉的追求和使用，传达出了玉的文化含义和精神价值。不论是君子还是文人，都以玉为贵为美。今人对玉的喜爱，也承接了古人对玉的高雅、含蓄、谦和、温润、光美的喜爱；以玉喻人，即是对玉纯洁清澈的崇高品质的赞颂和向往。

（二）在议论点评中呈现"和谐"的价值内涵

和为贵，"和谐"是华夏文明的标志之一。"和谐"通过纪录片中议论点评的解说词，呈现了君子谦和、身心调和、生息和谐和民族融合的丰富价值内涵。

和谐，是君子谦和，如玉温和，佩玉和美。《温润以泽君子风》通过三组玉器的故事，讲述了玉成为国家、民族和个人礼器的重要原因即是其"温润和美"的物理特点和"谦和柔和"的品质象征。在古人心目中，玉可"通灵"，甚至是人间和灵界、世间和神界相通的桥梁。

和谐，是身心调和，调和脏腑，焚香和气。《但愿世间人无病》以错金铜博山炉引出中医药的熏香养生疗法和调和理念。不论是人体内部器官的和谐、身体与心灵的和谐，还是人与自然天地的和谐，都需要以各种方式如燃香、针灸来调和。中医认为焚香可以平衡气血，调和脏腑，祛病强身。

和谐，是天人和合，劳逸结合，梦境和美。《玉枕通灵胜玳珊》通过瓷枕来体现古人在劳作与睡眠中的和谐，古人对睡眠如"黑甜之乡"的比喻，寄托着一张一弛的生息和谐之道。瓷枕的童子图案或造型（孩儿枕）、"睡品"与"睡仙"的典故和睡眠的理论，都传达出人们对生息和谐的向往和追求。人体劳逸要与日夜交替和谐才能健康，成为天人合一的直接体现。

和谐，是服饰融合，茶道相和，民族和睦。《会挽雕弓如满月》从河北博物院的战国箭阵引出了赵武灵王胡服骑射:"胡服,不只更换服饰那么简单,要在生活、文化、习俗、穿着等各方面向周边的胡人学习。"胡服成为融合游牧民族与农耕民族的纽带。《壁上朱颜见古风》从茹茹公主墓的壁画引出了胡服汉化的较早典型——东魏北齐时期的襦裙,也称"齐胸高束裙"。《备茶图》形象地展现了在饮食文化上契丹民族与汉族的融合。

(三)在今人故事中呈现"敬业"的价值内涵

文物不仅是古代工匠的杰作,也是当代手艺人传承的起点和典范,工匠精神是他们共有的崇高品质。文物不仅是考古专家、学者的研究对象,也可以通过收藏者、传播者和传承者感知和接触当下的故事。

《行走的博物馆》的一个重要内容是通过今人的传承故事传播工匠精神,既有古今的呼应,也有时代的鲜活感。《壁上朱颜见古风》中的中国服饰复原团队以12年的追寻和热爱,复原了从先秦到明清的400多套古代服饰,展现了中国人的东方美学思想和杰出的创造力。中国人对美的不懈追求和独特意蕴,通过古代服饰的发现和今天设计师的复原,打通了时空、人文和美学的脉络,观者也随着设计师的脚步感知了一个有温度、有质感、有情怀的故事。

历史人文纪录片以今人的现实原点追寻来自文物的文化本源,古代文物和当代事物就有了文化灵魂的脉动和共鸣。追寻本身也是记录品质和现实生活的动感体现,行走式纪录片也契合"行走"的博物馆的动感节奏。如《温润以泽君子风》中周建钊切磋琢磨小玉人。文物的复原也是重温和感悟古人的精神和心理,是文化在重复中的人的体验。纪录片中古代文物和今人故事在古今的"穿越",意蕴悠长而深远。

当代手艺人的代际传承,显示出器作之美,也展现出工艺中的细致和谨慎,呈现出工作的辛劳和心血。人物成为纪录片的叙事线索,他们在讲述中融入对传统文化的深情和热情,以此来感染观者,同时渗透理性的思考,增加了纪录片内容的丰富性。

三 历史人文纪录片的艺术魅力和传播价值

历史人文纪录片通过蒙太奇的艺术魅力，展现了优秀传统文化的当代新生，赋予了价值观故事化和形象化的传播价值。

（一）蒙太奇手法的艺术魅力

纪录片影视的一个特点是可以更加形象直观和巧妙地通过镜头的选取、特写和剪辑进行艺术化创作。不同的思想和观念通过众多镜头的组合和比较，激发观者更为发散性、迁移性和对比性的思索。有纪录片学者就认为："相比长镜头，蒙太奇在纪录片中的运用可以形成一种'诗'的连接，由此作品中的情感可以得到提升，观众在观看影片时由被动变为主动……纪录片作者所做的就是要帮助观者能够透视眼前复杂现象的深层含义。"蒙太奇手法在纪录片中可以突出人的情感性，情绪的渲染加深了观者对于历史观念、文物和事件人文性的共鸣、体验和认同。

历史人文纪录片中看似碎片化的情景和内容，经过影像语言重新组合后，刺激了观者去探索表象背后的真相、真相背后的真实。蒙太奇的影像语言，特别是在历史人文纪录片中，起到了对屏幕时空的超越作用，激发观者深入思考画外之意和言外之意。同时，文物、历史事件等也通过情景再现和今人对其从记忆、技术或思想观念的传承中，实现了价值观念在古今比较中的"活化"。

（二）呈现了优秀传统文化的当代新生

古今呼应的叙事结构，通过各种概念和观念在影视中的组合，产生了"言在画外"的效果。今人，特别是以传承为事业的手艺人、从业者和爱好者，他们身上集中体现了中华优秀传统文化的生命力。如纪录片中石家庄一家射箭俱乐部的教练许国恒、灵寿一家制作手工弓箭工作室的主人张昆、东光县弩工作室的兵器修复专家吴景刚、雄安微缩古建筑木匠邓春江、曲阳定瓷技艺传承人庞永辉、吴桥杂技艺术摄影人崔凤华、中国装束复员团队服装设计师胡晓、壁画师郝建文、古刀剑修复师闫民、中医医师李佃贵、平山玉雕手艺人周建钊等，他们既是工匠精神的鲜活代表，也是优秀传统文化走向当代生活的传承者，更是文物所蕴含的精神价值的代言人。传承者，是历史文化与当代潮流的融合点；传承者的故事，是历史文化与观者的融合点。在传承者的身上，观者可以体悟到鲜活历史文化的人性化、人情化和人物化，领悟到优秀传统文化的灵魂和生命力之所在。传承者是有人文素养、工匠精神和华夏情怀的真实而活生生的个体。文物中蕴含的文化密码、传承的基因密码、信仰的崇拜密码，其核心是人，体现了人的生活、梦想和信仰。

近年来，传统手艺人纪录片如《手艺》《寻找手艺》《了不起的匠人》《讲究》《指尖上的传承》等的涌现，是民间文化和艺术与影视的时代化融合。不论是民间文化，如童话、寓言、传说、故事、民歌等，还是民间手工艺的当代传承，如瓷器、铁器、中医药、茶道、弓弩制作等，都传播了手艺人执着、热情和精益求精的精神。

《行走的博物馆》的现实性和生命力的源泉，就在于今天手艺人对文物修复、仿制和技艺的传承。文物成为跨越古今的文化符号，激发着观者从表象出发，探究内心的真实，最终发掘文物的本质的真实。普通手艺人在纪录片中地位和分量的提升，对普通观者来说，有日常生活化的亲和感，更易于被接受和理解。如《无限江山一凭栏》中古代斗拱的制作、近代学者对其的考察与研究保护和今天木把式的复原，古建筑的生命在工匠手中创造，在专家学者手中保护延续，在当代手艺人中传承。梁思成和林徽因先生在正定的旧影，是中国古建筑生命的精彩篇章。《竞夜百戏妙趣生》中的百戏是古代民众闲暇之余难得的娱乐享受，如汉代说唱艺人"俳优"、翘袖折腰舞和北宋的蹴鞠。而今天吴桥杂技的传承，则让观者仿佛看到了古今如一的老百姓的娱乐生活。中医药更是在如今的生活中仍在应用，特别是在人类对抗瘟疫中发挥着重要的作用。《但愿世间人无病》中中医就开出了预防瘟疫之方，如熏香和香囊。

（三）价值观的故事化和形象化魅力

历史人文纪录片中的文物介绍，不仅传播历史知识，更传播主流意识形态和价值观念。如玉猪龙所象征的龙崇拜，就蕴含着中华民族大融合和国家"大一统"的理想与信仰价值。

《行走的博物馆》在文物的基础上进行文化拓展，通过传说、故事、神话、诗歌等的讲述，实现了抽象理论的隐含表达与丰富呈现，娓娓道来的风格巧妙地传播了价值观。如纪录片讲述扁鹊从神鸟到名医秦越人，再到成为人化的"医祖"。扁鹊是上天派来医治人类病苦的神鸟，是名医济世的象征，在文化学和心理学上，蕴含着人类对健康和名医的渴望。李清照《醉花阴》中"玉枕纱橱，半夜凉初透"，点出了瓷枕有助于睡眠的功效。南宋蔡元定《睡诀》中"睡侧而屈，觉正而伸，勿想杂念。早晚以时，先睡心，后睡眼"的古代养生理论，也增添了纪录片的文化和实用价值。诗文的引用，增加了纪录片的文学性和品位。

历史人文纪录片还在故乡形象塑造中发挥着重要作用，而故乡形象则是国家形象的本地化缩影，传播着爱国主义情感。历史人文纪录片对民族自信、国家自信和文化自信的培养，构建了中华优秀传统文化对外传播的基石。文物的身份、民间传承人的身份和学者的身份，也含蓄而有效地增强了中华文化的现实传播力。纪录片对历史文化的人性化强化，推动着文明的交流和传播。希望《行走的博物馆》能够剪辑出适合中小学生的教育版，成为地方文化影视教育传播的新阵地。

讲好故事，是纪录片传播价值观的关键方式之一。对历史题材纪录片来说，情景再现和影像化手法是必不可少的方式。如动画手法可以突出古画或壁画中的重点；沙画手法则是对故事的一种意象化展示，可以吸引观者的注意，提升纪录片的美学意味。在《玉枕通灵胜玳瑁》中，孩儿枕传说的沙画演示，就凸显了女主人美梦最终成真的幸福，也强化了孩儿枕所代表的古代中国生育观念。

《行走的博物馆》通过柔性的表达方式，集中传播了和谐、文明、敬业的价值观念。其中既有优秀传统文化的历史内涵，也有当代社会主义意识形态的丰富发展；既有文化潜移默化的熏陶，也有百姓民生的人性关怀；既有地域文化的自信书写，也有人类命运共同体的微观表达。这部纪录片是 2020 年河北纪录片和中国历史人文纪录片的佳作，是社会主义核心价值观影视化传播的范例。

参考文献

包来军：《"一带一路"纪录片传播研究（1980—2015）》，中国致公出版社，2017。

初滢滢：《纪录片的诗意》，东南大学出版社，2019。

何苏六主编《纪录片蓝皮书：中国纪录片发展报告（2019）》，社会科学文献出版社，2020。

陶涛：《影像书写历史：纪录片参与的历史写作》，中国电影出版社，2015。

赵谦：《纪录片的文化传播策略研究》，中国书籍出版社，2017。

朱晓彧：《历史与镜像——全球化视野下中国历史文化纪录片及其传播境遇研究》，陕西师范大学出版总社有限公司，2014。

建设和谐家园

—— 以河北省石家庄经济技术开发区北席村社区建设为样本

杨春娟*

摘　要： 30 多年来特别是党的十八大以来，河北省石家庄经济技术开发区北席村以服务群众为核心，以党建引领为抓手，以新型城镇化建设为重点，以精神文明创建和志愿服务为载体，以建设和谐社区、幸福家园为目标，积极践行社会主义核心价值观，着力打造文明、和谐、美丽、幸福的新北席。北席和谐社区的探索实践、推进路径及成功经验，对推动社会主义核心价值观落地生根，促进社会和谐稳定和国家长治久安具有重要的借鉴和启示意义。

关键词： 北席　和谐社区　社会主义核心价值观

以社会主义核心价值观引领和谐社区建设，打造"产业兴旺、生态宜居、乡风文明、治理有效、生活富裕、人民幸福"的美丽家园，成为当前推进乡村振兴和实现人民群众美好愿景的迫切要求。30 多年来特别是党的十八大以来，河北省石家庄经济技术开发区北席村以服务群众为核心，以党建引领为抓手，以新型城镇化建设为重点，以精神文明创建和志愿服务为载体，以建设和谐社区、幸福家园为目标，着力打造文明、和谐、美丽、

　＊　杨春娟，河北省社会科学院邓小平理论、"三个代表"重要思想和科学发展观研究所（精神文明建设研究中心）副研究员，研究方向为思想政治教育和乡村治理。

幸福的新北席，积极推动社会主义核心价值观在新时代的新型农村社区落地生根，不仅培育了崇德向善、文明和谐的村风民风，也打造了从传统村落向城镇化社区迈进的新时代乡村振兴样板，其和谐社区的探索实践、推进路径及成功经验，对推动社会主义核心价值观落地生根，促进社会和谐稳定和国家长治久安具有重要的借鉴和启示意义。

一 北席村创建和谐社区的实践探索

北席村由传统农村向城镇化社区迈进，最早可追溯到 1983 年土地承包到户之后。1992 年该村隶属于石家庄经济技术开发区后，新民居建设大力推进，加速了向城镇化社区迈进的步伐。2018 年，北席村正式更名为北席社区。北席村位于石家庄经济技术开发区西部，紧邻石家庄循环化工园区，北邻槐安路，南邻世纪大道，东邻兴业街，西邻石家庄市东三环，地理位置优越，交通便利，发展前景广阔。社区共有 1508 户 5154 人，村庄面积 850 亩，居民多层住宅 33 栋，高层住宅 2 栋，环境优美，具备良好的宜商宜居社区氛围。该村先后荣获藁城区"小康建设先进村""民主政治建设先进村""发展民营经济先进村""基层组织建设示范村""社会主义核心价值观示范村""无黑典型示范村"、河北省"文明村""新民居建设示范村"、石家庄市"小城镇建设试点村""现代化建设试点村""文明生态示范村"等多项荣誉称号。这些荣誉的取得离不开多年来北席村始终坚持不懈推进和谐社区建设，积极践行社会主义核心价值观，不断打造宜商宜业宜居的高品质综合居住新区。北席和谐社区的探索实践，不仅见证了北席人对美好生活的向往和追求，也孕育了"文明、和谐、团结、幸福"的社区精神，使社会主义核心价值观在落细落小落实中落地生根。多年来，北席村在创建和谐社区中不断进行着探索和实践。

（一）党建引领致富路

农村党支部是引领乡村振兴的"指挥所"。30 多年来，北席村党支部立足本村实际，科学谋划村庄发展，以服务群众为核心，以改善民生、造福百姓为目标，不断调整产业结构，积极发展特色产业，引领村民走上致富路。北席村曾是一个传统农业村，以粮食种植业为主，经济效益低下，农民人均纯收入（60 元左右）一直徘徊不前。为扭转这一现状，20 世纪 80 年代初，村"两委"根据本村农业资源和经济技术条件，本着因地制宜、发展优势、搞活经济、致富于民的原则，制定了以农为主、种养加工、多种经营、全面发展的方针，走农工商相结合的道路。新的产业结构，使北席村逐步建成高产稳产的粮食生产基地、养殖业基地、机械制造业基地、建筑业基地。

1990 年后，为促进经济发展，村"两委"坚持以市场为导向，以提高经济效益为中心，以农民致富奔小康为目标，抢抓发展机遇，落实"双高一优"农业发展规划；同时调整产业结构，狠抓基地建设，大上民营经济，提出"家家有项目、人人当老板"的口号，实现了"种养加、农工商、农科教"三结合。随着北席村工业小区建设的推进，全村先后形成了机械制造、建筑建材、商品购销、饮食服务四大产业；与此同时，上百家企业和店铺入驻该村，每年的税收达几百万元，居民的收入不断增长。2009 年，全村实现总产值 2.8 亿元，税收 395 万元，人均纯收入 7160 元，集体收入 180 多万元，集体存款 2000 多万元。特别是近几年，北席村村民不再为经济发愁，家家有项目、人人有活儿干，日子越过越红火。

（二）以德立村正村风

北席村曾是一个贫穷落后的村庄。全村路难走，晴天一身土，雨天半腿泥，大雨过后双轮大车走起来也困难；村民吃水用电困难，生活极为不便；社会治安乱，村里小偷小摸、打架斗殴、刑事犯罪的现象时有发生。为此，北席村党支部在大力发展经济的同时狠抓精神文明建设，大力开展"五讲四美""三热爱"活动，在全村开展学雷锋、树新风活动。随着精神文明建设不断深入人心，党支部及时引导群众开展评选"文明户""五好家庭"活动，被评上者挂牌以示鼓励，全村出现了"一心为公、敢顶歪风，不争荣誉、不讲报酬，遵纪守法、团结友爱，助人为乐、多做贡献，勇于改革、争创一流，创新务实、勤劳致富"的新风尚，北席村以崭新的面貌展现在世人面前。1986年，北席村在全县率先建成"文明村"。

为引导村民崇德向善，弘扬善行义举，北席村自2003年开始把好人好事记入《功德录》，好事不分大小，由专人负责记录，每天进行大喇叭广播表扬，季度评选，年底召开表彰大会，对年度内的道德模范进行表彰，颁发奖牌，并在公示栏、光荣榜、善行功德墙以及电子屏上进行宣传。通过善行记载和表彰奖励，北席村不断激发广大村民崇德向善、争做好人好事的热情，好人好事越来越多。如今，北席村呈现出村风正、民风淳的良好村风，争做好事、争上光荣榜蔚然成风。

（三）文化兴村业常青

北席村兴学较早，教育发达，人才辈出，素有"文化村"之称。新中国成立前，村里的有识之士就办起了小学校；新中国成立后，村"两委"十分重视教育工作，学前教育、普通教育、成人教育一起抓；再加上北席人历代耕读相传、勤奋好学，为国家培养了不少人才。清末，北席村出过举人何士杰，其长子何基鸿留学日本学法律，后在北京大学任教，曾任河北省教育厅厅长；其次子何基沣，是淮海战役率部起义的"佩剑将军"和共产党员，新中国成立后曾任水利部副部长、农业部副部长。另外，为我国原子弹、氢弹研究做出突出贡献的王庭基也是北席人。正是因重视教育，1995年至2012年，北席村出了22名硕士和博士，教育成就在藁城区名列前茅。

为了铭记历史、砥砺奋进，近年来北席村编印了村志系列丛书，包括《北席村志》、《北席村的人们》和《百年北席》。同时，记载北席村民助人为乐、拾金不昧、热爱集体、移风易俗、爱护环境、孝敬老人、捐资助学等的《北席村功德录》和《北席礼赞——北席村公民道德建设纪实》也相继编印成书，目的是让后代子孙了解北席村不平凡的历史和精神文明建设的先进模范事迹，以鼓舞百姓、优化民风，为新时代建设文明、和谐、美丽、幸福的新北席不懈奋斗。

浓厚的文化氛围，不仅使广大村民从小就树立了没文化可耻的理念，也使村"两委"更加重视青少年文化教育，不断改善办学条件。1993年，村"两委"筹资120万元，建成占地30亩的高标准三层教学楼一座，北席村小学于2001年成为河北省示范学校。另外，投资130万元的北席村标准幼儿园已于2014年投入使用。那些率先富裕起来的民营企业家纷纷开展捐资助学，用实际行动回馈母校。如石家庄科达文教用品有限公司总经理何玉良，于2007年无偿为北席小学15个教学班安装了3万多元的"教学用书写板"，2012年又将价值10.8万元的18块电子黑板捐赠给学校；质诚文化公司经理何玉刚，2000年至2012年的12年间无偿供给北席小学价值12000元的教学用粉笔。为活跃村民业余文化活动，企业家的爱心捐赠也蔚然成风。长龙衡器厂经理何长德，于2003年春节前夕购买了价值4000元的两面大鼓和部分文化娱乐器材，并将之捐赠给村委会，极大地激起了村民鼓乐表演的热情。何长德的爱心捐赠影响和带动了更多的爱心人士，他们纷纷捐赠楼区健身器材、文艺演出服装、篮球桩、乒乓球和羽毛球活动用的全套设备等，也使北席村成为目前藁城区唯一拥有标准篮球场的农村社区。可以说，北席村近年来举办的大型文体活动，离不开这些企业家经济上的大力支持。仅2013年善行北席第八届春节文化活动中，捐款企业就有16家，共计捐款31000元。浓厚的村域文化和丰富多彩的文化活动，提振了全村人的精气神，也引领了乡风文明新风尚。

（四）安居乐业外乡人

北席村地理位置优越，经济发达，村风正、人心好、环境美，吸引了众多外来人员前来就业和上百家企业前来投资，有些人还落户于此，成家立业。近年来，北席村外来人员多达上万人，在本村上学的外来人员子女数量占在校学生总人数的近一半。为了回馈外来人员为北席经济发展所做的贡献，"让外乡人享受和村民一样的待遇，共同打造和谐的社区"，成为村"两委"成员的共同心愿。北席村对待外乡人和本地人一视同仁，外来人员子女上学和当地的孩子享受一样的待遇。不管是村干部还是老百姓，都不欺负外来人员。据外乡人李国中介绍，他正是看中了北席村良好的环境，才在当地租下 3 间门市做起快修、洗车、卖轮胎和装修生意，水费由村里承包，商业用电标准也比附近村的便宜很多。优越的营商环境和村内好人好事的盛行，使他觉得北席村民的素质普遍较高。在北席定居的外乡人安胜辉、田春玲夫妇也反映，他们于 2008 年买下了两层 177 平方米的门市房，开了一家百货超市，村里人对他们非常热情，村书记也经常过来聊天，询问有没有需要帮忙的地方。

北席村工业小区内因企业较多，村"两委"连续多年要求各企业负责人严格落实安全生产责任制，在安全生产工作中，配合管委会的有关要求，组织专人进行安全隐患排查，及时取缔、清理脏乱差企业和限期整改存在安全隐患的企业，并加强安全生产宣传，杜绝安全事故的发生。同时，开展"扫黑除恶专项斗争"，加强治安防范和巡逻，切实保障生产安全运行、群众安居乐业。

（五）和谐宜居建新区

1992 年石家庄经济技术开发区成立后，北席村的民营企业快速崛起。一些富裕起来的村民不满足本村的生活现状，开始到藁城、石家庄市区购买楼房。他们白天在村里劳动或工厂上班，晚上开车回市里休息，过上了城市人的生活。楼房宽敞明亮、干净整洁、冬暖夏凉、生活方便，其他村民对此十分羡慕，纷纷要求党支部和村委会盖住宅楼。村"两委"经过慎重考虑，多次召开不同形式的座谈会征集群众意见，并组织村民代表和党员代表到石家庄、藁城多个社区参观考察。为满足民之所需，北席村开始改善人居环境，大力推进新民居建设，高起点规划、高标准建设，该村也成为藁城区首批村改社区示范点。北席村于 1995 年、1999 年、2003 年、2005 年、2015 年分 5 批建成多层住宅楼 33 栋、高层住宅楼 2 栋，成为建筑面积 21.56 万平方米的新北席社区。社区内规划布局合理，基础设施完备，建有一个标准化塑胶篮球场、两个羽毛球场、两个乒乓球场以及设有 100 多件休闲健身器材，建有何基沣纪念广场、新时代文明实践广场、社会主义核心价值观主题广场和供村民休闲娱乐的 4 个街心公园，并配有亭子长廊、音乐喷泉、石凳棋盘等。同时，社区多次组织开展大规模环境整治活动，全面实现了"美化、绿化、亮化、硬化"，并建立了环境卫生整治的长效机制，定期清扫，专人监督，使社区环境整洁有序。社区还成立了志愿者服务队伍，定期开展志愿帮扶活动，并不断推进移风易俗，积极践行社会主义核心价值观，为广大村民打造了一个干净整洁、文明和谐、"三季有花、四季常绿"的生态宜居生活环境。

2017 年，为适应城镇化发展趋势，北席村开展"村改居"及集体产权制度改革工作，制定《北席村股民界定与股权配置方案》，确定配股村民 5252 人，配置家庭 1585 户，集体资产总额为 3861.17 万元，全村集体土地总面积为 1807 亩；并依法设立"石家庄裕席实业有限公司"，代表全体配股村民共同持股。2018 年 5 月，村民代表大会通过《北席村拆迁改造方案》和《拆迁安置补偿办法》，正式开启了北席旧村改造项目。2019 年 9 月，北席社区居家养老服务中心施工建设项目也正式启动。这些方案及项目的实施，从根本上解决了集体资产增收、村民长远生活保障和养老难题，真正将北席社区建成产业兴旺、生态宜居、乡风文明、治理有效、生活富裕、人民幸福的新时代社会主义新型农村社区。

二 北席村创建和谐社区的主要做法

30 多年来，北席村在大力发展经济的同时，始终狠抓精神文明建设，以思想道德建设、精神文明创建和志愿服务为载体，创新文明实践、健全服务体系，积极践行社会主义核心价值观，为建设文明、和谐、美丽、幸福的新时代乡村振兴样板社区，不断进行着探索和实践。

（一）健全组织机构，积极倡导社会主义核心价值观

将践行社会主义核心价值观融入百姓生活，使之内化为精神追求、外

化于自觉行动，不断提升村民文明素质，需要群众性组织的积极推动。为此，北席社区成立了三个组织。一是红白理事会。由广大村民从村内群众威信高、德高望重的人员中推选出5人组成，制定红白喜事制度和红白喜事章程，专门负责村内的婚丧嫁娶事宜，对违反规定者进行劝导，倡导婚事新办、丧事简办、移风易俗的文明新风尚。二是道德评议会。由村民民主推荐产生的热心公益、公道正派、威信高、口碑好、善做群众工作的20人组成，组长由村党支部书记担任，负责对村民道德行为进行评议，对村内各类道德模范和先进典型进行评选，旨在通过表彰先进，弘扬正气，营造健康向上的村风民风。三是志愿者服务队。志愿者服务队成立于2019年8月，由企业家、退休教师、退休干部、退役军人、文艺爱好者等人员组成，下设党员志愿服务队、青年志愿服务队、巾帼志愿服务队、退役军人志愿服务队、民营企业家志愿服务队5支队伍，注册志愿服务者53人，以帮助他人、完善自我、服务社区、弘扬新风为宗旨，以奉献、友爱、互助、进步为原则，以社区志愿服务为重点，积极开展经常性的扶贫助残、帮困助教、敬老爱幼、美化社区等活动，促进文明和谐社区的创建。另外，北席社区星火志愿者协会成立于2019年11月，该协会是由石家庄市桥西区德仁社会工作事业发展中心在承接河北省民政厅2019年"星火"专业社工服务岗位采购项目后在北席社区组建的志愿者队伍，主要针对社区妇女、青少年、老年人、残疾人群体开展相关志愿服务，同时协助社区公益创投项目开展项目活动。星火志愿者协会共有23人，下设北席社区少年公益行志愿队、友爱姐妹编织协会、我爱北席文艺协会、象棋达人俱乐部、姐妹帮忙团等。该协会主要承担社区居民便民志愿服务、社区帮扶志愿服务、社区文明宣传志愿服务和节日文化宣传四项志愿服务内容，其口号为"志愿服务成就美丽社区，为民服务传递温暖笑容"。"星火"采购项目结束后，该协会自行解散。北席社区新时代文明实践站设立后，上述组织均被纳入其下开展活动。

（二）丰富宣传载体，积极推广社会主义核心价值观

为及时表彰好人好事，弘扬德行善举，北席社区不断丰富和创新善行宣传和表彰载体，打造了"两榜、一录、一喇叭、一屏、一堂、三书、三广场"动静结合的宣教平台，有效推广社会主义核心价值观。

"两榜"就是张贴在社区主干道宣传栏内和广场边楼区外墙上带有人名、彩色照片及先进事迹的光荣榜和善行功德榜。社区每年组织道德模范评选活动，把年度拾金不昧、助人为乐、热爱集体、支持创卫、爱护环境、好媳妇、好妯娌、最美新乡贤、和睦家庭等道德模范照片印在光荣榜和善行功德榜上，对其先进事迹进行表扬和宣传，激励村民崇德向善。

"一录"是将村里涌现的好人好事和善义举全部记录在《功德录》上，目前已记录好人好事3000多件。

"一喇叭"是指每天定时在大喇叭里广播《功德录》上的好人好事，播放"不忘初心、牢记使命"主题教育、"创建国家卫生城市"、"扫黑除恶专项斗争"标语等内容，营造文明和谐的村民民风氛围。

"一屏"是指矗立在社区主干道上的"云联播"LED电子显示屏，与大喇叭同频共振，滚动式播放好人好事、党的政策、社情民意等。

"一堂"是指设在村委会办公楼二楼的道德讲堂，主要是开展道德文化讲座，宣讲社区道德模范及其先进事迹、北席名人特别是何基沣将军的英雄事迹以及"创建国家卫生城市"动员宣传等活动，号召村民向身边模范、村里名人学习，学好人、做好事，引发道德自觉。

"三书"是指《北席礼赞——北席村公民道德建设纪实》、《北席村的人们》和《百年北席》，书中分类整理记录了北席社区的各类道德模范及其先进典型事迹、北席名人事迹及北席百年政治、经济、文化、社会、民生等发展变迁历程，为家庭、学校、社会提供了了解北席、感知模范的鲜活教材。

"三广场"是指北席社区内设置的三个广场。一是社会主义核心价值观主题广场，内设社会主义核心价值观"24字"主题雕塑、"不忘初心、牢

记使命"雕塑以及文明公约公益墙、社会主义核心价值观公益墙,以先进感召村民,推动形成崇德向善的社区新风尚;二是何基沣纪念广场,内设卢沟桥的枪声——爱国将军何基沣雕塑墙、何基沣将军事迹石碑、北席村大事记石碑等,激发村民爱国情怀,传承红色文化;三是新时代文明实践广场,以凝聚群众、引导群众、以文化人、成风化俗为主题,以开展志愿服务活动为载体,搭建集思想引领、道德教化、文化传承、休闲娱乐等多种功能于一体的综合平台,引导群众感知文明、践行文明,推动形成互帮互助、团结友爱、邻里和谐、向上向善的良好文明风尚。

(三)评树道德典型,引领社区文明新风尚

为激励好人好事,凝聚社区发展正能量,北席村自 2003 年开始持续开展年度道德模范评选活动。一是组织化评议。北席社区依托《功德录》中的好人好事,组织村民进行评议,或通过村内 9 个村民小组微信群、党员微信群、志愿者微信群等新媒体,坚持"村里找、群里推、大家评",对好人好事中的典型事迹进行评选,再由社区道德评选委员会根据大家的评选结果从中选出事迹突出的模范和好人进行表彰。二是规范化评议。北席社区先后出台了好少年、好媳妇、好妯娌、五好文明家庭、好家风等各类典型的评议制度,对评选标准、资格审查、民主评议、奖励办法都做了明确要求。三是表彰典型。北席社区每年年底开展道德模范评选表彰大会并进行颁奖,实现了模范表彰的常态化。以《功德录》《光荣榜》《善行功德榜》和"文明新北席"微信公众号等形式,定期公布道德模范和典型事迹,通过广播站、宣传栏和电子屏进行大力宣传,弘扬善行北席精神。社区涌现了好儿媳薛贵银、张书灵,好妯娌薛俊改、张文格、康春花,最美新乡贤范桂花、杜庆彬,和睦家庭何云书家,救死扶伤杜荣芬,爱岗敬业张玉海,优秀民营企业家何长德、张吉安、何玉良、何玉刚等众多道德模范和先进典型,使崇德向善蔚然成风,营造出向善向上的良风美德。四是社区以礼仪、诚信、和睦、友善为核心,以诚实守信、遵章守纪、助人为乐、邻里友好、尊老爱亲、家庭和睦、移风易俗、文明礼貌、讲究卫生等为内容,

广泛开展社会公德、职业道德、家庭美德和个人品德教育，积极引领社会主义核心价值观践行，努力创造文明和谐的大家庭。

（四）丰富文化生活，提升百姓幸福感获得感

北席村历史悠久、文化底蕴深厚，历来有自发开展文化娱乐活动的传统，且长盛不衰。村民们自发组织了战鼓队、军乐队、太极队、广场舞队、跆拳道队、空竹队、钢鞭队等文体队伍；同时村里也配备活动器材和部分文艺服装，支持他们的日常活动和每逢节假日、喜庆日的表演助兴。北席村把每年正月初五定为"文化活动日"，举办春节文化活动，开展文艺会演和趣味运动会，已连续举办了十四届。其中，文艺表演项目有大鼓、战鼓、太极、跆拳道、舞蹈、歌曲、抖空竹、大实话、三句半等，体育比赛项目有羽毛球、乒乓球、投篮、掰手腕、吹气球、飞镖、跳绳、踢毽子、碨碌遛遛等，丰富多彩的文化盛宴，增添了节日欢乐气氛。同时，村里在正月初四还开展庙会活动，传承民俗文化。为丰富群众业余文化生活，北席社区组织群众观看河北梆子剧团《李保国》剧目展演，学习"太行山愚公移山"李保国先进事迹；组织开展庆祝"中华人民共和国成立70周年"文艺会演和"我和我的祖国"河北公益电影展映活动，庆祝新中国成立70周年，讴歌好人好事，弘扬文明新风；组织开展以"九九重阳节、浓浓敬老情"为主题的文艺会演，并邀请70周岁以上老人吃饺子，积极营造尊老、敬老、爱老、助老的良好社区氛围；组织开展"第一届北席社区摄影大赛"、"北席星火"益友趣味运动会等丰富多彩的文艺活动。2020年，星火项目社工团队和北席社区星火志愿者协会联合组织开展了第一届社区大舞台线上联欢会"社区大舞台·绽放自我光彩"，共有表演节目12个，涉及武术、舞蹈、歌曲、诗朗诵、跆拳道、太极拳、三句半、戏剧、抖空竹、乐器表演等多种类型，为村民们展现了一场难忘的视觉盛宴。丰富多彩、形式多样的文体活动，不仅丰富了村民的业余文化生活，倡导了社会主义核心价值观，也引领了社区文明新风尚，提升了百姓的幸福感和获得感。

近年来，北席社区新建了综合文化服务中心（文明实践中心），设有图

书阅览室、道德讲堂、文化活动室、党员活动室；建有村史馆、文化广场、街心公园、社会主义核心价值观主题广场、何基沣纪念广场、新时代文明实践广场及综合性娱乐健身场地及配套健身器材；绘制了公益广告文化墙、新二十四孝文化墙、道德长廊等，专门用于表扬好人好事，弘扬正气；打造了社会主义核心价值观、红色文化、德善文化、政策宣传、志愿服务、文明公约等公益宣传阵地和文体活动场所；创办了社区周报，表彰社区好人好事，宣传社区文化，使广大村民在浓郁的文化氛围中生活得更幸福、更快乐。

（五）以志愿服务促社区和谐，积极践行社会主义核心价值观

在北席社区"两委"领导下，以党员志愿服务队、青年志愿服务队、巾帼志愿服务队、退役军人志愿服务队、民营企业家志愿服务队为主力，动员社区居民积极参与社区志愿服务活动。志愿服务活动主要有以下三个方面。一是开展系列送温暖活动。如开展"关爱老人送温暖"活动，与老人促膝谈心送慰问品，营造敬老、爱老社会氛围；开展"爱心助残传递温暖"活动，关心和帮助残疾人及其家庭，弘扬扶残、助残传统美德，让残疾人感受社区大家庭的温暖；开展"迎新春送温暖"活动，看望慰问残疾人、孤寡老人，并送上节日问候和新春祝福，让他们温暖过冬，欢度春节，感受社会的关爱。二是开展社区环境整治活动。如开展"清洁环境卫生，确保居民健康"清洁家园志愿服务活动，优化人居环境，创建美好家园；开展"绿化修剪"志愿服务活动，对小区树枝进行修剪美化，营造优美、舒适的社区环境。三是开展社区公益志愿服务活动。如开展"知水、爱水、节水"宣传活动，提高居民节水自觉性；发动社区党员、志愿者、居民开展无偿献血活动，提升居民"团结互助、奉献爱心"的意识；开展为炎炎烈日下的环卫工人送"爱心绿豆汤"活动，关爱每一个群体。

另外，北席社区星火志愿者协会还在社区组织开展了丰富多彩的线上线下志愿服务活动。如开展社区"福"务递温暖、"少年公益·豆浆公益行"、"立冬包饺子送温暖"、"恒爱行动·为孤残儿童编制毛衣"以及"致

敬英雄、鲜花送志愿者"等活动；同时，积极在线上开展阳光少年趣味绘画课堂、"少年公益行·春日绘画"、志愿者线上增能等系列活动，营造团结、互助、和谐、幸福的美好家园，积极践行社会主义核心价值观。

三　北席村创建和谐社区和践行社会主义核心价值观的经验启示

30 多年来，北席村始终坚持以服务群众为核心，以新型城镇化建设为重点，以建设和谐社区、文明家园为目标，大力开展群众性精神文明创建和志愿服务活动，积极推动社会主义核心价值观落地生根，着力打造文明、和谐、美丽、幸福的新北席。北席和谐社区的创建，为培育文明乡风、助力乡村振兴和社会主义核心价值观在新时代新型农村社区落地生根提供了宝贵经验与重要启示。

（一）创建和谐社区和践行社会主义核心价值观离不开党组织的坚强领导

北席社区之所以能打造成新时代乡村振兴的样板社区，首先要归功于一个勇于担当作为，想干事、能干事、干成事的支部班子。北席社区党支部坚持从群众利益出发，敢闯敢干、清正廉洁、务实为民，引领村民走上富裕、文明、和谐、美丽之路。北席社区党支部为发展经济，不断调整产业结构，走农工商相结合的道路；同时抢抓机遇，建工业小区，大力发展民营经济，成立民营企业多达 120 多家，引领村民致富奔小康。为正村风民风，狠抓精神文明建设，持续 17 年记录《功德录》，开展年度道德模范评选表彰，并大力宣传好人好事，引导群众知善、行善、乐善，弘扬正气，淳朴民风。为活跃文化生活，组建文化队伍，打造健身娱乐场所，连续 15 年举办社区春节联欢会，积极开展电影放映、文艺会演和体育竞赛活动，提升群众幸福感、获得感；为打造宜居宜业居住环境，高标准建设居民小区，并开展大规模环境整治和志愿服务活动，定期清扫、专人监督，建设和谐美丽家园；同时深化落实"群众点单，干部设岗"服务机制，加强党群干群关系，带领全村谋发展。这样一个勤政务实、为民谋利的领导班子，多年来赢得了群众信任，也成了践行社会主义核心价值观的主力军，先后被评为"优秀党支部""五个好党支部""红旗党支部"。

（二）创建和谐社区和践行社会主义核心价值观要善于发动群众

广大村民是创建和谐社区和践行社会主义核心价值观的主体。北席社区"两委"根据工作需要，健全组织，规范制度，设置岗位，分解任务，坚持走群众路线，发动群众积极参与，共建和谐社区。在北席，做好事，群众是主力；评模范，群众说了算；开展文体活动，老少积极参与；盖居民楼，户型村民选；拆迁改造，村民商量着办；志愿帮扶献爱心，一个都不能少。在社区，好人好事随处可见，时时可寻，人人都做，从幼童到耄耋老人在《功德录》上都有记录。捐资助教、孝老敬亲、拾金不昧、助人为乐、支持"创卫"等活动，村民们都踊跃参与。村民们的点滴善行汇成大爱洪流，感染和带动更多的人自觉加入好人好事的行列，做好人、做好事成为北席人的精神追求，从而使社会主义核心价值观践行变得生动具体，充满活力。

（三）创建和谐社区和践行社会主义核心价值观要善于用活新媒体

做好新时代群众工作，需要新技术、新手段。北席社区充分发挥新媒体平台作用，在社区九个村民小组中，分组建了九个微信群，方便村民了解村务政务、参政议政及反映社情民意；创建党支部微信群，发布党的有关政策、开展主题教育、缴纳党费等，组织党员在河北党建网注册信息、绑定注册藁城"智慧党建"平台，积极应用藁城"智慧党建"平台、"学习强国"平台开展党员积分管理；同时还建有党员、村民代表、志愿服务等微信交流群。2020年，北席社区创建了"文明新北席"微信公众号，分专栏介绍北席社区，把2019年和2020年的志愿服务活动记入社区动态并及时发布，弘扬社会主义核心价值观，传播社区正能量。现在，新媒体成为反映社情民意的平台和村内开展各项工作的"得力助手"。村民们通过手机可以了解村务大事、党的政策以及交流互动，有诉求和疑问也可直接反映，相关人员在线解答。正是用活了新媒体，才使得北席的产业发展、道德评选、文化娱乐、志愿服务、美丽家园等活动开展得快捷及时、有声有色。

（四）创建和谐社区和践行社会主义核心价值观需要创新载体、搭建平台

创建和谐社区和践行社会主义核心价值观离不开一定的载体和平台。为发动群众共建和谐家园，共享文明成果，北席社区不仅创建了"两榜、一录、一喇叭、一屏、一堂、三书、三广场"的宣教平台，还探索出以微信群、"文明新北席"微信公众号等为传播载体的新平台。在北席，大小善事记入《功德录》，好人好事多方式传播，使得爱岗敬业、志愿帮扶、拾金不昧、助人为乐、见义勇为、孝老敬亲等社会主义核心价值观理念深入人心。作为集宣讲实践、道德实践、文化实践、法律实践、科普实践于一体的新时代文明实践站，采取"传、评、帮、乐、建"五种形式，开展新时代文明实践活动。"传"是指北席社区组织志愿者，围绕学习贯彻习近平新时代中国特色社会主义思想和党的重大方针政策，宣传理论、政策、文化，提高居民们的思想境界和道德水平。"评"是指北席社区开展"好媳妇""好妯娌""和睦家庭""最美新乡贤"等的评选活动，评树好人好事，表彰各类先进模范，激励广大居民学习先进人物及其事迹，形成学好人、做好事的社会热潮。"帮"是指北席社区组织志愿者，对孤寡老人、困难家庭等弱势群体开展立冬送温暖、送去生活必需品等志愿服务，帮助困难群众解决生活难题，让新时代文明实践志愿活动充满温暖。"乐"是指北席社区组织志愿者协会开展"文化交流""广场舞展示""写春联送温暖"等各种形式的文艺活动，开展多种多样的娱乐活动，以居民喜闻乐见的生活方式，寓教于乐，满足居民日益增长的文化需求，活跃基层文化生活。"建"是指北席社区组织志愿者，参与人居环境整治、规范公共秩序等活动，美化生活环境，倡导文明、科学的生活理念，营造健康、文明、和谐的生活氛围，

树立社会文明新风尚。新时代文明实践活动的开展，既传承了中华民族优秀传统文化，又弘扬了"奉献、友爱、互助、进步"的新时代志愿服务精神，强化了创建和谐社区和践行社会主义核心价值观的凝聚力和感召力。

（五）创建和谐社区和践行社会主义核心价值观需要典型引路

创建和谐社区和践行社会主义核心价值观需要典型引路，以榜样的力量引领社会风尚。党员干部是引领乡村振兴的"排头兵"和践行社会主义核心价值观的"先锋队"。30多年来，北席村党支部书记何保堂主动担当作为，勇于改革创新，带领群众闯出一条致富路，并把农村变成社区，打造了"产业兴旺、生态宜居、乡风文明、治理有效、生活富裕、人民幸福"的美丽家园，为全村人树立了学习的榜样。如今村民们能过上幸福生活，正是得益于党支部书记的正确领导。村"两委"始终高度重视道德模范的宣传和培树，连续17年开展"拾金不昧""助人为乐""环境整治""爱岗敬业""好媳妇""好妯娌""最美新乡贤"等道德模范评选活动，对评选出的道德模范大张旗鼓地表彰奖励。典型的示范引领和正面激励，影响和带动了更多的人学做好人、争做好事，崇尚道德、奉献爱心，培育社区文明和谐新风尚。

同行禁毒阳光路

—— 以河北省"知心姐姐"戒毒帮扶志愿团队为例

覃志红 *

摘　要： 　毒品是全人类共同面对的世界性公害，毒品滥用不仅损害人的身心健康，而且破坏家庭幸福、消耗社会财富、破坏精神文明建设、毒化社会风气，还极易诱发违法犯罪。禁毒工作是全社会共同关注的重要工作，禁毒志愿者队伍是禁毒教育宣传和帮扶工作以及加强社会主义核心价值观引领的重要力量和有益补充。河北省"知心姐姐"戒毒帮扶志愿团队在社会力量参与禁毒帮扶工作领域做出了积极的、十分有益的实践探索。

关键词： 　禁毒　戒毒帮扶　志愿者　河北省

毒品是人类社会的公害，是涉及公共安全的重要问题，毒品滥用不仅极大地损害人的身体健康、销蚀人的意志、形成难以戒除的生理和心理依赖、破坏家庭幸福，而且严重消耗社会财富、破坏精神文明建设、败坏道德风尚、毒化社会风气、污染社会环境，同时极易诱发一系列违法犯罪活动，给社会安定与和谐带来巨大威胁。禁绝毒品，功在当代、利在千秋。禁毒工作事关国家安危、民族兴衰、人民福祉，厉行禁毒是党和政府的一

---

*　覃志红，河北省社会科学院邓小平理论、"三个代表"重要思想和科学发展观研究所（精神文明建设研究中心）研究员，主要研究方向为马克思主义哲学与社会发展理论。

贯立场和主张。

一 禁毒工作是象征中华民族伟大复兴的义举善举

据《2019 世界毒品报告》显示，全球每年约有 2.7 亿人吸毒，近 3500 万人成瘾，近 60 万人直接死于毒品滥用。[①] 当前，随着经济全球化和社会信息化加快发展，世界范围毒品问题泛滥蔓延，我国禁毒形势十分严峻。截至 2019 年底，中国现有吸毒人员 214.8 万名。[②] 近年来，我国毒品问题开始呈现向农村和中小型城市发展的趋势，涉毒人群向低龄化发展，女性毒品依赖者的数量也呈逐年递增的态势。受全球毒情恶化、毒品种类泛化、毒品市场固化、毒品消费扩大化等的影响，河北省禁毒斗争形势也十分严峻复杂。近三年来，河北省登记在册吸毒人员以每年 5% 左右的速度递增，毒品滥用向各阶层蔓延，年轻化趋势明显，2019 年全省新发现吸毒人员中，35 岁以下的占到 60%。[③]

习近平总书记指出，要"坚定不移打赢禁毒人民战争，不获全胜决不收兵"。他指出，禁毒工作造福人民，我们共产党人应该有信心、有能力把这项工作做好，并且要把禁毒工作作为象征中华民族伟大复兴的义举善举来做好。做好禁毒工作需要有坚定的意志、扎实的工作。要从青少年抓起，从广大人民群众教育和防范抓起，让广大人民群众积极追求健康文明的生活方式。

面对严峻的禁毒形势，在国家禁毒委和省委、省政府的坚强领导下，河北省各级相关部门认真贯彻落实习近平总书记关于禁毒工作的重要论述精神，推动禁毒工作取得显著成效。

---

① 《2019 年中国毒品形势报告》，中国禁毒网，2020 年 6 月 24 日，http://www.nncc626.com/2020-06/24/c_1210675813.htm。
② 《2019 年中国毒品形势报告》，中国禁毒网，2020 年 6 月 24 日，http://www.nncc626.com/2020-06/24/c_1210675813.htm。
③ 数据来自有关部门。

一是全力强化顶层设计高位推动。省公安厅会同省人大有关部门和省司法厅经过反复调研论证、审议修改，于 2020 年 1 月 1 日颁布施行了《河北省禁毒条例》，为全省禁毒工作提供了强有力的法治保障。2020 年 3 月 24 日，省"两办"下发《河北省禁毒工作规划（2020—2022 年）》，明确了当前和今后一个时期禁毒工作的任务目标。

二是连续五年基本实现毒品原植物"零种植"。河北省继续将禁种铲毒作为全省禁毒"1 号工程"，连续五年基本实现毒品原植物"零种植"目标，得到国家禁毒办的通报表扬。

三是缉毒执法取得新的成效。河北省先后组织开展"春雷行动""夏季攻势""秋风扫毒"攻坚战，深入推进"两打两控"专项行动。多地先后破获公安部督办大案。

四是吸毒人员排查管控有力有效。河北省深入开展排查吸毒人员"清隐"行动，深化脱管失控吸毒人员"清零"行动，持续开展吸毒人员收戒收治攻坚战，全省戒断三年未发现复吸人员达 27871 名。

五是制毒物品和新型毒品管控得到领导充分肯定。河北省连续两年实现制毒物品"零流失"，得到中央、公安部和省委、省政府领导的高度评价。

六是毒品预防教育社会覆盖面不断扩大。河北省先后组织开展了"全民禁毒宣传月"和"国际禁毒日"主题宣传、大学生暑期禁毒社会实践、学校毒品预防教育"五个一"等活动，积极倡导"健康人生、绿色无毒"理念，形成以全民禁毒宣传教育为抓手，以主流新闻媒体为主导，以禁毒专业媒体为补充，以"青少年毒品预防教育数字化平台"和禁毒教育基地为载体的毒品预防教育宣传格局。青少年毒品预防教育数字化平台学校、学生接入注册数分别达到 13000 多所、320 余万人。全省建成禁毒教育基地 148 个。[①]

党的十九届五中全会通过的《中共中央关于制定国民经济和社会发展

---

① 资料来自有关部门。

第十四个五年规划和二〇三五年远景目标的建议》明确提出"统筹发展和安全，建设更高水平的平安中国"的发展目标。禁毒工作事关国家安危、民族兴衰、人民福祉，意义重大，任重道远。禁毒是一项系统工程，单靠某个行政机关的力量是很难完成的，需要着力提升毒品治理能力，全面构建党委政府统一领导、禁毒委统筹协调、有关部门齐抓共管、社会各界共同参与的禁毒社会化格局。推进禁毒社会化工作，深入开展禁毒人民战争，坚持关口前移、源头治理，聚集各种社会力量，整合多种社会资源，共同治理毒品问题，是当前毒品治理的社会共识和行动选择。

毒品是全人类共同面对的世界性公害，禁毒工作是全社会共同关注的重要工作，禁毒志愿者队伍是禁毒教育宣传和帮扶工作以及加强价值引领的重要力量和有益补充。河北省"知心姐姐"戒毒帮扶志愿团队在社会力量参与禁毒帮扶工作领域做出了积极的、十分有益的实践探索。

二 "知心姐姐"戒毒帮扶志愿团队开展戒毒志愿帮扶的实践探索

2019 年 6 月 25 日，在第 32 个国际禁毒日来临之际，在河北省妇联、河北省禁毒办、河北省戒毒局、河北省女子强制隔离戒毒所（以下简称"女子戒毒所"）的组织指导下，来自河北省司法系统、政府机关、科研机构、新闻媒体、医疗系统等 8 个单位的 14 名女性成立了河北省"知心姐姐"戒毒帮扶志愿团队。她们走进女子戒毒所，与 14 名戒毒人员结成一对一帮扶对子，面对面沟通交流，用女性特有的耐心、细心、贴心和爱心，加上各自领域的专业知识，让戒毒女性感受到社会对她们的关注与关爱，增强其戒除毒瘾的信心和力量。

这些充满大爱的"知心姐姐"携手踏入帮助强制戒毒女性回归社会的志愿服务领域，开始了对强制戒毒女性"一对一"的帮扶工作。她们与女子戒毒所的干警们密切配合，用她们的微光善举温暖着深受毒品戕害的苦难家庭，成功帮扶 12 名学员走出阴霾，重新开启崭新人生。在不到两年的时间里，团队成员由 14 名发展到 40 名，帮扶戒毒人员由 14 名增加到 32 名。截至 2021 年 4 月 21 日，第一批帮扶对象 14 人全部出所，第二批帮扶对象已有 4 人出所，目前无一人复吸，她们逐渐回归社会，回归正常生活，勤劳工作、踏实劳作、谈婚论嫁、孕育子女，重新开启崭新人生。

团队的事迹被学习强国、中国妇女报、中国禁毒报（网）、《河北日报》、河北新闻网等多家媒体报道，燕赵女性的平凡善举在禁毒领域闪烁着点点星光。此外，团队一年多来的努力得到了河北省公安厅禁毒总队的关注和支持。团队还入选了 2020 年度"河北十大公益人物（团体）"和"河北最美公益人物（团体）"。

（一）依法遵规：推动帮扶科学化、专业化、制度化

戒毒志愿服务不仅需要爱心与热情，更需要规范的管理、科学的理念、明确的目标、长期的计划、专业的方法和实用的技能，才能更持续有效地服务好帮扶对象。

为了推动项目组织化、专业化发展，使"知心姐姐"帮扶项目能够可持续地发挥最大作用，团队制定了章程和行动指南，明确了帮扶原则、工作纪律和定期培训的制度。

1. 团队秉持"一个规律，两个帮扶，三个重点"的帮扶原则

"一个规律"即遵循禁戒毒工作规律，以尊重、平等、自愿的精神，以积极、科学、谨慎的态度，客观全面评估帮扶对象戒毒程度、身体状况、主观意愿、支持系统，确保帮扶计划切实可行。

"两个帮扶"即精神和社会资源帮扶。了解帮扶对象的心理状况、家庭情况，及时予以精神抚慰、心理疏导和精神鼓励，逐渐了解其精神变化、心理需求，对症下药，有的放矢予以帮扶；利用"知心姐姐"们丰富的人脉，积极寻求和连接社会资源，为女子戒毒所开展技能培训和兴趣培养提供帮助，对出所人员工作就业予以指导。

"三个重点"即重点针对戒毒人员法治观念淡薄、家庭和社会责任感缺失、融入社会困难等难点问题开展心理辅导、政策咨询、文化滋养等活动，

促使其提高明辨是非、回归社会的能力，树立正确的世界观、人生观、价值观。

2. 团队出于保护帮扶人和帮扶对象安全及隐私的考虑，强化纪律要求

为了尊重帮扶对象和保护参加志愿帮扶的"知心姐姐"安全，团队要求帮扶人秉持平等尊重、接纳非评判的态度，而且在帮扶中注意保持双方的合理界限，禁止帮扶人单独与帮扶对象接触，禁止将帮扶对象信息提供给他人，禁止将"知心姐姐"家庭住址等信息告诉帮扶对象，禁止接收帮扶对象任何钱、物。尤其要注意保密原则，禁止泄露帮扶对象任何信息，未经团队允许，禁止以任何形式发布帮扶对象及其家属的照片、视频等。

3. 团队定期开展禁毒相关政策法规、专业知识和工作方法培训交流

团队成立一年多来，多次邀请省内外的戒毒专家授课，先后就禁毒相关法律法规和政策、全国和全省的毒情形势、吸毒成瘾机理、毒品知识、戒毒人员的心理特点与帮扶技巧、帮扶人自我心理调适方法、精神帮扶和价值观教育、传统文化在戒毒帮扶中的作用、禁毒社会化发展历程以及禁毒社会工作方法等专题进行了近十次培训，并通过线上线下等形式开展研讨交流。

此外，为了能够提升专业素养，为戒毒女性提供更优质的帮扶，团队多名成员参加了社会工作师考试，并有两名成员通过了考试。团队注意随时发现活动中的问题，不断探索戒毒工作手段、方法，及时总结工作经验，向有关机关提出意见、建议，为"无毒"河北贡献巾帼之力。团队还设计了队徽、队旗，创作了队歌，搭建起工作构架，保证了方向正确、方法得当，初步具有了社会工作机构的品质。

（二）真诚友善：播撒爱的种子、促进爱的能量传递

"知心姐姐"戒毒志愿帮扶团队的首要任务是与帮扶对象建立信任关系、为出所后的帮扶打好基础。但由于戒毒女性身份特殊，她们对其他人是否尊重自己极为敏感，自我心理防卫意识强，因此在与戒毒女性建立关系时，真诚友善十分重要。在这方面，"知心姐姐"有很多案例，从最初帮

扶对象对"知心姐姐"怀疑、拒绝、冷淡，到逐渐接纳、信任，再到遇到困难第一时间向"知心姐姐"寻求安慰和帮助。这些戒毒女性开始学着关心他人，从开始只会回复"哦，嗯"到会嘱咐"知心姐姐"注意身体。有的学员出所后努力工作，用自己工作的收入给父母买营养品。"知心姐姐"们无私的大爱融化了帮扶对象心中的坚冰。

此外，团队成员热心参加各类公益和爱心捐赠活动，以实际行动服务社会，不断传递爱的能量。

（三）平等接纳：唤起帮扶对象自信与自救自愈能力

团队成员多为女性，帮扶的对象也为女性，这使得双方更容易形成亲近感。然而，由于戒毒女性大多学历较低，缺乏相应的教育文化知识及谋生技能，普遍存在自卑、脆弱、敏感、焦虑等心理，因此，在帮扶过程中，"知心姐姐"团队尤其强调平等、尊重、接纳、同理与个别化原则，承认个体生命的尊严，不因她们的吸毒行为而完全否定其个人价值，避免"标签化"。

"知心姐姐"对戒毒女性的帮扶是从所内帮扶开始的，然后延续到所外帮扶。所内帮扶，主要指积极配合女子戒毒所寻求社会资源，引导鼓励帮扶对象参加技能培训，培养兴趣爱好，学习中华优秀传统文化，丰富精神生活，提升生活品位，为回归社会做好准备。在女子戒毒所统一安排下，"知心姐姐"不定期与帮扶对象见面，或者以通信方式与戒毒人员联系，知晓帮扶对象的思想、生活状况。帮扶对象出所前，重点了解其思想动态、家庭情况、出所后工作生活计划，并予以指导与协助，帮助其做出规划，同时按照女子戒毒所安排参加欢送仪式。

所外帮扶，是指戒毒人员解除强制隔离回到住地后，"知心姐姐"与出所人员及其家庭成员保持联系，有条件的进行定期家访，了解各方面动态，督促其定期尿检或毛发检测，视情况与女子戒毒所、帮扶人员所在村委会、社区联系，了解跟踪帮扶对象家庭、生活、生产等情况。及时提醒其净化交友圈，远离危险环境、危险人群，重视家庭生活，勤奋工作，成为合格公民。

无论是所内帮扶还是所外帮扶，都是帮助帮扶对象增加权能的过程，向她们提供拒毒知识讲解、心理疏导、就业辅导、生活适应力培训等干预，以此增强女性戒毒康复后的工作竞争力、自信心、自救自愈的能力以及对毒品的抵御力。

（四）阳光引领：矫正错误认知、重塑人生观价值观

这些帮扶对象大多在人生成长的关键时期由于家庭关系不良、家庭结构缺陷、父母养育方式不当、性别歧视等原因结交了不良的朋辈群体，形成了不良的生活方式，从而吸毒成瘾，她们普遍存在法治观念淡薄、家庭和社会责任感缺失、融入社会困难等问题。因而"知心姐姐"帮扶的重点在于开展心理辅导、法律咨询、文化滋养、连接社会资源开展技能培训等活动，通过对帮扶对象进行正向引领，矫正她们思想上存在的一些错误认知，促使其提高明辨是非、回归社会的能力，树立正确的人生观、世界观、价值观。

在与帮扶对象面对面或书信沟通交流中，"知心姐姐"以共同的女性性别身份鼓励她们要自尊、自爱、自立、自强，并且鼓励和帮助她们调整与家人的沟通方式，改善家庭关系，随着帮扶对象对"知心姐姐"逐渐接纳、信任，"知心姐姐"也通过日常的聊天潜移默化地影响她们该如何承担为人女、为人妻、为人母的责任。一些帮扶对象出所后遇到法律、心理、家庭、婚恋等方面的问题都在第一时间向"知心姐姐"寻求帮助，"知心姐姐"一方面鼓励她们积极面对生活中的困难，另一方面借助团队中法律、医学、心理等社会资源帮助她们连接相关资源寻找解决办法，同时，借此机会向她们普及相关法律知识、医疗知识，教她们做人的道理、与人相处的原则等。

例如，一名帮扶对象小 H，在进入女子戒毒所之前曾办理信用卡，透支 2 万多元，出所后律师找到她，称如果不能及时还款就会立案，已经决心开始新生活的她一时不知所措，向"知心姐姐"寻求帮助，通过协调，"知心姐姐"一方面帮小 H 争取了还款期限，另一方面鼓励她积极还款，同时向她宣传相关的法律规定，并教育她从此事中吸取教训，理性消费，合理规

划人生，做懂法守法公民，好好珍惜当下生活。

此外，团队中一些成员还深入学校、社区、街头，同时借助网络、微信、新闻媒体等平台参与禁毒普法宣传，宣传讲解相关法律法规，使广大群众认识到毒品对个人、家庭、社会的危害性，增强全民禁毒意识，提高识毒、防毒、拒毒的能力，积极倡导健康、绿色、无毒人生。

（五）团队合作：多元、开放、跨专业、立体化帮扶

"知心姐姐"与帮扶对象一对一结对帮扶，同时强调团队合作，采取团组帮扶，戒毒所内、所外无缝衔接的立体化帮扶形式。5个左右"知心姐姐"为一组，每组确定一名组长，负责本组帮扶协调工作，一名"知心姐姐"作为责任人，负责帮扶一名戒毒人员，其他组员协助帮扶。每位"知心姐姐"除完成本人帮扶任务外，也要协助其他队友做好有关工作。对于异地帮扶对象，可以在当地寻找一至两名符合入队条件的"知心姐姐"协助完成帮扶任务。具体内容包括在女子戒毒所内配合戒毒所为帮扶对象参加技能培训、发展兴趣爱好寻求社会资源支持，帮助帮扶对象设计出所后的工作生活规划等。如，所内教古筝、教推拿、谈心、规划未来。无法探视期间，则通过书信、录短视频的方式与帮扶对象沟通交流。"知心姐姐"还与帮扶对象的家人沟通，帮助其重建家庭支持系统。"知心姐姐"与戒毒所配合，为每位出所人员精心举行暖心的出所小仪式。出所后则继续与帮扶对象保持联系，提醒她们做好社区康复，随时关注其家庭、生活、情绪的变化，定期回访，帮助其解决生活中遇到的困难。

"知心姐姐"们具有法律、哲学、心理学、医学、新闻、社会工作等专业背景，在帮扶中形成了较好的优势互补。团队也形成了重大事件集体讨论协商的工作机制，为每一个帮扶对象制定有针对性的帮扶方案，确立个人精准帮扶目标，遇到帮扶人出现的新情况、棘手问题，通常会在团队工作群进行讨论，群策群力，寻找最佳方案。一线是与帮扶人员一对一结对帮扶的责任人，二线是"知心姐姐"分属的固定小组，还有针对特定帮扶对象的"个案专班"，接下来是所有的"知心姐姐"建言、支着与助力，最

后面还有省禁毒总队、省妇联、省戒毒局、女子戒毒所等部门作为强大的支持后盾。团队帮扶的合力效应较好地凸显出来。

三 "知心姐姐"戒毒志愿帮扶现存困难与发展方向

志愿服务作为一项社会服务实践活动，象征着文明社会向上向善的行动，是现代社会文明进步的重要标志。现代意义的志愿服务在我国虽起步较晚，但发展较快，并逐步发展为有中国特色的志愿服务事业，在社会生活中的影响越来越广泛。而志愿精神作为一种高尚的、先进的价值观念，也与我们倡导的社会主义核心价值观内在契合，相得益彰，对于促进健康人格、和谐人际关系、净化社会环境、满足人民群众需求、服务和谐社会建构等都具有积极作用。党的十九大提出要"推进志愿服务制度化""打造共建、共治、共享的社会治理格局"，中央、地方各级政府对志愿服务工作的重视程度也日益提高，随着社会治理模式的逐步转型和公民对于个人价值实现的日益重视，志愿服务取得了前所未有的飞速发展。进入新时代，我国的志愿服务迈入了新的发展阶段。习近平总书记高度重视志愿服务工作，中国志愿服务发展已纳入国家治理总体规划。

现代化的国家治理体系和治理能力要求打造共建共治共享的社会治理格局，这对毒品治理提出了新要求。"全民禁毒"是一种全民参与、社会共治、多元共赢的有效禁毒体系。以"知心姐姐"为代表的戒毒志愿帮扶在禁毒社会治理这盘"大棋"中，发挥着贯通衔接、推动政策执行，给予戒毒者更多关爱、支持和鼓励，促进其顺利回归社会的积极作用。然而，由于戒毒志愿帮扶活动仍处在实践探索阶段，在实际工作中还存在许多困难和问题。

（一）戒毒志愿帮扶中存在的困难与问题

1. 戒毒法规政策落实不到位，相关职能部门衔接不畅

1990 年 12 月，全国人民代表大会常务委员会制定并通过了《关于禁毒

的决定》；1995 年 1 月，国务院发布了《强制戒毒办法》；1997 年 3 月，修订后的《中华人民共和国刑法》对走私、贩卖、运输、制造毒品犯罪的处罚更加完善；2007 年 12 月，第十届全国人民代表大会常务委员会第三十一次会议通过了《中华人民共和国禁毒法》；2011 年 6 月，国务院第 160 次常务会议通过了《戒毒条例》；2014 年 7 月，中共中央、国务院印发《关于加强禁毒工作的意见》；2015 年 8 月，中共中央宣传部、中央网络安全和信息化领导小组办公室、公安部等 14 个部门联合颁布《全国青少年毒品预防教育规划（2016—2018）》；2015 年 12 月，国家禁毒委员会办公室、中央社会治安综合治理委员会办公室、公安部、民政部等 11 个部门联合颁布《全国社区戒毒社区康复工作规划（2016—2020 年）》；2017 年 1 月，国家禁毒委员会办公室等 12 个部门印发了《关于加强禁毒社会工作者队伍建设的意见》。相应地，《河北省禁毒条例》于 2020 年 1 月 1 日颁布施行，同年还出台了《河北省禁毒工作规划（2020—2022 年）》。可以说，戒毒法规政策日益完善，但在实践中，一些法规政策落实还不到位，存在打折扣、形式主义等问题，相关职能部门由于职责划分也存在服务衔接不畅的问题。

如关于社区戒毒、社区康复的日常监管、定期检测等工作的落实，各地实际情况差别很大，一些地方还存在职责不清，协调不够顺畅的问题。特别是针对返回当地的帮扶对象，志愿者因与帮扶对象不在一个城市，实施帮扶监督存在很多现实困难，还需要当地公安部门和基层社区发挥更大的作用。

2. 缺少针对帮扶对象的专项救助资金和就业培训渠道

戒毒人员回归社会后，就业成为他们立足社会的基本保障，也是摆脱吸毒高危情境的先决条件，还是防复吸、促操守的关键环节，更是实现人格独立，体现个人价值的重要抓手。就业是他们改变生活方式，去掉"标签"，顺利回归社会的重要路径。然而，多数吸毒女性文化程度较低，且没有什么特别的技术专长，加之在女子戒毒所强制隔离戒毒两年，基本与社会隔绝，出所后重新回到社会，社会再适应能力较差，加上有吸毒的经历，容易被歧视，就业普遍困难。还有些强戒人员出所后，原有的家庭已经完全丧失支持功能，基本生活存在困难。这些问题单靠"知心姐姐"的帮扶力量显然不够，需要有专门的帮扶救助资金为暂时不被家庭接纳或无家可归的解戒人员解决安身问题，同时提供监管和辅导服务，防止其因生计困难而重走吸毒老路。同时，还需要有针对性的就业安置与培训指导，结合实际情况为解戒人员开辟就业和培训渠道，帮助她们更好地回归社会。

3. 帮扶对象情况复杂、风险各异，差异化管理难度大

"幸福的家庭都是相似的，不幸的家庭各有各的不幸。"多数帮扶对象都曾遭遇家庭不幸，教育缺失，经历人生低谷，有些还患有身体疾患，她们的个体差异很大，在年龄、学历、成长环境、健康状况、家庭支持系统情况、个性情绪特点、对未来规划等方面存在较大差别，复吸的风险也各异。例如，有的帮扶对象家庭支持系统比较好，与帮扶的"知心姐姐"配合沟通也较好，出所后按时进行社区康复尿检，状况比较稳定；而有的帮扶对象原生家庭破碎，甚至从小被遗弃，家庭支持系统很弱；还有的帮扶对象个人情绪状态极不稳定，波动较大，需要随时排除各种诱发风险。总之，在帮扶过程中，不可能以简单的程式化路径开展帮扶，也不可能有适合所有帮扶对象的统一方法，必然要针对每个帮扶对象的具体情况制订帮扶计划和实施策略，进行差异化管理，并且需要随时应对可能发生的突发情况，降低风险，因而管理的难度比较大。

4. 社会对吸毒者的歧视增加了帮扶对象再社会化的阻力

近年来，随着禁毒宣传力度的加大，吸毒人群在社会大众的眼里成了"另类"而避之不急。首先，人们多认为吸毒是犯罪，吸毒者就是罪犯；其次，吸毒者被看作"人渣"、被视为洪水猛兽；最后，人们普遍认为"一朝吸毒，终身难戒"，凡吸毒者就不可救药。加之吸毒确实引发不少违法犯罪活动，对社会治安造成难以计数的危害，从而反过来强化了公众对吸毒者的戒备心理和社会歧视。

对于吸毒者而言，他们首先是病人。吸毒一旦成瘾，其强烈的生理、心理依赖不是靠其意志可以控制的。事实上，吸毒者在清醒的状态下也有戒除毒品的强烈意愿，但一旦毒瘾发作，极其痛苦的戒断症状就会迫使其

依赖毒品以求解脱，所以，很多吸毒者在无法找到毒品的时候，甚至不惜自残以期缓解无法忍受的生理痛苦，这是常人无法想象的。"一朝吸毒，终身戒毒"，说的就是这个道理。所以，大家往往只看到了吸毒者危害家庭、社会的一面，而忽视了他们是脑疾病患者、毒品受害者的一面，对其缺乏宽容、理解、支持和帮助。而社会歧视是阻碍帮扶对象回归社会的一个重要因素。

解除强戒的吸毒人员在社会上是一个相对弱势的群体，他们往往会受到他人歧视，遭受不公正和差别对待。这会给解戒人员带来一种压力，导致不平衡心理，为了消除这种不平衡，已经戒毒的人也会选择复吸回到曾经的圈子，找到归属感。只有社会各界真正把戒毒人员当作一个慢性病患者、一个社会弱者来对待，秉承帮扶教助的原则，为戒毒人员提供身心康复训练、求学与就业指导，努力帮助他们早日摆脱毒品，才能帮助他们顺利回归社会。

（二）戒毒帮扶志愿团队未来的发展方向

河北省"知心姐姐"戒毒帮扶志愿团队虽然只成立了一年半，但日渐完善的人员配备、组织架构和帮扶模式使她们的活动成为戒毒帮扶志愿活动的一种创新型探索。在2020年河北省公益节上，河北省"知心姐姐"戒毒帮扶志愿团队被评为2020年度"河北十大公益人物（团体）"和"河北最美公益人物（团体）"。然而，要推动团队可持续发展，在戒毒志愿帮扶中走得更稳更远，发挥更大的作用，团队还应在以下几个方面着力。

1. 在团队内部管理上更重视专业化、规范化发展

虽说"知心姐姐"是个志愿团队，团队成员加入团队都是出于自愿，或者是为了满足个人兴趣，在团队中学习、成长、获得经验、增加社会交往、让自己的人生更有意义，或是出于利他考虑，希望在服务中可以帮助他人、促进社会关怀与社会公正，但仍需要加强管理，规范相关纪律，以更好地协调关系，调动成员的服务热情，为服务对象提供更优质高效的服务，更好地实现团队的社会使命。例如，在操作流程上需要进一步细化，

从人才选配条件到加入和退出规则、从人员分组到日常督导、从结对帮扶到帮扶办法的制定、从分级评估到分类帮扶以及帮扶台账的记录等都需要结合团队实际，研究制定详细的操作规则，从而使团队的管理日益专业化、规范化。

2. 发挥团队的社会优势，积极探索建立救助基金

团队成立一年半，各项运转主要靠团队成员义务自发地参与，并调动各自拥有的社会资源开展服务。但要更有针对性、更全面地进行长期有效的服务，必须借助各种社会力量和资源，形成稳定的社会帮扶资源渠道，特别是探索吸引更多的社会资源，建立专项救助基金，专门针对戒毒人员开展岗前培训、就业指导以及自主创业发展基金资助等，为她们顺利回归社会、重新开启全新生活开辟绿色通道。资金的募集、使用和监管等都需要按照相关规定制定细致严格的管理制度，保证基金发挥最大的帮扶效用。

3. 利用现代信息技术及平台，丰富创新帮扶形式

伴随着现代信息技术的飞速发展，顺应"互联网＋"和大数据发展趋势的客观需要，已成为志愿服务事业健康持续深入发展的内在要求。为了落实中央关于志愿服务制度化和信息化建设有关部署要求，现在各地都在推广使用全国志愿服务信息系统，各志愿服务团体和平台也从实际出发探索适合自身特点的信息平台系统，旨在运用信息技术发展新理念，整合志愿服务资源，利用互联网技术加强志愿服务的管理、协调、信息工作，优化服务，为今后志愿服务有序发展打下坚实有力的基础，推动志愿服务良性发展。

"知心姐姐"团队的建立源于河北戒毒实践的需要，各项工作均在实践中摸索前进，但要实现专业化、规范化管理，加强信息化建设是一个必然的发展趋势。通过信息技术的引入，团队将注册登记、活动报名、人员招募录用、服务时间记录、证明查询打印、数据统计分析、帮扶案卷整理造册等志愿服务全流程实施信息化管理，对相关信息进行筛选、整理、分析，既能优化管理，也提高了工作效率。同时，借助信息技术平台可以帮助帮扶对象多渠道重新建构社会支持网络，连接更多的社会资源，提升帮扶效

用。也可以通过远程监管系统实施帮扶，解决解戒人员返回居住地后帮扶监管困难的问题。但是，在利用信息技术加强戒毒帮扶的过程中，需要平衡好宣传推广、数据公开与保护隐私之间的关系。

4. 加强人才队伍建设，打造戒毒志愿帮扶团队品牌

要推动戒毒志愿帮扶团队专业化、规范化发展，加强人才队伍建设是关键。要广泛吸纳不同专业愿意为戒毒帮扶奉献时间与精力的爱心人士加入，在加强戒毒专业知识、实务技能培训的同时，还应加强对禁毒戒毒专业价值观和专业伦理的培育。从以人为本的戒毒理念出发，立足吸毒人员具有病人、违法者、受害者的三重属性，对吸毒人员要惩戒，更要教育和挽救。同时，也可以借鉴社工机构的运作方式，引入具有相关经验的科研和高校专业师资力量，开拓产学研一体的培养模式，为戒毒帮扶志愿者聘请专业督导或者顾问团队，提供全面系统的继续教育支持，以"个别督导+小组督导"的方式持续加强戒毒帮扶工作的专业化训练，并且通过短期或长期持续的轮训、交流学习，进一步提升戒毒帮扶人员的专业素养，为帮扶对象提供系统化、个性化、差异化的帮扶服务，满足戒毒康复人员及其家属多样化的社会需求。

此外，还应加强志愿帮扶的督导与考核评估，并建立相应的激励机制，可以参照社会组织中禁毒社工的考核方式，明确考核的量化指标和帮扶成效指标，对于表现优秀的戒毒帮扶志愿者给予一定的精神和物质鼓励。同时，加强经验总结和宣传交流，也以此吸引更多的优秀人才投身到戒毒志愿帮扶队伍中来。在发挥自身优势的基础上，探索更专业、更富有成效的戒毒帮扶模式，打造具有河北特色的民间戒毒志愿帮扶团队品牌，壮大戒毒帮扶的社会力量。

图书在版编目（CIP）数据

河北社会主义核心价值观培育践行报告. 2021 / 康
振海主编. -- 北京：社会科学文献出版社，2021.6
ISBN 978 - 7 - 5201 - 8260 - 7

Ⅰ.①河… Ⅱ.①康… Ⅲ.①社会主义核心价值观 -
研究报告 - 河北 - 2021 Ⅳ.①D616

中国版本图书馆 CIP 数据核字（2021）第 076173 号

河北社会主义核心价值观培育践行报告（2021）

主　　编 / 康振海
执行主编 / 李鉴修
副 主 编 / 王彦坤　李　龙　覃志红

出 版 人 / 王利民
责任编辑 / 高振华
文稿编辑 / 徐　清

出　　版 / 社会科学文献出版社·城市和绿色发展分社（010）59367143
　　　　　 地址：北京市北三环中路甲 29 号院华龙大厦　邮编：100029
　　　　　 网址：www.ssap.com.cn
发　　行 / 市场营销中心（010）59367081　59367083
印　　装 / 三河市龙林印务有限公司

规　　格 / 开 本：787mm × 1092mm　1/16
　　　　　 印 张：19.75　字 数：289 千字
版　　次 / 2021 年 6 月第 1 版　2021 年 6 月第 1 次印刷
书　　号 / ISBN 978 - 7 - 5201 - 8260 - 7
定　　价 / 138.00 元